Stanley Cavell (1926-2018), professeur à Harvard University, est désormais reconnu comme l'un des plus grands philosophes du siècle dernier. Parmi ses ouvrages traduits en français : *Une nouvelle Amérique encore inapprochable* (Éditions de l'éclat, 1991), *Le déni de savoir* (Seuil, 1993), *Les voix de la raison* (Seuil, 1996), *Un ton pour la philosophie* (Bayard, 2003), *Sens de Walden* (Théâtre Typographique, 2007), *Qu'est-ce que la philosophie américaine* ? (Gallimard, 2009), *Dire et vouloir dire* (Éditions du Cerf, 2009), *Philosophie. Le jour d'après demain* (Fayard, 2011), *Si j'avais su*... (Éditions du Cerf, 2014), *À la recherche du bonheur. Hollywood et la comédie du remariage* (Vrin, 2017), *La projection du monde. Réflexions sur l'ontologie du cinéma* (Vrin, 2019), *Le cinéma nous rend-il meilleurs ?* (Vrin, 2024).

En quête de l'ordinaire
Scepticisme et romantisme

DANS LA MÊME COLLECTION

Michel FOUCAULT, *L'origine de l'herméneutique de soi. Conférences prononcées à Dartmouth College, 1980*, 2013.

Michel FOUCAULT, *Qu'est-ce que la critique ?* suivi de *La culture de soi*, 2015.

Michel FOUCAULT, *Discours et vérité* précédé de *La* parrêsia, 2016.

Michel FOUCAULT, *Dire vrai sur soi-même. Conférences prononcées à l'Université Victoria de Toronto, 1982*, 2017.

Michel FOUCAULT, *Folie, langage, littérature*, 2019.

Stanley CAVELL, *À la recherche du bonheur. Hollywood et la comédie du remariage*, 2017.

Stanley CAVELL, *La projection du monde. Réflexions sur l'ontologie du cinéma*, 2019.

Stanley CAVELL, *Le cinéma nous rend-il meilleurs ?*, 2024.

Tristan DAGRON, *Le moi subjugué. Servitude volontaire et clinique de l'aliénation*, 2022.

Pierre FASULA, *L'homme du possible*, 2021.

Aldo Giorgio GARGANI, *Le savoir sans fondements. La conduite intellectuelle comme structuration de l'expérience commune*, 2013.

Ian HACKING, *Anthropologie philosophique et raison scientifique*, 2023.

Ilsetraut HADOT, *Sénèque. Direction spirituelle et pratique de la philosophie*, 2014.

Pierre HADOT, *La philosophie comme éducation des adultes. Textes, perspectives, entretiens*, 2019.

Sandra LAUGIER, *Recommencer la philosophie. Stanley Cavell et la philosophie en Amérique*, 2014.

Todd MEYERS, *La clinique et ailleurs. Anthropologie et thérapeutique de l'addiction*, 2016.

Frédéric PORCHER, *La question-Nietzsche. Les normes au carrefour du vital et du social*, 2023.

Judith REVEL, *Foucault avec Merleau-Ponty. Ontologie politique, présentisme et histoire*, 2015.

Paolo SPINICCI, *Ithaque, enfin. Essais sur l'Odyssée et la philosophie de l'imagination*, 2018.

Stanley CAVELL

En quête de l'ordinaire

Scepticisme et romantisme

Traduction par
Jean-Louis Laugier et Gaël Kervoas

Ouvrage publié avec le concours de l'Université Paris 1 Panthéon-Sorbonne et de l'Institut Universitaire de France

VRIN | *Philosophie du présent*

Directeurs de collection : Jean-François Braunstein,
Arnold I. Davidson et Daniele Lorenzini

Imprimé en France
ISSN 2270-8669
ISBN 978-2-7116-3173-5
www.vrin.fr

À Eugene Smith

PRÉFACE ET REMERCIEMENTS

Dans la première des conférences réunies ici, je fais part d'une certaine perplexité qui a commencé à se faire ressentir il y a une dizaine d'années. Alors que j'essayais d'amener la quatrième et dernière partie de mon livre *Les Voix de la raison* à son moment de conclusion, mes avancées ne cessaient d'être déviées par l'irruption de textes romantiques – quatre vers de William Blake, le *Boy of Winander* de Wordsworth, l'ode du *Découragement* de Coleridge, *Frankenstein*, une partie du « Transcendantalisme » d'Emerson, un passage de *Walden*. Une fois mon manuscrit terminé, il m'arrivait de temps en temps de m'interroger sur le sens de ces interférences. Qu'est-ce que la philosophie pour moi, ou sous quel jour est-elle en train d'apparaître, pour en appeler à de telles orientations et transgressions romantiques, et celles-là en particulier ? Chaque fois que la question se posait, je la mettais de côté au profit d'autres sujets plus urgents et pour lesquels mon ignorance semblait moins vaste ou moins humiliante. Deux ans après la parution en 1979 des *Voix de la raison*, le Professeur Michael Fischer, du Département d'Anglais à l'Université du Nouveau Mexique, m'invita à participer à une série de conférences et de séminaires que lui et son collègue Morris Eaves étaient en train d'organiser sur le thème du romantisme face à la critique contemporaine. Il surmonta mes protestations d'ignorance en déclarant que ce que l'on attendait de moi, parmi les intervenants, était une discussion de la manière dont j'envisageais la présence de textes romantiques dans mes propres écrits, qu'il s'agisse des *Sens de Walden* ou précisément de la quatrième partie des *Voix de la raison*. Pris par surprise, puis me rendant à l'évidence que personne n'était mieux placé que moi pour étudier ce qui s'était manifesté à moi, j'ai fini par accepter l'invitation. Les Conférences Beckman, qui portaient le titre du présent volume, intègrent et prolongent les éléments que j'avais développés lors de ces conférences au Nouveau Mexique.

Quelqu'un d'aussi enclin que moi à se lancer dans des aventures intellectuelles qui incitent à poursuivre sa propre éducation au contact du public doit forcément compter sur de telles occasions, amicales et productives. Personne n'a eu autant de chance que moi à cet égard. Les textes qui vont suivre portent la marque spécifique des diverses interventions au sein des discussions menées à Albuquerque : en plus de celles de Fischer et Eaves, celles de Gus Blaisdell, Russell Goodman et Ira Jaffe ; et à Berkeley, celles de Paul Alpers – dont les présentations en sa qualité de Directeur du Département d'Anglais, qui m'accueillait en cette circonstance, ont instauré un parfait climat de bienveillance – ainsi que les contributions de la part de ses collègues Janet Adelman, Joel Fineman, Stephen Greenblatt, Stephen Knapp, William Nestrick, Norman Rabkin et Henry Nash Smith. C'est aussi pour moi un plaisir de faire remarquer ici que, quelques mois avant de rassembler mes idées pour Albuquerque, une invitation de l'Université d'Utah m'avait permis d'ébaucher une première version de ces sujets, à laquelle Virgil Aldrich, Brooke Hopkins et Barry Weller avaient répondu avec beaucoup de précision et de multiples encouragements.

Je savais bien que je ne voulais pas voir l'ensemble des *Beckman Lectures* publié à part ; trop de détails me semblaient dépourvus d'une méthode claire et efficace pour avancer. Par exemple, les analyses du *Conte d'hiver*, tout en prolongeant le traitement du scepticisme et de la tragédie sur lequel s'achèvent *Les Voix de la raison*, soulèvent de nouveaux problèmes de façon si massive ou si brute qu'elle masque les interactions entre scepticisme et romantisme d'où ils proviennent. Deux problèmes en particulier : 1) Étant donné que le *Conte d'hiver* représente le scepticisme comme la question de savoir comment être sûr que mes enfants sont bien de moi, une question que peut se poser un père et certainement pas une mère, il me semble à présent inévitable d'en déduire que la question du scepticisme dans ce texte – et avec cela, pourquoi pas dans tout texte romantique ? Pourquoi pas dans toute la philosophie ? – est déterminée par une question de genre. 2) La problématique de l'idée de raconter comme compter dans ce « conte » est amorcée comme un déploiement des thèmes des *Voix de la raison* qui sont associés à un critère wittgensteinien comme forme de compter et de recompter, par opposition à un critère austinien comme façon de raconter et d'identifier, des thèmes qui sont par conséquent associés à des aspects ou à des niveaux différents de notre prétention à connaître. Mais ce déploiement s'étend si loin et si vite qu'il finit par désarmer ma saisie des motivations du scepticisme ou en direction du scepticisme. Certaines pistes cependant sont esquissées, en ce lieu et ailleurs. C'est dans l'introduction de mon récent recueil, *Le déni de savoir dans six pièces de Shakespeare*[1], que je suis parvenu à fournir plus de développements sur les origines du scepticisme, trouvant qu'il s'accordait sur le plan historique avec les intentions d'*Antoine et Cléopâtre*; et les thèmes liés à compter et recompter sont à nouveau explorés à la suite de cet exposé dans « Être à part, rendre la pareille », un texte où l'apparition de Poe dans les *Beckman Lectures* commence à sembler moins arbitraire. Les problèmes philosophiques et littéraires posés par, disons, la rencontre, se rejoignent dans la question posée par Emerson au deuxième paragraphe de son texte « Expérience » : « Combien pouvons-nous compter d'individus dans une société ? » – se rejoignent, dirais-je, pour peu que nous entendions la question d'Emerson, comme j'y insiste dans « Être à part, rendre la pareille », comme une re-demande ou une réitération de la question posée par Descartes : « Suis-je donc seul au monde ? » ; remarquez la tournure que donne Descartes à la question pascalienne d'une solitude cosmique : « suis-je *vraiment* seul ? ». À défaut de fournir une réponse à cette question du scepticisme, vous ne savez pas si le monde est devenu un *plenum*, c'est-à-dire une foule statistique, ou au contraire un espace vide d'autrui. Les dernières conférences proposées ici, sur l'étrange et le fantastique, donneront plus de précisions sur cette question.

Mes cours à Harvard ont été l'occasion de continuer d'une façon critique mon apprentissage dans chacune de ces thématiques. Parmi les participants à ces enseignements, qui m'ont pressé de questions directement liées au scepticisme du romantisme, je citerai, pour les années récentes, Christopher Benfey, Daniel Brudney, James

1. S. Cavell, *Le Déni de savoir dans six pièces de Shakespeare*, trad. fr. J.-P. Maquerlot, Paris, Seuil, 1993; nouvelle édition augmentée, Nice, Éditions Unes, 2021. Les notes originales de Cavell sont appelées en bas de page par des lettres [a, b, c, ...], les notes appelées par des chiffres (1, 2, 3, ...) sont des traducteurs.

Conant, Juliet Floyd, Marian Keane, Joshua Leiderman, Peter de Marneffe, Richard Moran, Susan Neiman, Marya Schechtman, Saadya Sternberg, Charles Warren et Liliane Weissberg ; et bien qu'il s'agisse de cours moins récents, mes échanges écrits et oraux avec Norton Batkin et Timothy Gould continuent toujours sur ces sujets. À l'occasion des Conférences Tanner (il y en avait une deuxième, sur le cinéma) – où Julius Moravcsik et ses collègues du département de philosophie de Stanford m'accueillirent si bien et où le Stanford Humanities Center nous servit de lieu tellement propice à l'étude – les responsables des *Tanner Lectures on Human Values* invitèrent Ted Cohen, Arnold Davidson, Karen Hanson et William Rothman à se joindre à moi à Stanford lors de riches discussions avec les étudiants sur toutes ces questions présentées au public.

Au moment de boucler ce qui constitue le présent livre, je ressens quelque appréhension après avoir lu récemment *The Literary Absolute : The Theory of Literature in German Romanticism* (Albany, 1988) une traduction de *L'absolu littéraire* de Philippe Lacoue-Labarthe et Jean-Luc Nancy, publié en 1978. Je trouve que certaines idées de mes Conférences Beckman y ont été anticipées, généreusement et pratiquement, dans certains des thèmes et des stratégies d'ouverture adoptés, sur l'autre rive de l'esprit philosophique – le côté allemand passant par la France, à l'opposé du côté britannique passant par l'Amérique – et plus précisément dans le thème d'un appel romantique à l'unité de la philosophie et de la poésie, que les répercussions de la révolution kantienne en philosophie ont précipité, et que l'on peut retracer méthodiquement selon un corpus restreint de textes romantiques (ceux que l'on associe aux six numéros de la revue *Athenaeum* publiés par Friedrich et August Schlegel de 1798 à 1800 – les années qui marquent la première et la seconde éditions des *Lyrical Ballads* de Wordsworth). On comprendra qu'une de mes réactions fut de déplorer une fois de plus le coût, en dépit de certains privilèges, de mes retards typiquement américains. C'est une réaction que je relate assez longuement dans la préface d'un livre associant deux de mes longues conférences sur Wittgenstein et Emerson, écrite en 1987, un an après le dernier chapitre du présent volume – *Une nouvelle*

Amérique encore inapprochable, qui doit paraître en même temps que celui-ci [1]. Ma réaction à cette impression d'être en retard d'une guerre a alors été de me demander si, et dans quelle mesure, il m'aurait été utile et profitable d'avoir lu plus tôt *L'absolu littéraire*. Mais quand alors ?

Ma préface sur le retard américain porte de façon récurrente sur ce que signifie être prêt à lire certains textes, et redouter de les lire (trop tard ? trop tôt ?). Pour reprendre la question implicite que me posait la quatrième partie des *Voix de la raison* – sur le lieu de la rencontre pour moi d'une philosophie attestée par une profusion débordante de textes romantiques – la dimension la plus pertinente, au sein des répercussions intellectuelles de Kant, se situait selon moi dans la persistance de la chose en soi ; tandis que Lacoue-Labarthe et Nancy situent la problématique romantique dans le sillage de « l'exténuation du sujet » [a] chez Kant, en quelque sorte le pôle opposé de la ligne que j'avais empruntée. Il ne m'aurait été, me semble-t-il, d'aucune utilité philosophique de chercher à évaluer les mérites relatifs de ces différents points de départ, sauf pour établir à ma propre satisfaction que, entre autres choses, l'écriture d'Emerson tient le coup face à la pression de l'appel philosophique, et que cet auteur parvient à réaliser l'osmose entre philosophie et poésie que Coleridge comme Friedrich Schlegel appelaient de leurs vœux. Une telle satisfaction dépendra de la supposition, par exemple, que l'idée de *compter sur* [*relying*] dans l'expression emersonienne de « compter sur soi » [*self-reliance*] est à prendre en relation avec l'idée de lien ou d'attachement que l'on trouve dans le terme *religion*, si bien que la construction (continuelle, progressive, circulaire) de soi par soi, par exemple dans le texte « La confiance en soi », doit passer par une idée d'alliance avec soi-même, de ralliement à soi-même, d'autorisations que l'on se donne, comme sur un chemin ou lors d'une succession, dans les décombres de la suprématie religieuse. Cela n'implique en rien qu'Emerson s'obstine à

a. Ph. Lacoue-Labarthe, J.-L. Nancy, *L'absolu littéraire*, Paris, Seuil, 1978, p. 46.

1. S. Cavell, *This New Yet Unapproachable America. Lectures after Emerson after Wittgenstein* a été publié pour la première fois en 1989. Sa traduction française, sous le titre *Une nouvelle Amérique encore inapprochable*, a paru aux Éditions de l'éclat en 1991.

rechercher une resubstantialisation du soi, une perspective que Hume et Kant avaient pour ainsi dire pulvérisée. Il serait plus sensé de dire d'Emerson qu'il recherchait la désubstantialisation de Dieu. C'est, je crois, surtout en raison du caractère incontournable de l'œuvre d'Emerson que je me suis décidé à insérer le contenu de la préface qui devait être celle d'*Une nouvelle Amérique encore inapprochable* au début de ce volume-là plutôt qu'au début du présent volume, auquel il conviendrait également. L'étude que je consacre au texte « Expérience » d'Emerson dans cet autre ouvrage est le commentaire le plus suivi que j'aie effectué d'un essai d'Emerson, et elle met donc en évidence de la façon la plus résolue à ce jour les enjeux philosophiques que je trouve en action dans son écriture. Mais à nouveau, cette interprétation n'aurait pas vu le jour sans l'ensemble des expérimentations qui vont suivre ici, et qui confirment mon étude des *Sens de Walden*.

La première leçon, « Le philosophe dans la vie américaine », est inédite à ce jour, mais sa troisième partie, ainsi que son titre, est tirée d'une communication faite à l'occasion de la commémoration des 150 ans d'existence de la Wesleyan University, à l'automne 1981. Les autres conférences et post-scriptums ont été publiés en diverses occasions. James Conant a fait des suggestions de fond et de présentation que j'ai accueillies avec gratitude en faisant certaines coupes et de nouvelles transitions qui s'imposaient dans l'assemblage de ces textes. Ainsi a-t-il suggéré, ce en quoi la mise en page affecte le contenu, que non seulement je fasse figurer dans ma bibliographie les textes dont je citais des extraits, et les éditions utilisées, évitant ainsi tout besoin de renvois séparés en note de bas de page, mais que j'y ajoute aussi des titres auxquels j'ai pu me contenter de renvoyer ou de faire allusion sans les citer explicitement, rappelant ainsi le fait que juxtaposer un texte au texte de quelqu'un d'autre peut être une réponse aussi significative à ce texte que de le juxtaposer à un autre texte produit par moi-même, ce qu'on appelle plus communément un acte de lecture.

STANLEY CAVELL

EN QUÊTE DE L'ORDINAIRE

À BERKELEY

CONFÉRENCES MRS WILLIAM BECKMAN (1983)

CHAPITRE PREMIER

LE PHILOSOPHE DANS LA VIE AMÉRICAINE

EN ALLANT VERS THOREAU ET EMERSON

Lorsqu'en acceptant l'invitation à donner cette série de *Beckman Lectures*, j'ai demandé quels étaient les attendus de ce genre de manifestation, et que mes hôtes m'ont alors assuré qu'ils seraient preneurs de tout ce dont je voudrais bien parler, je n'étais pas certain qu'il s'agissait là d'une véritable réponse et non d'une plaisanterie. Il est vrai que depuis le temps où j'étais étudiant de premier cycle à Berkeley dans les années 40, puis professeur assistant (passionné de cinéma) dans les années 50 et au début des années 60, il s'est trouvé dans cette université plus d'enseignants pour m'apprendre bien plus de choses sur les sujets les plus divers – de l'art de la musique à Shakespeare, du scepticisme au transcendantalisme – que nulle part ailleurs. Aussi ai-je l'impression assez étrange que je pourrais dire ici à peu près n'importe quoi tout en étant parfaitement compris. Mais j'essaierai de ne pas trop abuser de ma chance.

Je ne dirai même pas avec quelle insistance je souhaite être entièrement compris, ni ne chercherai, par exemple, l'origine de ce souhait dans le vague pressentiment qu'aucun de mes propos ne saura paraître acceptable en même temps à toutes celles et ceux dont je désire la compréhension, disons celles et ceux qui sont avant tout philosophes et celles et ceux qui sont avant tout littéraires. Certains pourraient m'accuser de tenter de réconcilier père et mère, comme on dit. Mais si ces termes (je veux dire : la philosophie et la littérature) désignent bien les deux moitiés de ma propre pensée, peut-être n'en est-il que plus urgent pour ma part de veiller à ce qu'ils restent en contact.

Ce que j'ai voulu faire dans ces conférences, en souhaitant profiter de l'occasion de ces évocations et de ces aspirations anciennes pour prendre la mesure de ma trajectoire, c'est avant tout de proposer la lecture d'un ensemble de textes qui expriment mes centres d'intérêt les plus anciens comme les plus récents, en les intégrant dans un réseau de concepts qui ne soit pas trop rigide. Le sens d'un tel réseau est de bien marquer que ce qui m'intéresse est tout autant la mise en relation de ces textes que la structure qui leur est propre, et donc que je souhaite laisser ouverte, par principe ou à toutes fins utiles, la manière dont on passe de l'un à l'autre de ces textes.

Un de ces ensembles de relations forme peut-être ce qui est l'idée la plus diffuse, et pourtant tout sauf inexplicite, dans ces conférences : celle selon laquelle la notion de l'ordinaire, que mes travaux tirent de la lecture du second Wittgenstein et de J. L. Austin, dans l'attention qu'ils portent au langage de la vie ordinaire ou quotidienne, est aussi présente chez Emerson et Thoreau dans leur prédilection pour ce qu'ils appellent le commun, le familier, le proche, le bas. Ce rapprochement signifie que je considère ces deux courants – la philosophie du langage ordinaire et le transcendantalisme américain – comme des réponses au scepticisme, à cette anxiété vis-à-vis de nos capacités humaines à connaître, que l'on peut considérer comme ce qui inaugure la philosophie moderne avec Descartes et qui est interprétée par elle comme notre humaine sujétion au doute. Mon cheminement vers ce rapprochement s'est fait à la fois en rapportant les philosophes du langage ordinaire et les transcendantalistes américains à l'intuition kantienne selon laquelle la Raison nous dicte ce que nous entendons par un monde, et en ayant aussi l'impression que l'ordinaire en question nous parle d'un rapport d'intimité avec l'existence, et d'une intimité perdue, qui correspond à la désespérance du monde propre au scepticisme. Ces cheminements qui mènent, disons, d'Emerson à Wittgenstein sont anticipés par une idée que j'ai formulée de bien des façons au fil des années, mais jamais assez nettement – l'idée que la philosophie du langage ordinaire n'est pas du tout une défense de ce qui pourrait se présenter comme un ensemble de croyances fondamentales, chéries de tous, sur le monde et ses créatures, mais bien plutôt, entre autres choses, un défi à l'encontre d'une telle présentation, d'une sorte de prix de l'ordinaire. Si bien que les épistémologues qui pensent réfuter le scepticisme en prenant la défense de nos croyances ordinaires, par exemple en suggérant qu'elles sont en un sens bien certaines, ou d'une probabilité suffisante pour des visées humaines, de tels épistémologues, dis-je, ont déjà sacrifié au scepticisme et sont en train de le vivre.

Mais il semblerait en creux que cette idée puisse s'avérer ineffective autant qu'exagérée. Car pensez-y de la façon suivante : ce à quoi elle se ramène est l'affirmation qu'une phrase telle que « Le monde existe, et moi et d'autres gens en lui aussi » n'exprime pas une croyance à propos du monde ; en d'autres termes, cela revient à dire que « croyance » n'est pas le nom de ma relation à l'existence du monde, à ma propre existence et à celle des autres gens ; et que prétendre le contraire déforme le sens de notre terme ordinaire de « croyance ». Mais s'il en est ainsi, quiconque en vient à émettre l'hypothèse que le monde, moi et les autres n'existent peut-être pas, ou que de toute façon nous ne pouvons pas le savoir avec certitude, pourrait exprimer ainsi ce qu'il ressent : alors tant pis pour nos mots ordinaires, et pour tout ce que vous imaginez que cette autre relation au monde aurait pu être.

Après de multiples répétitions et variations sur le thème de l'inconséquence ou de l'irrésolution – ou, pour le dire autrement, après les quelque cinq cents pages d'une thèse de doctorat trop tardive sur le sujet – je parvins à la conclusion que la discussion entre les tenants du scepticisme et ceux de l'anti-scepticisme demeurait sans issue satisfaisante, et que je n'en rechercherais plus aucune désormais. Cela me laissa alors en un endroit que j'appelais Nulle Part ; ou plus précisément, cela me laissa totalement dépité : je veux dire qu'à chaque fois que je me mettais à réfléchir et à écrire pour m'échapper de ce nulle part, tout ce sur quoi je me trouvais en train d'écrire était la déception, en l'occurrence toutes les déceptions qui rongent l'existence dans les tragédies de Shakespeare, mais également celles qui rongent la philosophie, les déceptions liées à la connaissance telles qu'elles sont exprimées dans les *Recherches philosophiques* de

Wittgenstein. C'est en poursuivant jusqu'au bout ces deux itinéraires, non sans quelque raison de croire que leurs intersections seraient définitives pour mon orientation philosophique, que j'en suis venu à l'idée que le devoir de la philosophie n'était pas tant de démolir le raisonnement sceptique que de le préserver, comme si tout le profit philosophique de ce raisonnement consistait à démontrer non pas comment on pourrait y mettre fin, mais bien pourquoi il faut l'amorcer et pourquoi il ne doit pas avoir de fin, tout au moins pas au sein de la philosophie ou de ce que nous entendons par philosophie.

Mon idée était alors que le scepticisme est un lieu, peut-être le lieu profane central, où s'exprime le souhait humain de refuser la condition de l'existence humaine ; et aussi longtemps que ce refus est essentiel à tout ce que nous entendons par l'humain, le scepticisme ne peut pas ou ne doit pas être refusé. Cela fait du scepticisme une forme de raisonnement inhérent à la créature humaine individuelle ou séparée, une sorte de raisonnement entre soi et soi-même (à propos de sa propre finitude). Que cela soit exprimé comme une espèce de raisonnement du langage avec lui-même (sur sa propre essence) décrit bien la façon dont cela a fini par m'apparaître lorsque j'élaborais l'idée que les *Recherches philosophiques* de Wittgenstein n'ont pas été écrites – contrairement à ce que selon mon expérience on les a toujours considérées – comme une réfutation du scepticisme (comme si le problème du scepticisme s'exprimait en une thèse) mais comme une réponse à ce que j'ai fini par appeler la vérité du scepticisme (comme alors le problème du scepticisme s'exprime par sa menace ou par la tentation, par notre sentiment d'absence de fondement). La manière dont je développe ce point en relation avec les *Recherches* provient de l'idée que nous partageons des critères au moyen desquels nous régulons l'application de nos concepts, moyens par lesquels, en liaison avec ce que Wittgenstein nomme « grammaire », nous créons les diverses conditions de la conversation ; et en particulier que le pouvoir explicatif de l'idée de Wittgenstein dépend de la reconnaissance du fait que des critères, malgré toute leur nécessité, restent sujets à notre répudiation ou à notre insatisfaction (ce pourquoi ils mènent au scepticisme autant qu'ils en détournent), et du fait que notre capacité à être déçus par eux est essentielle à la façon dont nous possédons le langage, peut-être à la manière dont Descartes a découvert que notre propension à l'erreur est essentielle à notre possession du libre arbitre. (Si nous ne pouvions pas répudier ces critères, ils ne seraient pas *à nous*, tels que nous les découvrons être ; ils ne seraient pas sous notre responsabilité.) La transcription de ces réflexions se trouve dans la première et surtout dans la quatrième et dernière partie des *Voix de la raison*, dont les deux parties intermédiaires reproduisent essentiellement le travail de thèse qui, une vingtaine d'années auparavant, m'avait fait aboutir à mon « nulle part ».

Le fil conducteur que je souhaite suivre dans ces conférences est quelque chose qui ne cessait de capter mon attention dans la quatrième partie de ce même livre, l'affleurement de moments et de lignes de romantisme. Alors qu'à chacune de leurs percées j'essayais de donner une expression à la pression qu'ils exerçaient (afin, pour ainsi dire, de prendre date pour l'avenir), je sentais que cela risquait de compromettre la fin de mon récit, ne serait-ce que parce que je n'en savais pas assez pour l'accommoder, ni comment m'y prendre pour ce faire. Mais mon ignorance est devenue un luxe que je ne peux plus me permettre d'excuser, car les pressions qui m'incitaient à commencer, à la suite de mon livre, à dévoiler ces relations étroites avec le romantisme, ont fini par devenir irrésistibles. Un signe révélateur de ces pressions se retrouve dans le fait que j'aie signalé mon impression d'un accord profond entre la philosophie du langage ordinaire et les œuvres d'Emerson et de Thoreau, en parlant d'un rapport intime à l'existence, ou d'une intimité perdue – un signe qui entérine l'idée que le transcendantalisme qui s'établit au fil de leurs écrits est ce qu'il est advenu du romantisme en Amérique.

Ainsi, étant donné l'intérêt que je vois à rapprocher les préoccupations de Wittgenstein et d'Austin vis-à-vis de l'ordinaire et du quotidien, de la façon dont Emerson et Thoreau insistent sur le commun, le proche et le bas, on peut comprendre que je veuille en conséquence en savoir plus sur la fameuse résolution de Wordsworth, dans sa préface aux *Lyrical Ballads*, de consacrer ses talents poétiques

« à rendre intéressants les incidents de la vie ordinaire » et de choisir dans ce but de mener « une vie humble et rustique », avec le langage des gens qui mènent cette vie, « un langage beaucoup plus philosophique que celui que lui substituent à présent les Poètes ». Mon approche de Coleridge en découle plus ou moins, mais elle présente certains traits spécifiques qui seront mis en lumière lorsque je l'étudierai de façon plus détaillée au cours des prochaines séances. Ce que j'entends par « romantique » devrait faire ses preuves – au-delà des écrits d'Emerson et de Thoreau – dans les textes de Wordsworth et de Coleridge que j'examine de manière explicite. Si ce que je dis sur le romantisme ne s'applique pas à ces textes, alors selon ce que j'ambitionne ici, ce ne pourra qu'être faux du romantisme, un point c'est tout. Si ce que je dis est vrai mais se limite aux seuls textes en question, alors j'en serai étonné mais pas accablé ; je sais fort bien qu'il me reste de toute façon du travail à faire. J'ai choisi de parler de ces chevaux de bataille, non seulement parce que je désire partager aussi largement que possible les preuves que j'avance, si réduites soient-elles, mais aussi parce que je ne me soucie pas ici de subtilités de définition ou de questions historiques. Ce que je dis sur les exemples typiques du romantisme ne pourra être utile que si c'est évident – aussi obvie que les autres exemples mentionnés par les philosophes. (Ici, je me range aux côtés des philosophes pour lesquels l'obvie est le sujet de la philosophie, comme par exemple Wittgenstein et, en partie, Heidegger.)

Mais considérez un instant, avant de retourner en Amérique, l'ampleur de l'intention de vouloir rendre intéressants les incidents de la vie commune. Outre le mot « commune », considérez les mots « rendre » et « intéressants ». La modeste proposition de Wordsworth se présente d'emblée en rivalité avec des conceptions différentes de la poésie, puisque le verbe « rendre », ou « faire » [en anglais, *to make*], est constamment cité comme ce que le mot de *poésie* se déclare prendre en charge. Vraisemblablement cela vise à attirer l'attention sur le fait que les poèmes sont faits, inventés, qu'ils sont créés, par des créateurs donc ; ce point précis peut être confirmé par une remarque d'Auden, selon laquelle « la poésie ne fait rien arriver » [*poetry makes nothing happen*]. Ce que l'expression « rendre intéressants » signifie est que la poésie consiste à faire arriver quelque chose – d'une certaine manière – à la personne à qui elle s'adresse ; quelque chose en elle, si vous voulez. Que ce qui est censé arriver à cette personne soit qu'il ou elle s'intéresse à quelque chose, voilà une finalité qui s'accorde avec ce que j'ai considéré comme l'ambition principale et affichée de *Walden*, ainsi qu'avec les démarches de philosophes tels que Wittgenstein et Austin. Ils nous perçoivent comme *inintéressés*, aux prises avec un ennui qu'ils dénoncent, entre autres choses, comme un signe de suicide intellectuel. (Ainsi verrait-on la métaphysique comme une source d'excitation feinte ou fantasmée de plus, dont l'ennui raffole. Telles *pourraient* être aussi les activités auxquelles on fait appel pour réfuter ou remplacer la métaphysique, par exemple le recours à la logique ou au jeu.) C'est ce que Wittgenstein reproche à la métaphysique, et pas seulement qu'elle produise des propositions dépourvues de sens – cela, même dans le sens où c'est vrai, n'en serait qu'un produit dérivé. Le diagnostic posé par Wittgenstein est plutôt que cette métaphysique est vide, totalement dénuée d'intérêt, comme si la philosophie dans ce cas-là n'était poussée que par un désir de vide. Quand Austin dit de certains exemples philosophiques qu'ils sont « arriérés » [*jejune*][a], il utilise une expression banale pour désigner, malgré d'évidentes différences de sensibilité, le vide nietzschéen. Quelle pire expression critique a-t-il sous la main ? (C'est comme si J. P. Morgan se mettait à dire d'une garantie commerciale qu'elle est arriérée.)

Je me rends bien compte que le genre de rapprochement proposé ici n'est pas vraiment typique de la philosophie professionnelle : lire des textes de Wordsworth et Coleridge, par exemple, comme s'ils traitaient des mêmes problèmes que ceux des philosophes, et même s'ils le font quelque peu de la même manière (une manière qui ne peut être dissociée de la pensée), ce n'est pas ce que l'on attendrait de la part d'un philosophe issu de notre profession et de notre tradition philosophique en langue anglaise. L'intérêt que j'éprouve à rappeler

a. *Cf.* J. L. Austin, *Le langage de la perception*, trad. fr. P. Gochet, Paris, Vrin, 2007, p. 79 : « la même gamme limitée d'exemples appauvris ».

cela vient de ce que ma démarche et mes rapprochements ne sont pas non plus totalement étrangers à cette même profession que j'exerce, et ils représentent, à mon avis, plutôt une querelle interne qui, pour cette raison même, reconnaît sa parenté avec elle. Mais alors, je ferais mieux de vite m'atteler à la tâche principale de cette première séance d'introduction, et dire quelques mots sur la façon dont je conçois les différences que mes rapprochements et mes démarches ont par rapport à celles de la profession, ce qui impliquera de dire quelques mots sur la philosophie en tant que profession – ce qui pour moi signifiera aussi dire quelques mots sur les raisons pour lesquelles on considère qu'Emerson et Thoreau n'en font pas partie.

J'ajouterai encore un ou deux mots auparavant, afin de présenter mon cheminement depuis *Les Voix de la raison* jusqu'au fil conducteur du romantisme.

Ce livre est fortement redevable d'une idée que j'appelle la reconnaissance [*acknowledgment*], qui constitue la clé de ma manière de voir à la fois la problématique du scepticisme et celle de la tragédie. C'est une idée qu'on a critiquée, en gros, parce qu'en proposant une autre possibilité que la connaissance comme finalité humaine, soit elle abandonne la prétention de la philosophie à la raison, soit elle est sujette aux mêmes doutes que la connaissance elle-même. Peut-être a-t-on considéré que mon idée visait à remplacer la connaissance par quelque chose de l'ordre du sentiment, et il est possible que des procédés de ce genre aient été employés en théologie et en philosophie morale lorsqu'on a fini par abandonner les preuves de l'existence de Dieu et par ne plus croire en des fondements rationnels du jugement moral. Le résultat semble être ce que prône un romantisme sentimental ; si c'est ce vers quoi j'avais été attiré, assurément j'aurais jugé qu'il était de mon devoir de rechercher une meilleure compréhension du sentiment ou des opinions que celle que j'ai pu tirer de ces philosophies. Ou peut-être la critique de la reconnaissance suppose-t-elle que mon idée offre une alternative à la connaissance dans une direction différente, disons celle qu'incarne le titre du livre de Santayana, *Scepticism and Animal Faith* [*Le scepticisme et la foi animale*]. Mais chez Santayana les notions de scepticisme et de foi renvoient à un domaine (celui des essences) qu'il définit comme bloqué au-delà de la connaissance, une orientation presque parfaitement contraire à ma façon de penser. Toutefois, l'adjectif « animal » est censé modifier le mot « foi » dans le titre de Santayana : il situe la foi hors de la portée de notre mot ordinaire. J'ai émis cette suggestion, lorsqu'elle s'est présentée à moi au cours de ma thèse, comme question conclusive des pages sur le scepticisme, en avouant mon égarement « nulle part » : « Nous-mêmes affirmerons-nous que nous croyons – avons la *foi* – que les choses de notre monde existent ? Mais, en ce cas, comment cette foi est-elle acquise, comment est-elle exprimée, conservée, approfondie, menacée, et perdue ? » [a].

Cependant je ne propose pas l'idée de reconnaissance pour remplacer celle de connaissance, mais plutôt comme une interprétation de celle-ci, comme le terme de « reconnaissance », qui contient celui de « connaissance », le suggère lui-même (ou peut-être suggère-t-il que connaître est une interprétation de la reconnaissance). Dans un essai sur la tragédie du *Roi Lear*, j'ai écrit : « Car l'intérêt de renoncer à la connaissance est bien sûr de connaître » [b], comme si ce qui barrait la route à une connaissance future était la connaissance elle-même, telle qu'elle se tient, telle qu'elle se conçoit, non sans parenté avec l'histoire du savoir décrite dans l'histoire des sciences. Car autrement le concept de reconnaissance ne tiendrait pas le rôle qu'on le voit jouer dans le déroulement d'une tragédie.

Mais ce n'est pas dans cette direction, ce n'est pas dans mes propos qui décrivent la tragédie comme l'accomplissement du scepticisme, que mon concept de reconnaissance a le plus éveillé les soupçons ; mais bien dans la direction contraire, pourrait-on dire, à savoir que le scepticisme est le déroulement d'une tragédie : que par conséquent nos existences ordinaires relèvent de la tragédie en ayant leur part de scepticisme (Tchekhov qualifie ces existences de comédies, sans doute en rapport avec les circonstances de nos vies étriquées). Ce qui veut

a. S. Cavell, *Les Voix de la raison*, trad. fr. N. Balso, S. Laugier, Paris, Seuil, 1996, p. 360.

b. « L'évitement de l'amour » dans *Dire et vouloir dire*, trad. fr. C. Fournier et S. Laugier, Paris, Le Cerf, 2009, p. 484. Voir aussi *Le déni de savoir*, *op. cit.*, p. 154.

dire qu'une part irréductible de notre malheur nous est naturelle, et en même temps non naturelle. Si bien que le scepticisme est en nous aussi vivace que, dirais-je, l'enfant qui est en nous.

Thoreau appelle cette condition quotidienne un désespoir tranquille ; Emerson parle de mélancolie silencieuse ; Coleridge et Wordsworth vont jusqu'à parler de consternation ou de découragement ; Heidegger l'évoque comme notre médiocrité voilée ; Wittgenstein, comme notre envoûtement ; Austin parle à la fois de l'ivresse des profondeurs – sur laquelle il en savait plus qu'il ne laissait paraître – et de manque de sérieux. Trouver quels degrés de liberté nous possédons dans cette condition, montrer qu'il est à la fois vain et cependant en un sens, pour cette raison, nécessaire, inévitable, de soumettre à l'examen sa prétention à la nécessité, dans le but de découvrir des nécessités plus véritables, telle est la quête romantique que je suis heureux de rejoindre. En commentant *Fin de partie* de Samuel Beckett j'ai qualifié cette manière de percevoir le quotidien comme de « l'extraordinaire au sein de l'ordinaire » [1], une perception de la bizarrerie ou du surréalisme de ce nous appelons, acceptons, traitons comme l'habituel, le réel auquel nous nous adaptons ; une vision qui est esquissée dans les premières pages de *Walden* lorsque leur auteur parle de ses voisins comme semblant absorbés dans de fantastiques rituels de pénitence, et qu'il perçoit la part d'arbitraire qu'il y a dans tout ce qu'ils qualifient de nécessaire. En cela *Walden* rejoint les œuvres de notre culture ouvertement consacrées à la dénonciation de fausses nécessités, telles que l'image que Platon nous renvoie de notre stupeur dans la caverne, ou lorsque Luther nous compare à des prisonniers, lorsque Rousseau ou Thoreau nous décrivent comme des êtres enchaînés, ce que l'on trouve encore dans les récits de Marx et Freud lorsqu'ils mettent en évidence notre servitude volontaire.

C'est cet héritage historique de l'attachement à dévoiler de fausses nécessités qui m'a amené au titre ambigu que j'ai donné à ces conférences : *En quête de l'ordinaire* ; au sens où l'ordinaire est à la

1. *Cf.* « Mettre fin au jeu de l'attente : lecture de *Fin de partie* », dans *Dire et vouloir dire*, *op. cit.*, p. 219-280.

fois sujet à l'autopsie et à la prophétie, faisant face à la fois à sa fin et à son anticipation. Le quotidien est ordinaire parce qu'après tout il est notre état habituel, notre habitat naturel ; mais comme nous percevons de temps en temps cette habitation même comme extraordinaire – nous qui l'avons pourtant construite –, nous imaginons qu'un autre endroit, quelque part ailleurs, ou ici mais construit autrement, devrait être ce qui est ordinaire pour nous, devrait être ce que les romantiques – y compris bien sûr E. T. l'extraterrestre et Smike, l'alter ego de Nicholas Nickelby – appellent la « maison » [*home*].

Probablement le texte le plus célèbre que l'on peut citer sur la question de la professionnalisation de la philosophie est celui de Thoreau, dans les premiers paragraphes de son *Walden* : « Il existe aujourd'hui des professeurs de philosophie, mais aucun philosophe » [1]. Tel que je l'entends, ce genre de propos est toujours évoqué comme une moquerie envers les enseignants, et bien sûr c'est en partie le cas. Mais supposer que c'est là tout, ou avant tout, ce que vise ce propos, reviendrait à sous-évaluer la complexité de Thoreau, sans parler de l'ampleur de ses espoirs et de ses désillusions ; et ce serait certainement surestimer le degré d'attention qu'il accordait à ceux que l'on appelle professeurs de philosophie. Ce qu'il dit arriver de nos jours – le manque de philosophie – n'est pas quelque chose qu'un groupe particulier de gens, disons les professeurs de cette discipline, puisse soit causer soit inverser. La phrase qui suit notre citation, mais qui est moins connue, nous aidera peut-être à équilibrer notre jugement : « Il est pourtant admirable de professer [la philosophie] parce qu'il était jadis admirable de [la] vivre. » (1. 18, p. 23-24). Or puisque Thoreau dira plus loin dans ce même chapitre qu'il entend par philosophie une économie de la vie (1. 72, p. 62), et puisque cette formule « une économie de la vie » résume parfaitement ce qu'est *Walden* dans son ensemble, il devrait s'ensuivre que *Walden*

1. H. D. Thoreau, *Walden*, chap. I, § 19, trad. fr. B. Matthieussent, Marseille, Le mot et le reste, 2017, p. 23 (désormais cité : *Walden*, 1.19). Toutes les références de pages qui suivent renvoient à cette édition.

a été conçu pour légitimer la revendication [*claim*] de Thoreau d'être un philosophe. Mais alors pourquoi affirme-t-il qu'il n'y a pas de philosophes aujourd'hui ?

Je pense à un certain nombre de raisons. Premièrement, la franchise même de son aveu d'aspirer à la philosophie fait de lui, littéralement, un professeur de philosophie, quelqu'un qui la reconnaît, et si cela est autre chose qu'être un philosophe, alors il n'est pas philosophe. Deuxièmement, si être admirable est essentiel à l'existence philosophique, là encore il n'est pas philosophe, puisqu'on ne trouve pas sa vie admirable (il décrit plutôt l'effet qu'elle a sur les autres en des termes qui la rendraient discutable), ni ne doit la trouver telle (vous devez, si elle vous attire, la vivre). Troisièmement, lorsque cet auteur emploie une expression telle qu'« aujourd'hui » ou « de nos jours », nous devrions faire attention à sa façon de traiter le temps comme l'un de ses terrains de jeu favoris : dans le troisième chapitre, il va ainsi s'identifier au « plus ancien philosophe égyptien ou hindou [lorsqu'il] souleva un coin du voile qui recouvrait la statue de la divinité », en disant « qu'aucun laps de temps ne s'est écoulé » – « c'était moi en lui qui eus alors cette audace, et c'est lui en moi qui à cette heure retrouve cette vision » (3. 1, p. 113) ; et dans le deuxième chapitre, il décrit un lieu où il s'est assis comme un endroit dans lequel il a vécu (« Qu'est-ce qu'une maison, sinon un *sedes*, un siège ? Et mieux vaut siéger à la campagne. Je découvris de nombreux sites pour y bâtir une maison [...] Oui, me disais-je, je pourrais vivre ici ; et j'y vécus bel et bien, une heure ou bien un été et un hiver de ma vie » (2. 1, p. 93). Thoreau pourrait ainsi concevoir « de nos jours » comme ce qui couvre toute la période de la philosophie depuis Platon ou les Présocratiques, autrement dit depuis ce que nous appelons l'avènement de la philosophie ; ou bien il pourrait vouloir dire précisément que *maintenant*, depuis qu'il écrit son livre, il est en train d'enseigner la philosophie et non plus de la vivre, et que cela est admirable (uniquement) du fait que cette ancienne vie, celle que décrit son ouvrage, a été admirable. Cependant, quatrièmement, dans la mesure où d'après moi il prétend aussi que son écriture *fait partie* de sa vie, incarne une forme de la vie philosophique, je considère qu'il dit, ou plutôt suggère, que la personne qui le lit ne pourrait pas comprendre sa revendication à être philosophe avant d'avoir compris ce que signifie être son lecteur ou sa lectrice, le degré de compréhension qu'il en attend. « De nos jours » entérine le fait que le lecteur aborde les mots écrits après que l'écrivain les a livrés, et ainsi – c'est là une thèse centrale de mon ouvrage sur *Walden* – il identifie bien son livre à un testament; à une promesse, comme Luther le formule, liée à la mort du testateur; si bien que l'existence décrite dans le livre de Thoreau est déclarée révolue au moment où l'on arrive à la page qui lui est consacrée. Il n'y a par conséquent pas de philosophe aujourd'hui en cet endroit, sauf si vous en êtes un : autrement dit, sauf si vous acceptez cette promesse comme la vôtre, ce qui signifierait vous présenter vous-même comme quelqu'un qui en « revoit la vision ».

À un moment donné de ma rédaction de *Sens de Walden*, il m'est arrivé de me demander : « Pouquoi l'Amérique ne s'est-elle jamais exprimée philosophiquement? Ou bien l'a-t-elle fait... ? » [a] – une forme d'interrogation qui suggère que si nous nous sommes exprimés philosophiquement, il est possible que nous ne reconnaissions pas l'avoir fait, comme si nous continuions à manquer d'autorité pour accéder à l'autorité sur notre esprit. Et le contexte de cette interrogation impliquait que selon moi le problème de la production philosophique américaine était lié à la question de savoir si Thoreau et Emerson devaient être reconnus comme des philosophes. Ce n'est pas comme si en 1970 je n'avais pas su que l'Amérique était très nettement en train de conquérir le premier rang de ce qu'on appelle la philosophie analytique anglo-américaine, et qui représente la moitié de ce que le monde occidental nomme philosophie. Ce n'est pas non plus que je pensais que cette moitié-là fût étrangère au génie américain, comme si elle s'occupait toujours d'importations en provenance de Vienne ou du Berlin des années 30. Le positivisme logique s'est découvert une véritable camaraderie intellectuelle avec certaines tendances du pragmatisme américain, par exemple. C'était alors et cela reste encore

a. S. Cavell, *Sens de Walden*, trad. fr. B. Rival, O. Berrada, Paris, Théâtre typographique, 2007, p. 39-40.

pour moi une question importante de savoir si le pragmatisme, que l'on cite souvent comme *la* contribution américaine au monde de la philosophie, fut une expression de la pensée américaine – à la manière dont selon moi cette pensée pouvait être, ou avait été, exprimée. Est-il raisonnable de se le demander ?

Ce que j'avais à l'esprit peut être montré en rappelant la célèbre communication de Max Weber, « La profession et la vocation de savant » [*Wissenschaft als Beruf*], donnée en 1918, à peu près à mi-chemin entre la présente conférence et l'année où Thoreau terminait *Walden*. Les termes « savant » ou « science » [*Wissenschaft*] incluraient ici la philosophie comme discipline spécifique. Weber commence par identifier – « en pratique et pour l'essentiel » – le problème des conditions matérielles de la science en tant que vocation, avec la question suivante : « quelle est la situation d'un étudiant diplômé qui est décidé à se consacrer professionnellement à la science, au sein de la vie académique ? ». En Amérique en tout cas, dans la pratique, cette identification tient toujours, à savoir que les conditions permettant de se consacrer à la philosophie dépendent essentiellement des perspectives d'occuper un poste dans le département de philosophie d'une université. Et cependant, nous devrions éprouver un certain malaise à concéder cela, un malaise que Weber aurait difficilement pu éprouver. Il disposait d'une double assurance que selon moi nous n'avons pas : l'assurance que dans sa culture une philosophie faisant autorité puisse être élaborée par des professeurs de philosophie (cela fut en quelque sorte la mission de Kant et de Hegel d'établir ce point, un peu à notre confusion) ; et en même temps l'assurance qu'une telle réalisation fasse partie d'un héritage littéraire commun dont il était, parmi d'autres, le produit et le continuateur. Tandis qu'on pourrait dire des intellectuels américains qu'ils ne possèdent rien en commun, en tout cas rien d'une grande culture. (Peut-être en résulte-t-il qu'aucune philosophie américaine *n'était en mesure*, à elle seule, de donner sa voix à l'Amérique).

Je peux imaginer un certain nombre de réponses à ce qui semblerait être un vœu de ma part en faveur de la participation réciproque de la philosophie et de la littérature – dont certaines seront plus grossières que d'autres. L'une de ces réponses pourrait être la suivante : il est précisément de la nature de la philosophie en tant que profession – qu'il s'agisse de la philosophie analytique anglo-américaine ou de la philosophie systématique continentale – de laisser de côté, voire de fuir, les plaisirs et les attraits de la littérature. Et cela n'est-il pas dans la droite ligne des origines de la philosophie depuis Platon, qui avait exclu la poésie de sa république de philosophes ? Pourtant cette réponse ne compte pas vraiment tant que nous ne savons pas au nom de quoi Platon l'avait exclue au juste ; et nous ne pouvons pas, je pense, en connaître la raison tant que nous ne savons pas ce que signifie pour la philosophie de se trouver en *concurrence* avec la poésie, pour remporter le même prix, pour ainsi dire. En outre, une chose que Platon avait bien *incluse* dans sa philosophie est ce que nous pourrions appeler l'obligation de thérapie, et dans l'ensemble la philosophie académique ne suit pas Platon aveuglément sur ce point. La philosophie, comme la poésie, était censée avoir le pouvoir de changer les gens, de libérer leur âme de la servitude. Au cours des deux derniers millénaires, d'autres prétendantes que la philosophie et la poésie se sont manifestées sur le terrain de la thérapie : ainsi la religion, puis tout récemment la psychothérapie (bien que dans ce cas précis nous aurions besoin d'un terme différent pour qualifier la manière dont certains praticiens depuis Mesmer jusqu'à Freud ont pris l'esprit d'assaut). Assurément il existe d'excellentes raisons de se réjouir que la philosophie ait échappé au commerce de la thérapie ; j'irais jusqu'à dire que ce sont à peu près les mêmes raisons de se réjouir que la philosophie soit devenue une profession. J'ai bien l'impression que les professionnels qui ont quelques réticences à prendre Wittgenstein au sérieux en tant que philosophe ne prennent pas le moins du monde au sérieux son rapprochement entre les démarches philosophiques et les thérapies. Certes je ne souhaite pas voir la philosophie, en tant que profession, retomber dans le commerce de la thérapie, en tout cas pas telle que la philosophie se présente à l'heure actuelle, ni selon ce que nous avons tendance à considérer comme thérapie ; mais je confesse que la perspective m'en paraît plus douloureusement ridicule que je ne le voudrais, étant d'avis que la philosophie est, ou devrait être, hantée par le fait qu'elle soit parvenue à échapper à cette obligation. Je pourrais exprimer ma manière de voir en disant que si vous concevez la philosophie, la poésie et la thérapie d'une façon qui vous empêche tout simplement de constater qu'elles sont en compétition les unes avec les autres, alors vous avez fait l'impasse sur quelque chose que je considère être une part essentielle de l'aventure philosophique, je veux dire : une part de son aventure intellectuelle.

Si nous n'avons rien qui tienne lieu de culture commune, cela signifie que pour nous aucun texte n'est sacré, qu'aucune œuvre ayant cette ambition ne doit être préservée à tout prix. Mais c'est alors une conclusion, ou plutôt une prémisse, à laquelle Emerson et Thoreau veulent que l'on parvienne : à savoir, selon les propres termes d'Emerson, qu'« autour de chaque cercle un autre cercle peut être dessiné » ; que « tout ce que nous reconnaissions comme établi vacille et chancelle ; les littératures, les villes, les climats, les religions, tremblent sur leurs fondations et se mettent à danser sous nos yeux » (« Cercles »)[1]. Tout cela comporte sa part d'exaltation, d'espoir et d'égalité, qui sont jusqu'ici pour le mieux. Mais pensons à ce que cela signifie pour notre vie intellectuelle ordinaire. Si Emerson et Thoreau sont les penseurs fondateurs de la culture américaine, mais que la connaissance que l'on en a n'est pas possédée en commun par cette même culture – même si certains groupes d'individus épars la possèdent – alors quel moyen avons-nous de nous mettre d'accord sur les questions qui nous importent le plus, comme les problèmes fondamentaux de la philosophie et de l'art comptent pour nous ?

Une amnésie culturelle aussi extraordinaire doit avoir de nombreuses sources. Pour alimenter la réflexion je citerai trois phrases tirées du récent livre de Bruce Kuklick intitulé *The Rise of American Philosophy : Cambridge, Massachusetts, 1860-1930*. Selon cet ouvrage, l'histoire de la philosophie américaine proprement dite débute avec la polémique occasionnée par les attaques des Transcendantalistes contre l'Unitarisme, le christianisme adopté par l'élite aristocratique de Boston. Kuklick décrit la situation de la façon suivante : « Lorsque le Transcendantalisme s'attaqua aux fondements

1. « Cercles », dans *Essais*, trad. fr. A. Wicke, Paris, Michel Houdiard, 1997, p. 61.

de la foi officielle, les tenants de l'Unitarisme eurent recours à la philosophie [plus précisément aux philosophes de Harvard] pour soutenir la religion dominante. Ils ne furent pas déçus [...] Habiles et bardés d'arguments, les penseurs de Harvard triomphèrent de la philosophie des Transcendantalistes. Quand bien même Emerson et son célèbre cercle firent la conquête d'une troupe de convertis, les positions philosophiques des Unitariens demeurèrent inébranlées » (p. 10). Kuklick, je suppose, voit là plutôt un grand jour pour la philosophie américaine en tant que discipline; mais sans contester que ce soient bien là les débuts de la philosophie américaine en tant que discipline, ni même contester directement l'évaluation positive que l'on peut en faire, il faut bien considérer à quel point il s'agit de débuts extraordinaires, et extraordinaires même en ce qu'ils puissent sembler plausibles en tant que tels. La période dont il est question est le milieu du XIXe siècle, une époque où Marx pouvait proclamer (dans l'introduction à son livre sur la *Philosophie du Droit* de Hegel) que « la critique de la religion est pour l'essentiel achevée ». Alors que des penseurs tels que Nietzsche et Heidegger allaient montrer combien cette critique était loin d'être achevée, l'observation de Marx nous fait penser aux siècles durant lesquels la philosophie européenne établissait ses fondements modernes en affrontant la religion, et représentait une menace pour la religion, soit en paraissant la mettre en cause (disons, comme chez Hume), soit en prétendant la défendre (disons, comme chez Kant), puisque le prix que doit payer la religion pour sa défense par la philosophie est une dépendance accrue envers elle; or le côté philosophique est aussi jaloux de son autonomie (appelons cela la Raison) que l'est le religieux (la Foi).

Même si l'on interprétait en ce sens le soutien apporté par les philosophes de Harvard à une religion établie vers le milieu du XIXe siècle, non pas comme les débuts historiques de la discipline philosophique américaine, mais comme le signe que cette discipline n'avait pas encore débuté en toute indépendance, la morale de l'histoire pourrait bien être seulement que l'évolution intellectuelle américaine n'est pas en phase avec celle de l'Europe, ce que nous savions peut-être déjà. Mais l'autre versant de l'histoire que Kuklick nous raconte est que justement ce combat philosophique fut mené à l'encontre d'Emerson et du Transcendantalisme, et il semble avoir eu des effets beaucoup plus durables. Pour autant que je le sache, il n'y a eu aucune tentative sérieuse, de la part de la discipline philosophique américaine, de considérer Emerson comme un philosophe. La morale que l'on peut en tirer pourrait bien sûr être alors celle qu'en tire Kuklick, à savoir qu'Emerson et Thoreau doivent être classés parmi les philosophes amateurs, envers lesquels, est-il suggéré, on ne saurait avoir aucune obligation professionnelle. Mais admettons qu'une morale plus pertinente soit qu'Emerson et Thoreau représentent surtout une menace, ou disons une difficulté embarrassante, pour tout ce que nous avons appris à appeler philosophie, comme ils le sont pour tout ce que nous appelons religion, alors ce serait comme si la philosophie avait eu et avait encore intérêt, pour sa propre cause, à les considérer comme des amateurs – comme si elle avait intérêt (et c'est bien le cas, me semble-t-il) à les refouler. Cela impliquerait qu'ils proposent et incarnent un mode de pensée, un mode de rigueur conceptuelle aussi complet que tout ce que l'on peut imaginer au sein de la philosophie dominante, mais qui peut passer inaperçu car fondé sur un idéal de rigueur qui est tout à fait étranger à l'installation de cette philosophie.

Avant d'associer un nom à cette rigueur étrangère, il me faut au moins indiquer comment écarter, ou différer, une objection décisive et définitive que certains professionnels de la philosophie pourraient avancer contre toute expression articulée de l'idée qu'Emerson et Thoreau méritent le nom de philosophe – l'objection selon laquelle, quel que soit ce que l'on entend par précision conceptuelle, une œuvre comme *Walden* n'a rien en soi que l'on puisse considérer comme un *argument*. Et si certains peuvent rester indifférents face à la perspective d'une philosophie qui renoncerait à sa dimension thérapeutique, en revanche personne ne devrait accepter sans broncher l'idée que la philosophie abandonne toute forme d'argumentation. Mais supposons que ce que nous entendons par argumentation en philosophie soit une des manières de prendre la totale responsabilité de son propre discours. Dans ce cas l'écoute que je requiers dépend de l'idée qu'il existe une autre manière, une autre manière philosophique (car la poésie aura sa propre voie, et la thérapie aura la sienne) de prendre cette responsabilité.

Cette autre voie philosophique, je vais l'appeler la lecture ; d'autres pourraient l'appeler l'interprétation philosophique. Cela rapproche Emerson et Thoreau de la tradition continentale en philosophie tout en les en dissociant. Cela les en rapproche conformément à l'idée, que j'exprime au début des *Voix de la raison*, selon laquelle la philosophie peut se transmettre soit comme un ensemble de problèmes à résoudre (comme le font les analystes anglo-américains) soit comme un ensemble de textes qu'il faut lire (comme cela se fait en Europe – excepté bien sûr là où l'on a adopté, ou ré-adopté, la voie de l'analyse). On peut imaginer à quel point différents types d'instructions dans l'apprentissage, différentes normes de discussion et de dialogue critique, différents genres d'écriture et différentes figures d'auteur, ne manqueront pas de résulter de cette différence dans le mode de transmission.

Une telle impression peut être renforcée si l'on perçoit combien leur prédilection pour la lecture sépare également Emerson et Thoreau de la tradition continentale. Pour le dire, je dois d'abord décrire ce qu'il m'est arrivé d'appeler les deux mythes de l'activité philosophique, ou les mythes sur le rôle de la lecture dans l'écriture philosophique.

Dans l'un de ces mythes le philosophe se présente comme ayant tout lu, dans l'autre, en n'ayant rien lu du tout. Peut-être cette dualité est-elle préfigurée dans le contraste entre Platon qui écrit et Socrate qui parle, mais elle est illustrée de façon assez limpide en notre siècle par le contraste entre le travail de Heidegger, qui emboîte le pas des grands noms de toute l'histoire de la philosophie occidentale, et celui de Wittgenstein, qui parvient à citer une demi-douzaine de noms, mais seulement pour relever une remarque sur laquelle il est tombé par hasard, remarque qui semble tirer toute son importance philosophique du seul fait qu'il soit en train d'y réfléchir. Commune à ces deux mythes est l'idée que la philosophie ne commence que lorsqu'il n'y a plus d'autres textes à lire, lorsque la vérité que l'on recherche a déjà été manquée et qu'elle traîne en quelque sorte derrière vous. Dans le mythe de la totalité, la philosophie ne s'est pas encore trouvée – jusqu'à ce qu'enfin elle vous ait trouvé, vous ; dans le mythe de la vacuité, la philosophie s'est perdue dès ses premières déclarations.

Je peux désormais avancer mon idée sur la différence entre les transcendantalistes et les continentaux, au sein même de ce qui les rapproche, de la façon suivante : alors qu'Emerson et Thoreau s'adonnent à la philosophie et à toutes les tâches qu'elle requiert – par exemple, assumer une responsabilité illimitée envers son propre discours – au moyen de ce qu'ils décrivent comme la lecture, et non l'argumentation, pour autant ils ne s'intéressent pas plus aux textes que nous serions tentés d'appeler philosophiques qu'aux autres, et de fait rien n'est plus constant dans leur mission philosophique que le souci de mettre en garde tout étudiant contre une pratique excessive de la lecture. Il n'est pas étonnant qu'ils puissent causer de l'embarras à tout cursus universitaire.

Quelles lectures et quelles façons de lire recommandent-ils alors ? Je commencerai à répondre à cette question en consacrant le reste de cette conférence à lire quelques autres passages tirés de *Walden* à ce sujet, puis de la « Confiance en soi » d'Emerson.

Après avoir fait l'éloge de l'écrit comparé à la parole, et trouvé que les « livres héroïques [...] seront toujours dans une langue morte pour les époques dégénérées » (*Walden*, 3. 4, p. 114), l'auteur de *Walden* interprète « les plus nobles mots écrits » au moyen d'une identification surprenante : « *Voilà* les étoiles, et que ceux qui le peuvent les lisent » (3.5, p. 116). Il s'agit là d'une interprétation de la nature comme texte, bien sûr, mais c'est aussi de la part de Thoreau l'une de ses plus claires interprétations de ce qu'est la lecture elle-même. La lecture y est interprétée (en évoquant dangereusement, pour la réviser, l'idée de l'astrologie) comme un processus d'*être lu*, de trouver sa destinée dans la capacité à s'interpréter soi-même. « Voulez-vous être un lecteur, un simple étudiant, ou un visionnaire ? Lisez votre destin, voyez ce qui est devant vous, et marchez droit vers l'avenir » (4. 1, p. 125). Ce qui est devant vous précisément n'est pas, si vous saisissez le refrain de Thoreau, quelque chose dans le futur ; ce qui est devant vous, si vous êtes, par exemple, en train de lire, c'est un texte. Thoreau demande à son lecteur de le voir, de devenir visionnaire grâce à lui. C'est alors seulement que vous pourrez marcher plus loin que là où vous êtes. Au cours de *Walden* il se dépeint lui-même en train de lire deux ou trois livres en particulier, et à chaque fois il est interrompu. Une fois, au début de « Voisins animaux », cette interruption se transforme ouvertement en une allégorie où la personnification du Poète invite la personnification de l'Ermite à laisser là sa méditation sur quelques paroles de Confucius pour venir le rejoindre à la pêche. L'Ermite hésite un instant, mais finit par s'ouvrir à ce nouveau plaisir, à ce nouveau besoin. Puisque Thoreau a tendance à s'exprimer ouvertement pour cacher quelque chose, on pourrait prendre cet échange allégorique pour un échange avec lui-même, et ainsi supposer que son propre désir d'écrire (d'aller à la pêche avec le poète en lui) vient interrompre son désir de lire, ce qui, conformément à sa façon de penser, signifierait qu'en lui le fait d'écrire pose la question d'arrêter d'écrire : écrire véritablement présente le problème de rompre avec autre chose, qu'il s'agisse de méditation ou de silence, ou qu'il s'agisse du langage ou du présent.

(Si l'on peut ici se figurer « le présent » comme « présence » métaphysique, et aussi celle-ci comme « présence à soi » narcissique, alors le fait d'écrire, dans cette allégorie, se présente comme l'expression ou la création d'un désir, de quelque chose de plus haut que l'on veut, qui nous manque, qui « entre par effraction ». L'écriture symbolise alors la réception du langage, d'autrui, en tant que tel. Aussi, lorsque Thoreau insiste sur le fait d'écrire seul, d'écrire seulement, comme le contraire de parler [« du seul travail de mes mains » comme au tout premier paragraphe – ici, non le travail de ma bouche ; mais cela viendra à l'encontre de l'exclusivité de la parole consacrée à Dieu], il retire son investissement auprès d'autrui, ramenant sa voix à elle-même, effectuant un « retour » vers le pré-social [à rebours d'une « avancée » vers le post-social] ; et son écriture reproduit alors pour ainsi dire les états d'avant l'écriture, avant qu'elle ne s'oppose à la voix émise, avant son effraction [Thoreau appellera cela « se déchaîner [*run amok*] contre lui » [1]]. Cela suggère à quel point ce que Thoreau

1. *Walden*, 8.3 « Le Village », p. 192.

appelle la « désobéissance », le refus d'écouter, provoque l'inquiétude de ses voisins : comme si, dans le cas où la société persistait dans ses erreurs de conduite, on ne pouvait plus s'assurer que cette société soit capable à l'avenir de briser la solitude métaphysique, autrement dit d'être *désirée*, et *consentie* [a].)

Une autre interruption dans la lecture, au chapitre intitulé « Bruits », se produit de la façon suivante : l'auteur se décrit lui-même comme « lev[ant] les yeux de [s]on livre », en entendant un train passer, et il lui faut un moment avant de se rendre compte que ce qu'il

a. Dans l'introduction à *Sens de Walden*, en 1972, en réponse à la question de savoir si j'avais déjà lu Derrida et Lévi-Strauss, et en guise d'explication, non sans une certaine inquiétude déjà alors, des raisons pour lesquelles j'estimais que mon ignorance du travail d'autrui ne compromettait pas tout effort spécifique de ma part, je déclarai que « mes remarques sur l'écriture comme telle ne visent pas des généralités concernant toute la littérature, mais visent à reconnaître spécifiquement l'intention de cet écrivain-ci, dans ce livre-là, et particulièrement deux phases de cette intention : asseoir sa réalisation de la condition de l'écriture comme telle sur sa réalisation d'une authentique Écriture sacrée ; et alarmer sa culture en lui refusant sa voix, c'est-à-dire en retirant son consentement [...] » [*Sens de Walden*, *op. cit.*, p. 8] Cette réponse, me semble-t-il, a été interprétée par certains lecteurs des *Sens de Walden* comme l'idée que mon livre n'avait aucune ambition théorique. Ce que je voulais dire en fait était qu'aucune théorie à ma connaissance n'a le pouvoir de rendre compte de la pratique de *Walden* ni de la théorie de l'écriture qui fait partie de cette pratique ; et que celle-ci même, telle que je l'avais comprise, contenait une interprétation théorique d'elle-même, et par conséquent de n'importe quel texte – pour autant que la relation de cet autre texte avec elle, appelons-la sa différence, soit spécifiquement mesurée. On arrivera à comprendre, j'espère, qu'en révisant le présent chapitre en 1987, j'aie ajouté cette note-ci, et la parenthèse qui s'y rattache. Je ne voudrais pas sembler impossible à éduquer, ni sourd à la demande de relier ce que je fais à la pratique et à la théorie de la déconstruction. Mais ceux qui me veulent du bien, et quelques autres personnes aussi j'espère, apprécieront que 1972 (ainsi que les années précédentes, où le travail qui a pris forme dans *Sens de Walden* était en préparation) se trouve encore à une distance incommensurable dans le temps américain. Naturellement j'ai conscience que les événements intellectuels des deux dernières décennies aient pu anticiper les domaines dans lesquels je me trouve engagé, mais j'ai eu la chance, bonne ou mauvaise, de pouvoir découvrir du nouveau. J'étais suffisamment en avance pour qu'il fut vite trop tard pour adopter un point de départ différent. S'il s'agissait là d'une course de vitesse, je parierais dans tous les cas pour le lièvre. Mais sinon, s'il ne s'agit pas d'une seule épreuve, et si de plus nous ne sommes pas sur terre mais en mer, alors une tortue peut faire l'affaire.

appelle « mon livre » est bel et bien celui qu'il est en train d'écrire à présent. Lorsqu'il lève les yeux en direction du train, voici ce qui arrive : « Ce chargement de lambeaux de voiles est plus lisible et intéressant en l'état que s'ils devaient être transformés en papier et en livres imprimés. Qui pourrait écrire plus concrètement que ces chutes l'histoire des tempêtes qu'elles ont affrontées ? » (4. 12, p. 134, trad. modifiée). Ce qui est arrivé lorsqu'il a levé les yeux de son livre est qu'il a continué à lire (et à écrire). Il a continué de voir ce qui défilait sous ses yeux, il a trouvé quelque chose à lire dans ce train qui défilait, et de là il a continué d'avancer vers l'avenir, et en particulier dans son livre. Ainsi, sa lecture et son écriture n'ont pas été interrompues. Le fait que la lecture est un moyen ou une finalité de percevoir, est quelque chose qui est attesté – comme je l'ai découvert dans *Les Voix de la raison* – par l'étymologie du terme anglais *reading* [la lecture] dans un mot signifiant « aviser » [*advising*], qui à son tour contient le terme « voir » [1]. Or ici dans le livre *Walden* lui-même, ce que son auteur était alors en train de lire se trouve désormais sous *nos* yeux, et cela non seulement dans un récit, comme on pourrait le trouver dans un journal par exemple, mais dans un compte rendu (*account* est le terme à tonalité économique qu'emploie couramment Thoreau pour désigner ce qu'est son écriture), ce qui renvoie à un calcul de sa valeur. Il a traité (écrit et, puisqu'elles contenaient déjà de l'écrit, il a traduit) les lambeaux de voiles en un livre de pages imprimées, et dans cette transaction c'est encore par les brisures de ces voiles, témoignant de ce qui leur est arrivé, par la détresse qui les a produites et par la détresse et la satisfaction qu'elles produiront, qu'elles écrivent encore l'histoire des tempêtes qu'elles ont essuyées. La transformation de ces lambeaux de voiles en pages diminue leur intérêt, dit-il ; ainsi le fait d'écrire est apparemment pour lui une perte en capital. Et dans sa traduction, ces « brisures » renforcent aussi sa posture d'économiste ou de comptable, et elles deviennent le règlement dont il s'acquitte en compensation de son histoire.

1. Selon *The Oxford Dictionary of Word Origins*, le verbe *to read* est à rattacher au verbe d'origine germanique *raden*, prendre ou donner conseil, aviser.

Ces deux phrases de Thoreau sur le chargement du train devenu lisible m'incitent à préciser ce qu'il veut dire dans les lignes suivantes. La lecture est une variante de l'écriture, où elles se rencontrent dans la méditation et font les comptes de leurs possibilités ; et l'écriture est une variante de la lecture, puisqu'écrire consiste à articuler des mots que l'on n'a pas créés soi-même, afin d'en produire ou d'en mesurer la lecture. Puisque ces comptes-rendus relèvent de ce que Thoreau appelle économie, de ce qui constitue sa vie philosophique, il s'ensuit que cette science économique, résultat de l'interaction entre l'écriture et la lecture, est bien ce qu'il revendique comme philosophie. Une chose qu'implique ce genre d'interprétation est que si l'activité philosophique est un produit de la lecture, la lecture en question n'est pas spécialement celle de livres, ni particulièrement celle de livres de philosophie. La lecture est celle de tout ce que l'on a devant soi. S'il s'agit d'un contenu verbal, ce qu'on lit consiste en mots et en phrases, au mieux en pages. Les livres ne sont pas entièrement lus, pas plus qu'ils ne sont entièrement écrits, en une seule fois ; ce n'est pas exactement ou pas seulement parce qu'ils sont trop longs, mais parce qu'ils imposeraient alors la durée d'une session de lecture, alors que la méditation exige soit d'être interrompue, soit de parvenir d'elle-même à son terme. (Le thème est ici celui de mettre un terme à la philosophie, comme une des tâches inévitables de la philosophie.) Les livres de philosophie en particulier ne sont pas destinés à être vraiment lus, pour deux raisons, j'imagine : 1) Les livres philosophiques ne font que renvoyer à plus tard leurs conclusions (c'est à peu près la critique que Kierkegaard adresse à Hegel). En apparence systématiques, ils font tout dépendre de leur dénouement ; c'est-à-dire qu'on a affaire à un récit – une histoire de concepts, en l'occurrence – qui repose donc sur le suspense. À cet égard, les livres de philosophie ne sont pas plus à usage philosophique que les romans. Un livre de philosophie qui conviendrait aux « étudiants » tels que Thoreau les imagine pourrait être écrit presque sans aucune avancée, un livre qui culmine à chacune de ses phrases. On dirait une exhortation à une musique nouvelle, disons à un discours nouveau, et donc une négation de la poésie autant que du récit narratif, dans la mesure où y est nié implicitement, dans une œuvre littéraire originale, le rôle du raisonnement suivi; tout est dans la phrase. Évidemment j'espère que cela sonne aussi comme une description de *Walden.* 2) Les Américains ne sont pas, en tout cas pas encore, ce qu'on pourrait appeler des professeurs de philosophie, forcés de lire chaque texte qui se présente comme de la philosophie et de lui accorder une place dans leurs réflexions. Nous ne sommes pas les détenteurs d'un discours cohérent auquel nous pourrions intégrer tout ce que les philosophes ont pu dire. Soit nous sommes des philosophes, soit nous ne sommes rien; nous n'avons rien dont nous puissions faire profession. Soit nous sommes capables de repenser une pensée qui se présente à nous, de nous l'approprier et de l'évaluer au fur et à mesure, soit nous devons la laisser filer, ce n'est pas la nôtre.

En l'absence d'un vocabulaire philosophique, la langue que Thoreau invente pour cette évaluation, son *éco-nomie*, procède, comme je l'ai suggéré, en nous transportant vers un réseau incroyablement élaboré de termes d'évaluation – de termes d'économie donc – que notre langage possède naturellement, en évaluant les mots tels qu'on les emploie, ce qui revient bien souvent et de façon cruciale à donner à un mot une valeur qu'à l'ordinaire on ne verrait pas comme économique – par exemple, des expressions comme *rendre compte, régler, vivre de, rédemption, intérêt, termes.* La question de savoir si l'on doit compter Thoreau parmi les philosophes dépend de celle de savoir si l'on accepte son invention d'un nouveau discours, ainsi que ses autres innovations, comme un discours philosophique novateur. Ce que cette invention implique peut sembler être la plus énorme blague dans un livre plein de boutades. Cet auteur prétend être en train d'écrire *le premier* livre de philosophie. – Mais *est-ce* vraiment une prétention si exceptionnelle ? Il s'agit d'une revendication d'autorité ; il affirme posséder un droit sur ses paroles ; selon ses propres termes, il les a gagnées, grâce au seul travail de ses mains. Mais il ne prétend pas être *l'unique* auteur ni en avoir le seul mérite. Il ne pense absolument pas embaucher plus tôt que les « plus anciens » philosophes (égyptiens ou hindous) que nous l'avons entendu mentionner ; mais tout simplement en même temps qu'eux : il n'y a pas de philosophie au présent tant que le philosophe n'est pas *en train d'être lu* (et au moins, inévitablement, par lui-même, ou elle-même). Il ne prétend pas non plus être unique *de nos jours* : cela, il le nie radicalement. Ce qu'il implique, et qui peut mettre mal à l'aise, est bien plutôt que l'autorité philosophique est intransférable, que toute prétention à parler au nom de la philosophie doit acquérir sa propre autorité, en accepter la responsabilité.

J'ai parlé plus tôt de la philosophie comme d'un legs ; j'en parle à présent comme d'un héritage. Comprenez-moi bien : en mettant l'accent sur la nationalité de la philosophie, sur l'exigence qu'une philosophie impose à sa nation, en l'obligeant à faire le procès de sa propre philosophie, à la refouler pour qu'elle puisse revenir [a], je ne souhaite pas qu'on en retire l'impression que Thoreau refuse l'influence des philosophies étrangères. Sa référence aux plus anciens penseurs de l'Égypte et de l'Inde devrait à elle seule suffire à s'en convaincre, ainsi que l'idée sous-jacente que l'Amérique doit hériter de la philosophie, non à partir de l'Europe – ou pas d'elle seule, pas essentiellement ? –, mais aussi à partir du lieu même d'où l'Europe en a hérité, de tout lieu d'origine d'où Platon en a hérité (et que seule la philosophie pourra connaître). Ce n'est là qu'une version de plus de la prétention mythique de *Walden* à la philosophie, lequel annonce précisément, en toute modestie, que pour hériter de la philosophie il faut déjà être sur le chemin de la philosophie.

Comme il a été dit, au début de *Walden* l'auteur déclare que lorsqu'il écrivait ces pages, il gagnait sa vie « grâce au seul travail de [ses] mains », et quelle que soit la dette ou la culpabilité qu'il évoque ici, il poursuit par toute une série de termes économiques visant à mesurer sa dette envers la philosophie. *Sens de Walden* affirme plus ou moins pouvoir se déduire de deux axiomes : que la demeure en train d'être construite dans *Walden* est *Walden* (ce qui signifie aussi l'Amérique, la construction, la découverte ou la constitution spirituelle de, nous dit Thoreau, « Walled-In » [« entouré de murs »], ce qui peut évoquer l'emprisonnement, mais qui est aussi ce que

a. *Cf.* au chapitre 8 de *Walden* : « C'est vrai, [...] j'aurais pu me déchaîner et déclarer la guerre à la société ; mais j'ai préféré que la société se déchaîne [*run amok*] contre moi, car c'était elle qui se trouvait dans un état désespéré » (8.3, p. 192).

signifie « Paradis ») ; et qu'ainsi chaque action de son auteur est une allégorie, ou une mise en scène, de l'écriture de l'œuvre. Si bien que, lorsque dans le premier chapitre, il dit : « il est difficile d'entamer une entreprise quelconque sans emprunter » puis raconte que le jour où il descendit dans les bois il emprunta une hache, ajoutant qu'il « la rendit mieux aiguisée [qu'il] ne l'avait reçue » [1], il faut comprendre qu'il décrit son propre mode d'emprunt philosophico-littéraire, qui englobe le fait de rivaliser avec l'original. Ce genre d'aveu est renforcé par des affirmations telles que « rien ne m'a été donné, dont je n'ai rendu compte » [2], ce qui suggère (non pas qu'il s'ensuive) que son compte rendu ne concerne rien d'autre que ce qui lui a été donné. Ce qui le résume sans doute le mieux, ou sans risque d'erreur, est cette scène où il « démolit » une bâtisse qu'il avait achetée après marchandage, afin d'en récupérer les planches pour son projet de construction de maison, une scène où la description du démontage et du transfert vers un nouveau site, et où la vision de cet achat comme un acte de confiance et celle du marchandage comme acte de se mettre d'accord, figurent l'un et l'autre dans le compte rendu de ses comptes.

Dire qu'Emerson et Thoreau ont « fondé/découvert » [« *found* »] la philosophie pour l'Amérique, c'est dire, entre autres choses, qu'en enseignant à cette nation qu'elle doit être conçue, et comment elle doit l'être, ils font la démonstration de la manière dont la pensée (à partir de l'Europe, à partir du passé, à partir d'où elle trouve la philosophie) peut être transportée vers ces rivages-ci, ce qui dans le livre de Thoreau signifie être prise en compte.

J'ai insisté sur le fait que l'écriture et la lecture ou la vision que Thoreau exemplifie ne portent pas sur quelque chose d'*autre*, quelque chose de passé ou de futur, qu'on pourrait appeler sa forme de vie ; soit ce sont elles-mêmes des modèles exemplaires, des modes de vie philosophique, soit elles ne valent rien du tout d'un point de vue philosophique. Dire que le récit central de *Walden* est la construction d'une maison [*home*], c'est dire que ce livre traite de ce qu'on pourrait appeler édification. « Édification » pourrait aussi être un

1. *Walden*, 1.56, p. 51.
2. *Walden*, 1.79, p. 72.

terme convenable pour ce que nous appelions plus haut « thérapie ». Il désigne, sous cette description, exactement ce que de bons professionnels comme Hegel s'évertuent à refuser à la philosophie. Je ne prétends pas que Thoreau entendrait par « édification » ce que Hegel y entendait. Ce problème est très présent dans des œuvres telles qu'*Être et Temps* ou les *Recherches philosophiques*, où l'on ressent qu'une sorte d'aspiration spirituelle (appelons-la ainsi) est adressée au lecteur, et que cette aspiration ne peut pas, ou ne devrait pas, être interprétée comme spécifiquement morale. Il est possible qu'à une époque donnée cette édification à laquelle la philosophie semble parfois aspirer ne puisse se réaliser que lorsque la philosophie s'est professionnalisée, ou lorsqu'elle est en rapport avec le monde professionnel. Telle est peut-être notre époque. L'édification en tout genre peut être considérée comme ce que Max Weber déplorait dans les salles de cours de l'Université ; il décrit le vœu qu'il déplore, faire de la science ce qu'elle ne peut pas être, comme le vœu d'un substitut à la rédemption. (Il m'est arrivé de voir à la télévision tard dans la nuit un professeur de philosophie et de théologie, en plein débat avec un humaniste laïc – c'est ainsi qu'il le qualifiait –, faire appel à la science pour prouver que l'univers a une cause, et que par conséquent il a sa source en une forme d'intelligence. Je gage que Weber ne serait pas d'accord. L'humaniste laïc ne l'était pas non plus. Telle est aussi notre époque.)

Et le cas de Thoreau est pire encore, d'un point de vue professionnel, que ce qui en est ressorti jusqu'à présent, car il n'accepte aucun substitut à la rédemption. Une de ses phrases les plus inoffensives, et donc les plus suspectes, dit ceci : « Il suffit de rester assis et immobile assez longtemps dans quelque coin plaisant des bois pour que tous ses habitants viennent tour à tour s'exhiber devant vous » (12. 11, p. 255). Tout *Walden* se trouve condensé en ces quelques gouttes. Accordez-moi pour le moment que cette position assise symbolise la lecture et l'écriture comme je l'ai déjà remarqué. J'ajouterai seulement qu'entre autres choses, ce « tour à tour » [*by turns*] désigne des tournures de phrases et des tournants de conversion. (On pourrait imaginer que cette expression se réfère également à des tropes. Mais ce ne pourrait être le cas qu'en prenant les figures de style de Thoreau [marquées par les nombres dans ses « comptes »] pour des configurations ou des reconfigurations, des recomptages, de formes figurées, en conséquence de quoi « tour à tour » devrait signifier « en tournant autour de l'idée même de trope ».) Ainsi, ce qu'il est en train de dire est bien que lui – ou plutôt, son livre – a un pouvoir d'immobilité, disons de silence, qui s'avère suffisamment attirant pour être considéré comme ayant un pouvoir de rédemption. C'est à rapprocher de l'interprétation que *Walden* donne de la position assise et que nous avions citée plus haut, celle qui identifie une maison à un siège, et donc le fait d'être assis quelque part à un moyen et une occasion de vivre, de passer sa vie, en un mot, d'établir sa résidence. Le contexte de cette remarque (les paragraphes qui ouvrent le chapitre 2) est un passage où Thoreau en vient à des longueurs extravagantes – autrement dit, à ses longueurs habituelles – pour montrer que cette position assise ou cette résidence implique, comme le mot l'indique, de posséder le paysage qui en émane, les fermes et les arbres et, pour faire court, tout ce qui se trouve dans un rayon d'une douzaine de milles tout autour de l'endroit où, s'étant assis, il vit ; c'est en lui que le pays tire son origine. Pourquoi faut-il souligner de cette façon l'équivalence entre les postures d'écriture et de lecture et celles de la propriété, voilà une question sur laquelle nous aurons l'occasion de réfléchir.

J'aimerais soutenir que l'idée affirmée dans la phrase de Thoreau qui concerne (et montre) l'écrivain assis en silence assez longtemps (et attirant l'attention) remplit ce que j'entendais tout à l'heure par l'une des fonctions ou prérogatives de la philosophie – ici la fonction d'inviter au questionnement par son silence ou celle de provoquer en ne prononçant pas le premier mot. (Socrate est interrompu dans la rue, en public ; les *Recherches* de Wittgenstein s'ouvrent sur une citation, les paroles d'un autre ; Heidegger fait de même dans *Être et Temps* ; l'auteur de *Walden* commence, après un bref paragraphe de présentation, par déclarer qu'il va répondre à certaines questions bien particulières que lui ont posées ses concitoyens sur son mode de vie.) Mais l'usage d'un silence séduisant ou attirant afin d'amener autrui à se révéler suggère des procédures et des pouvoirs pour lesquels, quand bien même on les juge favorables à l'enseignement, les universités n'ont aucune espèce de qualification.

En me tournant vers Emerson et ce dont il témoigne à propos de la lecture, j'observe que le récit de la négligence culturelle que lui et Thoreau ont subie demande à être nuancé. L'histoire d'Emerson doit inclure l'explication de la prodigieuse renommée qui fut la sienne de son vivant, qui persista plusieurs décennies après sa mort et qui ensuite, après quelques décennies où on le considéra comme illisible, fit l'objet de tentatives acharnées pour la raviver, tentatives qui produisirent elles-mêmes comme toujours des efforts contraires visant à la démolir de nouveau. La manière dont on comprend tous ces retournements de situation dans la réputation de cet auteur dépend en général de la manière dont on conçoit son travail d'écriture, comme si écriture et réputation ne formaient pour nous qu'un seul problème, et que ce problème devait à jamais rester irrésolu, comme si nous ne savions pas encore qui est cet homme ni ce qu'il veut.

Une façon d'appréhender ce qui dans son écriture produit de telles hésitations à son égard, le fait de ne pas savoir comment s'y prendre, est de considérer qu'Emerson traite la question de comment s'y prendre (avec quel degré de sérieux, serais-je tenté de dire, *lui-même* la traite – la question d'authentifier son propre sérieux), comme une question clé qu'il se pose à lui-même, sur lui-même.

Plus d'une fois j'ai cité le passage suivant de « La confiance en soi » comme un texte dans lequel il dramatise sa mission d'écrivain, en énonçant les preuves de sa vocation : « Je fuis père et mère, femme et frère lorsque mon génie m'appelle. J'écrirais volontiers sur les linteaux de la porte d'entrée : "Caprice". J'espère du moins que c'est quelque chose de mieux que le caprice, mais nous ne pouvons pas passer la journée en explications » [1]. Je ne rappellerai pas une fois de plus les contextes bibliques qui montrent qu'Emerson décrit ici l'appel à l'écriture comme en réponse à la nouvelle promesse de rédemption, et précise que l'acte d'écrire marque son ancienne demeure comme par une *mezuzah*, ou avec du sang comme au jour de la Pâque. La

1. R. W. Emerson, *La confiance en soi et autres essais*, trad. fr. M. Bégot, Paris, Rivages poche, p. 107 (désormais cité : *Confiance en soi*).

question s'impose à nous : avec quel sérieux adopte-t-il ce type de comparaison ? Cela a-t-il un quelconque intérêt philosophique, par-delà sa dimension littéraire ?

Je remarquerai ici que tout l'essai de « La confiance en soi », malgré la réputation qu'il a de prêcher l'individualisme (ce qui n'est sans doute pas faux, mais sans aucun doute pas vraiment clair), est une étude sur l'art d'écrire, comme si le vœu d'écrire simplement le mot « Caprice » [*Whim*] résumait déjà à lui seul le fardeau tout entier de l'écriture. L'auteur écrit « Caprice » à l'endroit où d'autres inscrivent le mot de Dieu, comme pour se moquer de la coutume plus habituelle de recourir au nom de Dieu à la place de Caprice : comme s'il n'y avait pas d'autorité mieux établie pour utiliser le mot « Caprice » – ou n'importe quel autre terme, aussi petit soit-il – que pour employer « Dieu », ni aucune justification pour le langage excepté le langage.

Que « La confiance en soi » soit une étude de l'écriture et donc de la lecture et de la pensée (philosophiques), cela est établi avec insistance dans cet essai par le fait qu'Emerson fait appel à la portée de mots comme « expression », « caractère » et « communication », qu'il emploie pour attirer l'attention à la fois sur les conditions extérieures de l'acte d'écrire et sur la vie intérieure de celui qui l'accomplit, la mettant en retrait ou en relief, et donc pour affirmer qu'aussi bien l'écriture que l'écrivain sont à lire, ce qui revient à dire que tous deux sont des textes, peut-être se testant, s'attestant ou se contestant l'un l'autre. (C'est bien dans cet essai que je continuerai de puiser mes citations d'Emerson ici, sauf mention contraire.) Il dit, par exemple, « Le caractère est comme un acrostiche ou une strophe alexandrine. Lisez de gauche à droite ou en travers, il vous dira toujours la même chose. »[1]. Et après nous avoir averti vers le début que « nous ne nous exprimons qu'à demi » puis affirmé entre temps qu'alors que nous pouvons nous « tromper dans [notre] façon d'exprimer » nos intuitions, nous savons bien qu'elles sont telles, (qu'elles sont *ainsi*, de *cette* façon) et « qu'elles ne doivent pas être discutées », il parle vers la fin de l'homme sage comme celui dont « l'expression du visage » [*countenance*] fait comprendre certaines choses aux autres

1. *Confiance en soi*, p. 114.

hommes [1]. Ce à quoi l'homme sage nous rend sensibles, dit en l'occurrence Emerson, c'est que l'âme demeure chez elle ; et que même lorsqu'on appelle le sage à quitter sa maison, il demeure toujours, quoi qu'en disent les autres, chez lui. Mais puisqu'être appelé, pour un homme sage, signifie évidemment être appelé par son génie, et puisque pour Emerson c'est cela écrire, Emerson soumet son écriture à la condition d'avoir l'autorité et la conviction qui lui sont dues en scrutant l'expression qu'elle contient ou qu'elle exsude.

Nos dispositions philosophiques habituelles nous pousseront à interpréter la surface d'un écrit comme sa manière, son style, sa rhétorique, un ornement du propos plutôt que sa substance. Mais la thèse implicite d'Emerson est qu'il s'agit là d'un préjugé philosophique comparable à tous les autres conformismes que son essai dénonce ; que, pour ainsi dire, les mots ne sont pas plus des ornements de la pensée que les larmes ne sont des ornements de la tristesse ou de la joie. Bien sûr, il est possible de les considérer ainsi, et dans certains cas précis ils peuvent se réduire à cela. Mais cela signifie simplement que les expressions sont les dernières choses à prendre au pied de la lettre.

Quelle allure, quel air, aura pour nous l'écriture du sage ? Emerson trouve dans la communication des gens qui « se conforment aux usages », c'est-à-dire qui sont dépourvus de confiance en soi, que « chaque mot qu'ils prononcent nous chagrine et nous ne savons par où commencer pour les remettre d'aplomb » [2]. Si chacun de nos mots est empêtré dans sa conformité à l'usage, alors évidemment aucun mot n'assurera un bon point de départ ; savoir si un mot donné fera l'affaire doit alors dépendre de la manière dont il se laisse dire, de l'air qu'il donne à celui ou celle qui l'énonce, selon qu'il puisse s'énoncer de manière à ne pas nous chagriner, c'est-à-dire nous attrister, mais qu'il serve plutôt, pour employer une expression favorite d'Emerson, à nous exalter et à nous réjouir. Comme si telle était l'alternative à laquelle devait faire face toute pratique de la philosophie.

1. *Confiance en soi*, p. 140.
2. *Ibid.*, p. 111.

Nous parvenons alors à la plus connue de toutes les critiques adressées à Emerson, celle qui plus que toute autre a assombri sa réputation auprès des intellectuels de ce siècle, à savoir : qu'il est outrageusement positif, qu'il lui manque tout sens de la tragédie.

Quoi que cela veuille dire, et pour aussi souvent qu'on ait tenté de le nier, en vain, une question préalable ne peut manquer de brûler les lèvres de tout philosophe, tout simplement la suivante : quelle importance cela peut-il avoir, quelle importance en philosophie, de savoir si l'allure d'un discours nous attriste ou nous réjouit, puisque ce n'est là qu'une affaire de psychologie à propos des *effets* que les mots peuvent avoir ; alors que tout ce qui importe philosophiquement est de savoir si ce qui est dit est vrai. Mais après tout, c'est à nous de tirer au moins cet aspect psychologique au clair. Emerson dit dans un essai annexe (« Cercles ») : « Les mots les plus simples – nous ne savons ce qu'ils signifient que lorsque nous aimons ou désirons ». Quels que soient les états d'esprit que ces termes sont censés désigner, cette remarque dit non pas qu'ils sont des effets des mots, mais bien au contraire qu'ils sont leurs causes, ou plutôt des conditions de la compréhension verbale. Alors qu'il n'est pas très original pour un philosophe de nous dire que les mots que nous employons au quotidien manquent de précision ou créent des malentendus, en revanche il n'est pas fréquent, ni même normal en philosophie, d'affirmer que l'accès à leur signification passe par un changement d'état d'esprit.

Ce que cela peut bien vouloir dire dépendra probablement de la précision avec laquelle on décrit la propre pratique d'écrire et de penser d'Emerson, c'est-à-dire la tournure particulière qu'il donne à ses propres mots. Considérons pour finir deux autres phrases qui illustrent la pratique qui est la sienne de décrire sa pratique. Lorsqu'il dit : « Quiconque a plus de docilité que moi me domine » [1], ceci doit être interprété en relation avec ce qu'il dit de l'écriture comme quelque chose à quoi l'on est appelé, à quoi l'on tend l'oreille et se montre obéissant. Le « dominer » n'est alors pas exactement le vaincre, comme s'il s'agissait d'une pulsion incontrôlable ou d'un esclave rebelle, mais le maîtriser, comme on le dit d'un texte difficile

1. *Ibid.*, p. 127.

ou d'un langage. Et aussi difficile ce texte soit-il, pour l'appel à l'écriture, je ne le trouve pas plus difficile à maîtriser, mais plus maniable, que n'importe quel ensemble de textes qu'ont pu produire certains théoriciens esthétiques moins affirmatifs sur la question de l'intention artistique.

Aussi bien l'idée de comprendre l'intention d'un texte que celle de partager ou d'entendre ce qui l'a appelé sont des interprétations de ce en quoi consiste lire ou suivre un texte. Mais l'idée d'intention peut nous empêcher d'aller chercher ce à quoi les idées d'appel, de soumission et d'écoute nous invitent, à savoir : comment se fait-il que l'on écrive mieux (ou moins bien) qu'on ne le pense, et que l'on puisse être mieux compris (ou moins bien compris) par quelqu'un d'autre que soi. Ce sont des choses dignes d'être explorées. Emerson le fait quand il déclare : « Le caractère nous en apprend davantage que la volonté. Les hommes s'imaginent qu'ils font paraître leurs vertus ou leurs vices uniquement par des actions claires et ils ne voient pas qu'à chaque instant, vertu et vice exhalent leur propre souffle »[1]. Je vois dans ce propos l'aveu effrayant d'une forme d'angoisse liée à l'écriture ; la reconnaissance que l'on doive renoncer à tout contrôle de ce qui nous est propre, comme pour apprendre ce que c'est.

Écrire en sachant que vos propos exhalent la vertu ou le vice à tout moment, qu'ils font connaître les moyens par lesquels vous exprimez vos désirs, conscients ou non, c'est laisser libre cours à votre caractère. Laisser libre cours à ce que je dis a été pour moi une question d'honneur, même en sachant que certains risques ne valent pas la peine d'être pris. Si l'on ne pouvait pas écrire mieux que ce que l'on est, ni comprendre un écrivain mieux qu'il ou elle-même ne peut se comprendre, si nous n'étions pas capables d'une meilleure obéissance que celle dont nous avons fait preuve, d'une obéissance à quelque chose de supérieur, alors le sort de l'écriture serait plus à plaindre qu'il ne l'est, car dans ce cas elle ne pourrait pas proposer de mesures pour se mettre à l'écart, ni de répit à l'écrivain ou au lecteur. Il s'ensuit qu'à tout moment je suis susceptible d'être mis en cause par mes propres principes, sinon cela ne vaut rien.

1. *Confiance en soi*, p. 115, traduction modifiée.

Je n'ai pas souhaité masquer un certain pathos dans cette impression de lutte pour l'écriture de la philosophie, dans la position et la situation où je me trouve, je veux dire par exemple en tant que professeur de philosophie en Amérique, et ailleurs. En même temps, je n'ai pas souhaité rendre cette lutte indûment personnelle, dans la mesure où les luttes qu'elle rejoint ne valent rien si elles ne sont pas communes : celles entre philosophie et poésie, entre auteur et lecteur, entre auteur ou lecteur d'un côté et le langage de l'autre, entre le langage et lui-même, entre l'édifice américain de l'imaginaire et l'édifice européen de la philosophie, entre l'espoir et le désespoir d'écrire et de lire de façon rédemptive.

Mais que dire du pathos même qu'il y a à présenter ces enjeux comme des luttes ? N'est-ce pas là romantiser des problèmes purement intellectuels ? La philosophie en tant que telle doit-elle – de nos jours ? encore ? – se faire passer pour une entreprise romantique ? Je suppose que mon idée selon laquelle Emerson et Thoreau étayent Wittgenstein et Austin donne une certaine coloration romantique à ce que je compte parmi les pensées les plus avancées de notre temps ; et la relation de Heidegger à la littérature romantique, tout particulièrement à Hölderlin bien sûr, suggère que c'est une coloration que lui-même adopte volontiers. Il est possible que l'exigence envers le lecteur que j'ai soulignée dans les œuvres de Heidegger et de Wittgenstein, cette exigence qui selon moi n'est pas tout à fait identifiable à une exigence morale, puisse être pensée comme une demande romantique – voire une promesse – de rédemption, disons d'un rétablissement ou d'un retour à soi [*self-recovery*]. Mais, en toute rigueur philosophique, de quoi réchappe-t-on au juste ? La philosophie ne peut pas dire qu'il s'agit du péché. Parlons plutôt de se remettre du scepticisme. Ce qui signifie, comme on l'a dit, se remettre d'une dérive vers l'inhumain. Mais alors pourquoi cela se présente-t-il comme revenir à soi ? Et pourquoi, plus particulièrement, comme recouvrer la (ma) voix (humaine) (ordinaire) ? Qu'y a-t-il de romantique dans le recouvrement, ou dans la quête, de l'ordinaire ou du quotidien ? En quoi cela concerne-t-il la philosophie ?

CHAPITRE 2

EMERSON, COLERIDGE, KANT
LES TERMES COMME CONDITIONS

Dans cette deuxième séance, je vais développer certaines idées esquissées dans la première – que l'affaire essentielle de la philosophie est devenue la réponse à apporter au scepticisme, comme si l'affaire de la philosophie était devenue essentiellement la question de sa propre existence ; que le retour à l'ordinaire (à ma voix ordinaire) après le scepticisme, dans la mesure où ce retour est lui-même une tâche imposée par le scepticisme, exige la mise en question du tableau que le scepticisme dresse de cette même tâche ; qu'en philosophie cette tâche est associée au dépassement, ou disons à la critique, de la métaphysique, et en littérature à la domestication du fantastique et à la transcendantalisation du domestique, qu'on appelle ces démarches internalisation, subjectivation ou encore démocratisation de la philosophie ; et que cette forme de communication entre philosophie et littérature, ou le refus de communiquer, est quelque chose qui produit le romantisme, qui produit en tout cas mes expérimentations présentes sur les textes romantiques, expérimentations causées par la découverte de ces textes parmi les effets induits par *Les Voix de la raison*.

Œuvrant au sein d'une aspiration de la philosophie qui alimente, et est alimentée par, le désir de se considérer comme héritier d'Emerson et de Thoreau, je tiens pour acquis que leur pensée reste inconnue de la culture qu'ils ont fondée (par « inconnue », je veux dire culturellement non assimilée, et non reconnue parmi ceux qui aiment les livres, aussi assimilés qu'ils aient pu être par divers groupes d'individus), d'une façon dont il serait impensable que Kant, Schiller et Goethe soient ignorés de l'héritage culturel en

Allemagne ; ou Descartes et Rousseau en France ; ou encore Locke, Hume et John Stuart Mill en Angleterre. Si l'on m'a souvent interrogé sur la signification de cet état de choses et sur ce qu'il présage pour l'avenir, je ne suis pas encore prêt à décrire les mécanismes qui l'ont rendu possible et inévitable. Mais puisque je semble suggérer que le refoulement de la pensée d'Emerson et de Thoreau est inhérent à leur autorité de fondateurs, je devrais au moins noter que ce refoulement avait été préparé par leur propre auto-effacement.

Les fondateurs sacrifient en général quelque chose (que ce soit Isaac ou Didon), et ils nous enseignent à sacrifier ou à réprimer quelque chose. Ils peuvent aussi devenir eux-mêmes les victimes de ce qu'ils ont créé. Je suppose que des phénomènes de ce genre entrent en jeu dans la manière dont Emerson et Thoreau écrivent dans l'obscurité, à partir de ce qui est obscur, comme si s'obscurcir eux-mêmes était le bon moyen d'acquérir le statut qu'ils recherchent auprès de leurs concitoyens. Comme si faire preuve d'une telle retenue, et donc du pouvoir de se défaire de cette retenue, visait à nous éduquer à la libération de soi, et tout d'abord à nous enseigner que cette libération est bien ce que nous exigeons de nous-mêmes. Que cela soit à la portée de nos compétences (américaines) suppose que pour y parvenir nous devions avant tout suffisamment le désirer. Cet accomplissement du désir est un exercice tout aussi intellectuel que spirituel, ou disons passionnel. Dans « Pensant à Emerson » (un texte ajouté à la seconde édition de *Sens de Walden* [1], j'ai caractérisé la forme de pensée qu'Emerson prêche et qu'il pratique en termes d'abandon : abandon de quelque chose, par quelque chose et pour quelque chose. Ceux qui en restent aux mondanités préliminaires de la prose d'Emerson prendront naturellement l'optimisme qu'on lui prête pour le signe d'une superficialité accommodante ; position compréhensible, parce que le fait de suivre ses affirmations jusqu'à leur issue de désir revient à s'exposer aux exigences intransigeantes qu'elles adressent à son lecteur et à la société qui est la sienne. (En guise d'exercice sur ces exigences, sur les obscurités qui reviennent à une répression de soi, sur le présupposé constant qu'il n'existe pas

1. « Réflexions sur Emerson et Heidegger », trad. fr. M.-A. Lescourret, dans *Critique* 399-400, Paris, Minuit, 1980, p. 719-729.

de langage pour revendiquer quoi que ce soit de façon véritablement philosophique, ou disons nationale, on pourrait se proposer une méditation sur la question qui ouvre le grand essai d'Emerson « Expérience » : « Où nous *trouvons*-nous ? » Suggestion – comme on disait autrefois dans les manuels de maths des lycées américains, après avoir posé un problème compliqué : considérez cette question comme un enjeu pour des penseurs américains, suscité par la pensée et les pratiques de Christophe Colomb – par exemple, par le fait que les autochtones d'Amérique aient été appelés Indiens –, comme si à elle seule la référence à l'Amérique, leur lieu d'origine tout simplement, jointe au fait qu'on la déclare découverte, trouvée, venait porter atteinte au solide édifice de la métaphysique. Puis considérez ensuite la question posée par Emerson d'où nous nous trouvons, comme celle de savoir comment nous fonder nous-mêmes, puisqu'il n'existe pas *un* voyage pour l'Amérique. Comme si la retenue d'Emerson consistait à promulguer le vœu de fonder une tradition de pensée sans fondateurs, sans fondation ; comme si nous devions peut-être nous reconnaître des « Pères trouvés » [1].)

L'idée de Heidegger selon laquelle penser est quelque chose à quoi nous sommes attirés n'est pas vraiment une idée à laquelle il compte rallier ses concitoyens, mais elle vise au mieux à sélectionner quelques rares penseurs à venir. Un penseur est une personne attirée, séduite pourrait-on dire, par l'autorité de la pensée, c'est-à-dire attirée vers les origines de la pensée (par exemple, chez Parménide) que la philosophie a obscurcies ou négligées dans son installation, ou dans sa fondation. Mais dans la façon dont j'envisage Emerson et Thoreau, tout se passe comme s'ils jouaient le rôle de Parménide face à leur Platon, de Didon face à leur Énée, ou de Hölderlin face à leur Heidegger. (Je ne parle pas ici de qualité comparative, mais de structures comparables ; si je n'étais pas convaincu de la qualité authentique de ces deux Américains, je ne pense pas que cette structure m'intéresserait.) Même en l'absence d'une réelle compréhension du fait que ce sont bien les refoulés qui accomplissent leur propre répression, l'on peut supposer qu'un penseur veuille acquérir l'autorité

1. « Foundling Fathers » au lieu de « Founding Fathers », pères fondateurs.

de la pensée ainsi, afin d'enseigner l'autorité dont l'acquisition consiste en son renoncement. C'est ainsi que je conçois l'autorité philosophique. Si quelque chose de ce genre peut apporter un chemin intelligible et pratique vers Emerson et Thoreau, l'avantage du chemin comme l'avantage pour eux, est qu'on peut le creuser, pour ainsi dire, de ses propres mains, et à l'air libre ; comme si les dates d'origine de la philosophie différaient à peine de celles du cinéma. Quelqu'un de mon âge aura un maître dont le maître aura pu avoir écouté Emerson. Si bien que toute la valse philosophique entre l'évidence et l'obscurité relève aussi – le plus clairement, si *par conséquent* le plus obscurément – de notre propre vocation.

On dit habituellement, et sans doute à raison, que ce que nous entendons par romantisme est une fonction (entre autres) de notre manière de concevoir le type de solution philosophique apporté par ce que Kant a accompli. Puisque ce que nous pensons de toute perspective sur les relations entre ce qui est mental et ce qui relève de la matière, pour ainsi dire, ne peut être qu'une fonction de ce genre (c'est-à-dire, dans la mesure où ce que Kant a accompli fait partie de notre façon de penser), cette affirmation n'a rien de très spécial. Dans cet essai, je vais préciser ce qui est selon moi une certaine force de la fonction kantienne, telle que je la comprends. Je me contenterai de creuser cette question seulement en lien avec la lecture d'un essai d'Emerson – « Destin », tiré de *La Conduite de la Vie* – et de quelques extraits de la prose autobiographique de Coleridge, ce qui nécessitera évidemment diverses justifications, pour ne pas dire des excuses. Le fait que ces textes ne se donnent pas la peine de citer ni de réfuter des passages précis tirés des écrits de Kant ne saurait suffire selon moi à démontrer que, sur le plan de l'argumentation, ils n'entrent pas en discussion avec sa philosophie. Cela aussi dépend de ce que vous pensez que Kant a accompli (de ce que signifie le nom *Kant* pour vous) et de ce qui a selon vous produit le genre d'écrits dans lesquels les romantiques se sont exprimés. Le fait que ce ne soit pas ce que l'on peut attendre de la prose philosophique ne prendrait pas vraiment ces écrivains de court, comme s'ils avaient écrit comme ils l'ont fait par inadvertance ou par ignorance du ton requis en philosophie. N'oublions pas qu'ils s'attaquaient à la philosophie dans le seul but de la rédimer. Les philosophes de profession, actuels ou à venir, devraient-ils se soucier de cela ? Il est vrai que la philosophie se présente d'habitude comme sa propre rédemptrice, et donc comme devant défendre sa réputation, en particulier à l'époque moderne depuis Bacon, Locke et Descartes. Mais la philosophie peut-elle se racheter *de cette manière*, de cette manière romantique ? Examiner plus en détail ce qu'est cette manière, voilà une bonne raison de nous occuper des textes dont il est question ici.

Pour préparer le terrain, je ferais bien de proposer une version de ce qu'on peut considérer comme l'accomplissement majeur de Kant. Ou plutôt, laissons à Kant le soin de nous le dire, en ces deux paragraphes de résumé tirés des *Prolégomènes à toute métaphysique future* (§ 32) :

> Dès les temps les plus anciens de la philosophie, ceux qui étudiaient la raison pure ont conçu, à part des êtres des sens ou phénomènes (*phaenomena*) qui constituent le monde sensible, des êtres d'entendement spéciaux (*noumena*) qui constitueraient un monde intelligible, et, comme ils tenaient pour identiques le phénomène et l'apparence (ce qui est bien excusable à une époque où l'on manque encore de culture), c'est seulement aux êtres d'entendement qu'ils accordèrent la réalité.
>
> Dans le fait, si, comme il convient, nous considérons les objets des sens comme de simples phénomènes, par là nous reconnaissons du même coup qu'ils ont comme fondement une chose en elle-même, bien que nous ne sachions pas comment elle est constituée en elle-même, et que nous ne soyons informés que de son phénomène, c'est-à-dire de la manière dont nos sens sont affectés par ce quelque chose d'inconnu. Donc l'entendement, du fait même qu'il admet les phénomènes, reconnaît également l'existence des choses en elles-mêmes, et dès lors nous pouvons dire que la représentation de tels êtres qui fondent les phénomènes, donc de simples êtres de l'entendement, n'est pas seulement recevable : elle est même inévitable [a].

a. E. Kant, *Prolègomènes à toute métaphysique future*, trad. fr. L. Guillermit, Paris, Vrin, 2008, p. 85-86.

On peut considérer ces paragraphes comme ce qui constitue l'argument central de toute la *Critique de la raison pure*, en trois ou quatre lignes : 1) L'expérience est constituée de phénomènes. 2) Les phénomènes sont de quelque chose d'autre, qui pour cette raison ne saurait lui-même apparaître. 3) Toutes les fonctions de l'expérience et elles seules peuvent être objets de connaissance ; ce sont les catégories de notre entendement. 4) Il s'ensuit que ce quelque chose d'autre – ce que les phénomènes font paraître, et dont nous sommes obligés de reconnaître l'existence – ne peut pas être connu. Par la découverte de cette limitation de la raison, la raison se prouve à elle-même sa puissance, y compris sur elle-même. 5) Bien plus : puisqu'il est inévitable que notre raison soit amenée à penser à cet inconnaissable fondement des phénomènes, la raison se révèle aussi à elle-même en cette nécessité.

Mais alors qu'avons-nous besoin du reste des huit cents pages de la *Critique de la raison pure* ? On peut les diviser entre d'une part, celles qui mettent en place ou complètent les tableaux ou les structures nécessaires pour rendre ce raisonnement parfaitement clair (clair, pourrait-on dire, de tous les poids lourds qu'on invite à circuler sur ces voies) et les pages qui, d'autre part, développent tout ce qu'implique ce raisonnement vis-à-vis de la nature humaine, et par conséquent pour toutes nos aspirations éthiques, esthétiques, scientifiques et religieuses. Je suis d'accord pour dire que toutes ces pages sont des pages de philosophie. Ce que j'avance est que, si vous n'êtes pas à un moment donné pris au collet par le genre de petit raisonnement que je viens d'esquisser, l'intérêt que vous trouverez à ces huit cents pages sera, permettez-moi de le dire, purement littéraire. Il reste la question de savoir si ce raisonnement vous intéressera sérieusement – d'une manière, disons, pas uniquement académique – même si ces huit cents pages-là ne vous intéressent *pas*. La bonne réponse, et qui suffit, je crois, à ce que je veux montrer, est : oui et non. Je vais pencher ici du côté du oui.

Quel serait le résultat de ce petit raisonnement, à supposer qu'il soit convaincant ? D'après Kant, sa solution philosophique revient à limiter le savoir afin d'obtenir une place pour la croyance. C'est là une façon quelque peu unilatérale de qualifier ses efforts en faveur de la connaissance, dans la mesure où ce qu'il entendait par « limiter le savoir » était bien quelque chose qui, par la même occasion, assurait ce même savoir face à la menace du scepticisme et aux pouvoirs du dogmatisme. Ainsi, on peut y voir l'une des anciennes et vénérables lignées de tentatives philosophiques visant à conclure un marché entre les exigences respectives qui s'imposent à la nature humaine, celles de la connaissance ou de la science d'un côté, celles de la morale et de la religion de l'autre. La solution de Kant apparaît comme le compromis philosophique le plus stable de l'époque moderne ; les compromis suivants ne l'ont pas dépassé, ils n'ont plutôt fait que le déplacer. Je considère cette stabilité, pour les besoins de l'histoire que j'ai à raconter, comme une conséquence de l'équilibre obtenu par Kant entre les prétentions de notre connaissance du monde à être ce qu'on peut appeler subjective ou objective, ou bien disons entre les prétentions de cette connaissance à être dépendante ou indépendante des facultés – sensitives ou intellectuelles – spécifiques à l'être humain. D'après moi, les textes que j'utilise comme représentatifs du romantisme permettent d'évaluer la stabilité de cette solution, tant la satisfaction que sa justice nous procure que l'insatisfaction que suscite cette même justice.

L'insatisfaction que suscite une solution comme celle de Kant est relativement aisée à formuler. Pour en finir avec le scepticisme (et avec le dogmatisme, ou le fanatisme, mais je vais cesser de les mettre dans la balance), pour bien nous assurer que nous savons vraiment que le monde existe ou plutôt, que ce que nous considérons comme connaissance est bien connaissance *du monde*, le prix que Kant entend nous faire payer est de renoncer à toute ambition de connaître la chose en soi, d'accorder que le savoir humain n'est pas celui des choses telles qu'elles sont en elles-mêmes (les choses en tant que choses, comme finira par dire Heidegger). Vous n'avez pas besoin – n'est-ce pas ? – d'être un romantique pour ressentir parfois, face à une telle solution, l'envie de dire : tout ça pour ça… merci bien !

La satisfaction qui va de pair avec cette solution est plus difficile à formuler. Elle s'exprime dans le portrait que dresse Kant de l'être humain comme vivant au sein de deux mondes, déterminé dans l'un d'eux, libre dans l'autre, le premier des deux indispensable à la satisfaction de l'Entendement humain, et l'autre à la satisfaction de la Raison humaine. L'un des usages romantiques de cette idée de dualité des mondes réside en ce qu'elle permet de rendre compte de l'insatisfaction de l'être humain, en quelque sorte, envers lui-même. Cet usage mesure toute l'ambivalence de l'idée kantienne centrale de limitation, le fait qu'à la fois nous avons grand besoin du confort qu'elle instaure et grand besoin d'échapper à ce même confort, le fait que sans répit, nous désirons être légalement mariés avec le monde et en même temps vivre illicitement dans son intimité, comme si l'une de ces situations provoquait le désir de l'autre, comme si la meilleure preuve de l'existence humaine était sa capacité à aspirer à une meilleure, voire à une tout autre, existence. Une autre utilisation romantique de cette idée de nos deux mondes consiste à proposer une formulation de notre ambivalence face à la solution ambivalente de Kant, ou une intuition plus poussée de ce que cette solution visait à résoudre – l'intuition que l'être humain ne vit désormais dans *aucun* de ces mondes ; que nous nous trouvons, comme on dit, entre deux mondes.

Emerson et Thoreau en plaisantent de temps en temps. « Nos humeurs n'ont pas foi les unes dans les autres », dit Emerson dans « Cercles » ; « je suis divin par nature ; je suis une petite herbe sauvage qui grimpe le long du mur » [1]. Et Thoreau identifie par exemple ses lecteurs comme « ceux qui, paraît-il, *vivent* en Nouvelle Angleterre » [2]. On peut considérer que Wittgenstein et Heidegger partagent cette vision romantique de la dualité humaine et, si j'ose dire, cela explique pourquoi je trouve cette problématique inévitable – Wittgenstein perçoit bien notre grand besoin d'*échapper* à ce que nous avons en commun avec les autres, même lorsque nous avons conscience de la banalité de ce besoin ; Heidegger perçoit ce qui nous pousse à *demeurer* dans le commun, peut-être à la manière même dont nous nous efforçons d'y échapper.

1. « Cercles », art. cit., p. 58.
2. *Walden,* 1.3, p. 12, traduction modifiée.

Sur notre privation de monde ou de domicile, sur les mondes sans vie que nous voyons toujours mais que, semble-t-il, nous ne retenons pas (comme si nous ne pouvions pas vraiment situer le monde) – sur tout cela Wordsworth et Coleridge ne plaisantent pas (quoiqu'ils soient capables d'être drôles), comme s'ils n'avaient pas vraiment l'optimisme confiant des Américains dans l'idée qu'un changement qui transforme le monde adviendrait ou qu'ils pourraient eux-mêmes contribuer à le faire advenir. Lorsque dans sa préface aux *Ballades lyriques*, Wordsworth dédie sa poésie à l'idée d'éveiller les hommes de leur « torpeur », le moyen qu'il envisage pour cela est celui « de rendre les incidents de la vie ordinaire intéressants », comme si à ses yeux nous avions retiré notre intérêt ou notre investissement en ces mondes que nous aurions en commun, que ce soit celui-ci ou le prochain. Cela me semble être une description raisonnable à la fois du scepticisme et de la mélancolie, comme si l'espèce humaine avait souffert de quelque calamité et entrait à présent, au mieux, dans une période de convalescence. L'interprétation la plus connue de cette calamité y voit le contre-coup de la Révolution française ; Nietzsche parlera de la mort de Dieu. De quelque manière que l'on considère cette rupture calamiteuse avec le passé, son traitement curatif exigera une révolution de l'esprit ou, comme Emerson l'exprime vers la fin de son essai « Le savant américain », la conversion du monde. Wittgenstein expliquait cela en disant qu'il y a quelque chose de tordu dans l'histoire de la pensée. Je ne souhaite pas ici comparer les auteurs romantiques pour savoir s'ils décelaient des possibilités de rédemption dans la politique, la religion ou la poésie. Mon problème est plutôt de savoir comment une telle idée pourrait exhorter la philosophie à réfléchir à sa propre rédemption.

Puisqu'après tout, les gens qui sont censés vivre en Nouvelle Angleterre, ou en Angleterre d'ailleurs, sont bien vivants, une vision telle que celle qui est exprimée dans *Le Vieux Marin* a recours à l'idée de morts-vivants, ou plutôt à l'idée de mort-dans-la-vie, par exemple de corps ranimés. Ici la relation aux mondes de Kant est, à mon avis, tout sauf explicite, comme l'est aussi l'idée que le lieu où nous vivons, et où nous ne sommes ni libres ni naturels, est lui-même un monde, une sorte de Tiers-Monde de l'esprit, tel que notre conscience n'est pas double, mais triple.

Il est évident que toutes ces notions de mondes, et le fait d'être pris entre eux, morts pour eux mais vivant en eux, le fait de bien les voir mais sans les connaître, comme si nous ne les connaissions plus, comme si nous les avions oubliés, le fait d'être hantés par eux, tout cela forme au mieux un kaléidoscope. Le degré de sérieux avec lequel on prend toutes ces images dépendra de l'impression produite par la précision et la portée de ce qu'elles expriment. Les mettre à l'épreuve est ce que visent les textes discutés ici.

La renommée fluctuante d'Emerson est une expression assez crue de la propension de l'écriture romantique à tomber en désuétude par périodes, voire de façon permanente, comme si cela obéissait à ce qu'elle perçoit de nos capacités à renouveler notre investissement dans le monde, ainsi que de notre capacité ou de notre culot à réclamer et parfois à obtenir une exagération mélodramatique de notre propre vie en réponse à cet investissement. J'ai déjà eu l'occasion de dire combien de temps il m'a fallu pour, en quelque sorte, pardonner à Emerson son culot, et pour suivre l'impression que me donnaient sa précision et sa profondeur. L'essai « Destin » est particulièrement utile ici en raison de ce qui le rapproche assez explicitement des perplexités kantiennes. « La grande masse de l'humanité croit en deux dieux », affirme-t-il, après avoir bien établi que ces deux dieux, les deux pôles de cet essai, sont la Liberté et le Destin (ou, disons, le déterminisme ou la nature). Aussi bien la réputation d'Emerson que son style nous rendent difficile de le créditer de l'énergie philosophique nécessaire pour s'attaquer à Kant et à ses mondes, et je marquerai une pause avant cet essai en partie dans le but de faire de cette réputation un aspect supplémentaire du problème que représente Emerson à ceux qui le reconnaissent comme un penseur.

Parmi tous les moments de l'histoire de ce que je nomme le refoulement d'Emerson hors de la philosophie américaine, aucun ne me semble plus définitif, si ce n'est la professionnalisation de la philosophie elle-même, que celui où Santayana a fait de lui l'un des piliers de la tradition « distinguée » [*Genteel Tradition*] [a]. Pour moi qui suis venu du Département de philosophie de Harvard à Berkeley pour parler de sujets relatifs au romantisme et au scepticisme, il serait difficile de mettre de côté toute discussion de l'essai incroyablement important de Santayana, « The Genteel Tradition in American Philosophy » ; car cet essai prononcé à Berkeley il y a un peu plus de soixante-dix ans, a été rédigé par un homme qui habitait à Boston durant les dix dernières années de la vie d'Emerson, et qui, à Harvard, avait été le professeur le plus charismatique de l'enseignant charismatique qui me fit étudier *Walden* à Berkeley, au beau milieu de ces soixante-dix et quelques années qui se sont écoulées. Particulièrement difficile, dans la mesure où Santayana reste, à mon avis, la figure la plus à même de s'imposer à tout intellectuel américain à qui l'on propose ou rappelle une certaine confrontation entre la philosophie et la poésie. Pour certains, Santayana représentera le dernier écrivain sérieux en Amérique à avoir entrepris une telle confrontation dans son œuvre ; pour d'autres, son exemple signale qu'une telle entreprise est vouée à se perdre en une vaine posture : d'abord contagieuse, mais sans aucun effet durable. J'ose espérer que ces deux présentations sont erronées, mais je ne les discuterai pas maintenant. Ce qui m'intéresse pour le moment est que, lorsque dans « The Genteel Tradition », Santayana nous décrit Emerson comme « un esprit jovial, enfantin même, imperméable à l'évidence du mal », il ne fait pas preuve (ni ici, ni, que je sache, à d'autres endroits où il mentionne Emerson) d'une réelle compréhension de ce qu'on appelle l'optimisme d'Emerson, pas meilleure en tout cas que celle dont, par exemple, son contemporain H. L. Mencken fait preuve à l'égard du prétendu pessimisme de Nietzsche – il se contente de nous resservir, élégamment bien sûr, mais sans aucun raffinement, la conception la plus grossière qu'on puisse en avoir.

a. Ce moment de professionnalisation de la philosophie est exploré dans mon essai intitulé « Politics as Opposed to What? » [« The Politics of Interpretation (Politics as Opposed to What?) », dans *Themes Out of School : Effects and Causes*, San Francisco, North Point Press, 1984, p. 27-59.]

Récemment, cette accusation de jovialité a été battue en brèche par Stephen Whicher et Harold Bloom entre autres, et un tableau plus sophistiqué en ressort, suivant lequel l'optimisme initial d'Emerson est tempéré par une prise en compte plus réaliste et plus mature des limites et des ravages de la vie, catalogués le plus exactement qui soit dans « Destin », le chapitre d'ouverture de *La Conduite de la vie*, publié deux décennies après son premier volume d'essais. Mais en quoi la maturité nouvelle de « Destin » est-elle censée résider ? Il est frappant que les auteurs qui parlent d'Emerson le citent en général (lorsqu'ils le font – car Santayana, pour autant que je sache, se montre lyrique à son encontre, mais sans jamais citer une seule ligne de sa prose) comme ils citeraient un auteur d'incessantes célébrations publiques, comme si c'était là tout ce qu'il avait à dire. Alors qu'un essai tel que « Destin » m'apparaît horriblement difficile à accepter, offrant une écriture aussi indirecte et déviante que celle de Thoreau, mais plus trompeuse à cause de son souci de présenter une surface plus policée.

J'imagine que la maturité nouvelle est censée se manifester dans des phrases telles que celles-ci :

> Le livre de la Nature est le livre du Destin […] La Nature, c'est ce qu'il vous est permis de faire. Beaucoup vous est interdit. Nous avons deux choses, – le contexte, et la vie. Nous pensions autrefois que la puissance positive était tout. Nous apprenons à présent que la puissance négative, ou contexte, c'est la moitié. La Nature est le contexte tyrannique, le crâne épais, le serpent dans sa gaine, la mâchoire pesante, pareille à un rocher ; une activité rendue indispensable ; une direction violente ; les conditions d'un outil, comme la locomotive qui est assez forte sur sa voie, mais qui ne peut que faire du dommage si elle en sort […] [1].

Le changement est-il ici celui qu'exprime « Nous pensions autrefois… Nous apprenons à présent » ? Mais pourquoi prendre cela pour une simple autobiographie ? Il ressemblerait plus à Emerson de parler de l'espèce humaine, ou du mûrissement des êtres humains, d'un point de vue général. Quant à lui-même personnellement, il affirme quelque part, si je me souviens bien, qu'il est né vieux.

1. R.W. Emerson, « Destin », trad. fr. Chr. Fournier dans *Essais*, Paris, Michel Houdiard, 2005, p. 118.

En tout cas, si c'est ce genre de chose qui est censé nous révéler une maturité nouvelle, notre respect tout neuf à son égard ne peut manquer de pâlir bien vite. En 1930, l'historien James Truslow Adams publia dans *The Atlantic Monthly* un article intitulé « Emerson Reread » [« Relire Emerson »] (Stephen Whicher le cite comme étant peut-être l'un des deux verdicts les plus intelligents sur Emerson). Adams trouve qu'Emerson, qui avait été pour lui comme pour tant d'autres une source d'inspiration en sa jeunesse, est désormais incapable de sustenter le cinquantenaire qu'il est devenu. Adams a la bonne grâce de se demander si c'est par sa propre faute ou par celle d'Emerson ; mais un instant seulement, car il connaît la réponse. Emerson n'est pas convaincant parce qu'il ne connaît rien au mal – la guerre, la maladie, les malheurs en tous genres. Or, pour autant que je puisse en juger, ces maux sont précisément le genre de circonstances qu'Emerson résume au beau milieu de « Destin », lorsqu'il dit, reprenant sa respiration pour chercher une solution nouvelle : « Aucun tableau de la vie ne peut avoir la moindre véracité s'il n'en admet pas les faits odieux » [1]. Il avait établi plus haut dans ce chapitre, en quelques phrases bien connues, la liste de ces faits : « Les voies de la Providence sont quelque peu brutales. Les comportements du serpent et de l'araignée, la détente soudaine du tigre et d'autres sauteurs et bondisseurs sanguinaires, le craquement des os de la proie dans les replis de l'anaconda, – tout cela fait partie du système, et nos comportements sont semblables aux leurs. » [2]. Mais ce sont là des listes de choses tout aussi évidentes que « le mal du cœur, les mille chocs naturels, dont hérite la chair » [3]. Que pourrait bien signifier l'hypothèse qu'Emerson, dans ses premiers écrits, n'avait pas encore conscience de leur existence ? De manière plus plausible, on pourrait attribuer le peu de cas qu'il en fait dans ses écrits, que ce soit à ses débuts ou plus tardivement, au fait qu'il les trouvait trop évidents pour être mentionnés, et non trop obscurs pour être remarqués.

Mais je crois savoir désormais ce que l'homme de cinquante ans apprécie peu dans ce qui jadis enthousiasmait le garçon de seize ou

1. *Ibid.*, p. 121.
2. *Ibid.*, p. 112.
3. W. Shakespeare, *Hamlet*, III, 1, 63-64.

dix-sept ans. C'est une idée sans laquelle Emerson et tout auteur romantique seraient perdus, à savoir : que le monde pourrait être – ou aurait pu être – remodelé, ou sinon moi-même dans ce monde, de telle sorte que je puisse le *désirer* tel qu'il serait alors ou tel que je serais alors en lui. Avec le temps, cette idée devient vite exaspérante si on ne la fait pas mûrir un peu (en tout cas, elle fait perdre toute patience aux adultes que nous fréquentons), un reproche continuel adressé à notre façon de vivre, en comparaison duquel, ou en réaction auquel, un désespoir assagi ou le cynisme apparaissent comme un luxe. Cette double perspective, d'espoir et de désespoir, est de fait au cœur du raisonnement que l'on trouve dans l'essai sur le Destin, et que je pourrais décrire comme le dépassement des deux mondes de Kant, par leur identification ou leur assimilation à deux perspectives, à une fonction de ce qu'Emerson nomme « la polarité ». On pourrait croire que ce même essai d'Emerson prophétise la destinée de sa propre réputation lorsqu'il dit : « Du temps de notre jeunesse, nous nous revêtons d'arcs-en-ciel, et nous nous pavanons fièrement comme le zodiaque. Au jour de notre vieillesse, nous émettons une autre sorte de transpiration, – que ce soit goutte, fièvre, rhumatisme, ou caprice, doute, anxiété et avarice »[1].

Et pourtant il y a bien, je vous l'accorde, une nouvelle orientation prise dans « Destin », une lucidité constante qui peut se présenter comme une maturité nouvelle, un réalisme nouveau. C'est ce que je décèle dans la phrase suivante : « dans l'histoire de l'individu se trouve toujours une explication de sa condition, et il sait qu'il est complice de son état actuel »[2] – comme si nous étions en quelque sorte des conspirateurs soit pour nous-mêmes, soit contre nous-mêmes. Cette nouvelle orientation, ou cette avancée, est visible si l'on compare ce texte avec une remarque tirée de « La Confiance en soi » : « Partout la société conspire contre la virilité de chacun de ses membres »[3]. Dans « Destin », il apparaît désormais qu'en prenant en quelque sorte

1. « Destin », p. 137.
2. *Ibid.*, p. 116.
3. *Confiance en soi*, p. 105.

notre place dans le monde, nous rejoignons cette conspiration, or nous pouvons la rejoindre à notre détriment comme à notre avantage. « Si le Destin suit et limite le pouvoir [appelé ailleurs volonté], le pouvoir accompagne et affronte le Destin. [... L'homme est] un antagonisme prodigieux, un rapprochement à toute force des pôles de l'univers »[1].

En ayant à vivre cet antagonisme (aussi incessant que l'électricité), nous autres, êtres bipolaires, sommes soit les victimes soit les vainqueurs du Destin – une remarque qui porte sur le destin autant que sur nous-mêmes, le genre de chose que Wittgenstein appelle une remarque grammaticale. Cette remarque signifie avant tout que le destin est tout sauf une emprise exercée par quelque chose d'étranger; la vie humaine n'est envahie ni par le hasard ni par des nécessités qui ne sont pas de son propre fait. « Le secret du monde, c'est le lien entre personnage et événement. [...] L'homme pense que son destin est autre, parce que la copule est cachée. »[2] Freud et Marx ne disent rien de moins. (Je pense ici à une remarque tirée des *Recherches philosophiques*, § 445 : « C'est dans le langage que l'attente et son remplissement entrent en contact. »)

Bien sûr, si vous voulez, tout ceci n'est que mythologie, et en tant que tel cela ne peut constituer, philosophiquement parlant, ce qu'Emerson prétend y voir : « une seule clé, une seule solution aux vieux nœuds du destin, de la liberté et de la prescience »[3]. Mais supposez qu'en sa faveur, je souligne le fait qu'il propose sa solution *simplement* comme une clé; et, comme l'avait formulé Pascal, une clé n'est pas un croc – une clé a seulement ce que Pascal nomme une vertu *apéritive*, autrement dit, elle ne fait qu'ouvrir, elle n'invite pas, ni ne fournit quoi que ce soit[4]. Que vous estimiez qu'Emerson soit digne d'une telle interprétation dépendra de qui est Emerson selon vous, une question que j'essaie de laisser ouverte, et même d'ouvrir. À mon avis, ce serait bien une clé si la pensée d'Emerson ouvrait ici

1. « Destin », p. 123.
2. *Ibid.*, p. 136.
3. *Ibid.*, p. 141.
4. *Cf.* B. Pascal, *Pensées*, 907, dans *Œuvres complètes*, éd. L. Lafuma, Paris, Seuil, 1963, p. 617.

pour nous l'idée, ou nous ouvrait à l'idée que nos solutions d'autrefois à ces mystères, toutes philosophiques qu'elles soient en apparence, sont elles-mêmes de la mythologie, ou comme nous pourrions plus volontiers le dire aujourd'hui, des produits de notre intuition, et par conséquent qu'elles ne peuvent progresser tant que nous n'avons pas évalué quelles intuitions sont confirmées, lesquelles infirmées, par les divers drames qui se jouent entre les concepts ou les notions telles que le destin, la liberté, la prescience et la volonté. Comme dans le cadre du scepticisme, les désaccords sur ces questions ne résultent pas de ce que l'un d'entre nous a la connaissance de faits qu'un autre ne connaît pas, mais bien, comme le dit Emerson, de la manière dont on aligne les faits, des faits que chacun d'entre nous ne peut manquer d'avoir à sa disposition, avec des idées de victimisation, ainsi que ses contraires, quels qu'ils soient. (L'une des expressions favorites d'Emerson pour désigner son contraire est « lordship », la noble autorité). Quelque chose qu'on pourrait appeler philosophie consisterait à identifier l'origine du sentiment d'être étranger à sa propre vie, car c'est seulement alors que se pose le *problème* du Destin. Cela ressemble vaguement au projet d'identifier la source de notre impression que le monde est indépendant de nous, car c'est seulement alors que le scepticisme devient un problème.

Même quelqu'un qui était prêt à suspendre son incrédulité jusqu'ici pourrait alors répondre que le texte d'Emerson se maintient exclusivement au niveau de ce que j'ai appelé la mythologie. Aussi dois-je espérer parvenir à indiquer à quel niveau y survient la philosophie à mon sens.

Une des clés d'interprétation de « Destin » se trouve dans la formule d'Emerson « les mystères de condition humaine ». C'est la tournure étrange de cette expression qui m'incite à le penser. Je soutiens en effet qu'il ne s'agit pas d'une erreur faite en lieu et place des « mystères de *la* condition humaine », comme si Emerson attirait l'attention sur certains mystères de quelque chose qui a lui-même des attributs bien connus. Un des attributs de ce qu'on appelle *la* condition humaine pourrait être par exemple que l'homme doit gagner son pain à la sueur de son front, un autre que l'esprit veut mais que la chair est faible, un autre encore que nous sommes tributaires du destin. Tout cela n'est pas le pain quotidien d'Emerson : c'est sa cible. Ce que nous suggère l'expression « les mystères de condition humaine », c'est qu'il n'y a rien qu'Emerson veuille appeler *la* condition humaine, qu'il y a quelque chose de mystérieux dans la condition en tant que telle dans l'existence humaine, quelque chose qui nous ramène à l'idée que « dans l'histoire de l'individu se trouve toujours une explication de sa condition » et que cela est lié au fait qu'il se sait « complice de son état actuel » [1]. « Condition » est un mot-clé de « Destin » d'Emerson, comme il l'est dans la *Critique de la raison pure*, puisque ces deux textes sont centrés sur l'idée de limitation. Dans la *Critique* : « il y a des concepts d'objets en général qui servent de fondement à toute la connaissance expérimentale en qualité de conditions *a priori* » (A93 ; B126, éd. cit., p. 105). Je considère ici qu'Emerson applique la *Critique* à elle-même et pose la question suivante : Quelles sont les conditions dans la pensée humaine qui fondent le concept de condition, l'idée que notre existence est, pour ainsi dire, mise sous condition ? (Descartes donna une interprétation majeure de cette intuition de conditionnalité, de limitation, de finitude, comme la dépendance de la nature humaine par rapport à l'être et à l'idée de Dieu, d'où procédait une preuve de l'existence de Dieu. Nietzsche réinterpréta cette interprétation de la dépendance comme une excuse de notre passivité, une autopunition ou notre peur de l'autonomie, et ainsi comme un moyen de dissimuler notre volonté de vengeance, d'où découle le meurtre de Dieu.)

C'est comme si dans les écrits d'Emerson (pas seulement dans les siens, mais dans les siens pour la première fois en Amérique) il s'agissait de radicaliser la fierté que Kant tire de ce qu'il appelle sa Révolution Copernicienne en philosophie, soit comprendre comment se comporte le monde en comprenant comment se comportent nos concepts du monde, de telle sorte qu'il ne s'agit pas de déduire seulement les douze catégories de notre entendement, mais bien tous les mots du langage – non comme une question de fait psychologique,

1. « Destin », p. 116.

mais bien comme une question, disons, de nécessité psychologique. Là où Kant parle de règles ou de lois apportées à la connaissance du monde par la Raison, un philosophe tel que Wittgenstein parle de mettre en lumière nos critères, nos accords (qui parfois ressemblent à des conspirations). Ayant fait mes premiers pas en philosophie il y a un quart de siècle, j'ai soutenu dans « La seconde philosophie de Wittgenstein est-elle à notre portée ? »[1] que ce que Wittgenstein entend par « grammaire » dans ses recherches grammaticales – selon ce que révèle notre système du langage ordinaire – est un héritage de ce que Kant appelle la Logique Transcendantale ; en particulier, lorsque Wittgenstein dit : « Notre recherche [...] n'est pas dirigée sur les *phénomènes* mais, pourrait-on dire, sur les "possibilités" des phénomènes » (*Recherches philosophiques*, § 90), il faut comprendre qu'il emploie le concept de possibilité comme le fait Kant lorsqu'il dit : « Transcendantal veut dire [seulement] possibilité ou usage *a priori* de la connaissance » (A56, B80-81, éd. cit., p. 79). Voilà où j'en suis, encore aujourd'hui.

Quelles que soient les conditions qui dans la pensée humaine contrôlent le concept de condition, ce seront les conditions des « vieux nœuds du destin, de la liberté et de la prescience » immédiatement parce que ces mots, comme tous ceux du langage, nouent des accords (ou des conspirations) que la philosophie doit démêler ; mais plus particulièrement, parce que l'idée de condition est inhérente à celle de limitation, qui est l'expression privilégiée d'une certaine intuition qu'Emerson trouve liée au concept de destin. Sa première manière d'exprimer le destin est de parler d'une « injonction autoritaire » – nous faisons de notre vie ce que certaines forces dominant notre vie savent ou révèlent à son sujet, réitérant de vieux scripts. Ce problème bien connu s'est posé à l'égard de Dieu, et des lois de Dieu ou de la Nature. Emerson ajoute la nouvelle science de la statistique parmi les sources de l'impression que nous avons d'être sujets à certaines injonctions, comme si le fait de lire des tables de concordance entre les dispositions de personnes qui me ressemblent dans des circonstances semblables aux miennes – Emerson parle

1. *Dire et vouloir dire*, *op. cit.*, p. 129-164.

des circonstances « tyranniques » – équivalait à lire mon avenir; comme si cette nouvelle science offrait une nouvelle réalisation de la vieille idée selon laquelle le Destin serait un livre, un texte – une idée évoquée par Emerson de façon répétée. D'autres expressions du concept de condition sont ensuite tracées par le reste des nombreux moyens qu'Emerson emploie pour dépeindre les nuances de notre sens du destin comme, par exemple, la prédestination, la providence, le calcul, la prédisposition, la chance, les lois du monde, la nécessité; et dans le poème introductif de cet essai, il l'exprime par les notions de prévision, de prophétie et de présages.

Ce qu'affirme d'abord Emerson à ce sujet (et ce pourrait bien être aussi son dernier mot) est ceci : « Mais s'il y a une injonction incontournable, cette injonction se comprend. Si nous devons accepter le Destin, nous ne sommes pas moins forcés d'affirmer l'existence de la liberté, l'importance de l'individu, la majesté du devoir, le pouvoir du caractère » [1]. Cela ressemble à un joli petit paquet de nobles sentiments. Peut-être pouvons-nous maintenant nous mettre à le déballer.

Injonction, comme *condition*, a quelque chose à voir avec le langage : injonction, avec le fait de parler, et plus précisément avec ordonner ou prescrire (ce qui a aussi quelque chose à voir avec écrire); condition, avec le fait de parler ensemble, en public, en toute objectivité. « Parler ensemble » est ce que dit le mot *condition*, ou l'un de ses dérivés. Remarquez en outre que les conditions sont aussi des termes, qui stipulent ou définissent la nature et les limites d'un accord, ou les relations entre les parties, les personnes ou les groupes; et que le terme *terme* apparaît lui aussi à plusieurs reprises dans l'essai d'Emerson. On dirait alors que l'injonction incontournable qui constitue le Destin, qui impose ses conditions à notre connaissance et à notre conduite, c'est notre langage, c'est chaque mot que nous prononçons. Cette impression est-elle due au simple hasard? C'est-à-dire, la trame du langage est-elle en l'occurrence bien rendue par (les conditions ou les critères de) notre concept de hasard?

1. « Destin », p. 110.

« Cette injonction se comprend », dit Emerson ; mais l'essai nous confie cette compréhension comme une tâche à accomplir. Et il dit aussi : « Le sort d'un homme est le fruit de son caractère » [1]. La version distinguée de cette idée est bien connue : « Le caractère, c'est le destin », et elle offre tout le panel de l'acceptation, tragique ou contrite, de nos fragilités. Mais parler du fruit de notre caractère, c'est suggérer qu'il est en notre pouvoir de cultiver notre caractère, et ce qu'Emerson en dit, en écho à un passage de « La confiance en soi », est que de lui émane constamment quelque chose, qu'il est « trahi » ou qu'il se trahit lui-même, aux yeux de quiconque est apte à « lire [ses] virtualités » [2]. (Dans cet essai plus ancien, dont je soulignais au chapitre 1 qu'il portait sur la communication, et plus particulièrement sur l'écriture, il avait dit, de façon troublante : « Le caractère nous en apprend davantage que la volonté. Les hommes s'imaginent qu'ils font paraître leurs vertus ou leurs vices uniquement par des actions claires et ils ne voient pas qu'à chaque instant, vertu et vice exhalent leur propre souffle » [3]). Il souligne que cette sorte de lecture est une affaire banale et quotidienne. « Les grands traits sont lisibles pour les esprits lents » [4]. Or notez bien que par le « caractère », associé à l'idée d'être lu et de se communiquer, Emerson est de nouveau, comme dans « La confiance en soi », en train de nous comparer à des textes ; ce que nous sommes se voit sur nous, comme une inscription ou une marque ; mais ici tout particulièrement, à l'inverse, notre langage contient notre caractère, nous imprimons notre marque sur le monde, par exemple avec le concept de destin. Maintenant, tendez encore l'oreille à l'idée que notre caractère est aussi notre destin.

Ce que cela dit alors ouvertement, c'est que le langage est notre destin. Ce qui signifie donc que ce n'est pas vraiment la prédiction, mais plutôt la diction, qui nous lie ; qu'avec chaque mot prononcé, nous émettons du même coup des stipulations, des accords que nous avons conclus sans le savoir et sans vouloir le savoir, des accords dans

1. « Destin », p. 137.
2. *Confiance en soi*, p. 115.
3. *Ibid.*, traduction modifiée.
4. « Destin », p. 114.

lesquels nous nous sommes toujours trouvés, et qui étaient effectifs avant même que nous y participions. Notre rapport au langage – au fait que nous soyons sujets à l'expression et à la compréhension, victimes du sens – est ainsi la clé d'interprétation de notre sentiment d'éloignement par rapport à notre propre vie, de notre sentiment d'étrangeté, du fait de nous sentir comme étrangers à nous-mêmes, comme aliénés.

« L'intellect annule le Destin. Tant qu'un homme pense, il est libre »[1]. Cette pensée à l'apparence distinguée se révèle désormais signifier que nous avons notre mot à dire sur ce que nous voulons dire ; que notre opposition au destin, à laquelle nous sommes voués et dans laquelle réside notre liberté, est comme une lutte avec le langage que nous produisons, une lutte de notre caractère avec lui-même. Soit dit en passant, le verbe « annule », j'en suis sûr, reprend ici le vocable hégélien employé pour exprimer le fait de dépasser les antithèses (*aufheben*), ou ce qu'Emerson appelle notre polarité, notre tendance à raisonner en termes contraires, par exemple en opposant Destin et Liberté. « Annule » rejoint aussi tout le cercle de termes économiques qui s'inscrit dans cet essai d'Emerson, par exemple *intérêt, fortunes, équilibre, possessions*, sans compter *termes* et *conditions* eux-mêmes ; et en rapport avec la législation, dans la notion d'invalider une loi, il se relie au thème de l'essai selon lequel « nous sommes législateurs »[2]. Les termes de notre langage sont des pouvoirs économiques et politiques, et ils sont à positionner en vue d'annuler les dettes et les convictions que nous nous imposons à nous-mêmes ; et d'abord en se mettant à dos nos exigences en matière de polarité, d'antagonisme.

En laissant un moment de côté cet essai d'Emerson, je remarquerai que cette dernière idée faisant de nous des législateurs laisse penser que tout cet essai est bâti sur une sorte de plaisanterie philosophique, assez terrible. La philosophie, par exemple chez Kant et Rousseau, a compris la liberté humaine comme la capacité que nous avons de

1. « Destin », p. 124.
2. *Ibid.*, p. 126.

nous donner nos propres lois, d'être autonomes. L'essai d'Emerson montre que le destin est l'exercice de cette même capacité, si bien que le destin est à la fois la promesse et le refus de la liberté. Mais alors de quoi dépend le choix entre les deux ? Cela est lié, je pense, à un autre problème qui ne peut manquer d'apparaître aux lecteurs d'Emerson : si ce que l'on vient de dire ici se dirige vers où Emerson veut nous conduire, pourquoi s'exprime-t-il ainsi ? Le fait qu'il se montre en train de saboter ou de défaire une injonction suffirait à montrer clairement que son écriture est vouée à mettre en acte son sujet même, à savoir qu'elle est une lutte contre elle-même, et donc du langage avec lui-même, pour sa libération. Ainsi l'écriture est pensée, ou abandon. Il n'empêche que notre question demeure : pourquoi s'efforcer à la fois de polir et de craqueler cette surface distinguée ?

Je me tourne à présent vers Coleridge, la figure intellectuelle dont les transcendantalistes américains auront appris une grande part de ce qu'ils savent sur Kant et sur la philosophie allemande en général, et par qui Emerson aura été devancé dans l'accent mis sur la polarité dans la pensée humaine.

J'avais ouvert la *Biographia Literaria* bien souvent, et surtout ces dernières années, en y retrouvant dans son degré d'obsession tant vis-à-vis de l'existence du monde extérieur que de la philosophie allemande, une anticipation de mon propre enthousiasme à l'idée de rattacher le transcendantalisme, chez Kant puis chez Emerson et Thoreau, à la confrontation avec le scepticisme que l'on trouve dans la philosophie du langage ordinaire. Mais je n'avais jamais été capable d'y rester plus d'un chapitre, un chapitre et demi, avant de refermer le livre avec des sentiments de crainte et de frustration – à la fois face au caractère désespéré de son ambition de reconstituer l'histoire de la pensée, parfois dans une obscurité pleine d'allant, par exemple lorsqu'il traduit ce que Schelling vise par l'unité du sujet et de l'objet ; et face au constant va-et-vient entre une intelligence et une générosité impressionnantes, et une fâcheuse retenue dans sa façon de traiter les aspirations poétiques de Wordsworth à une langue rustique et humble. Pour autant que je sache, rien si ce n'est ma conviction croissante de son importance primordiale pour les questions auxquelles je me trouvais récemment confronté, n'aurait pu me faire poursuivre ma lecture jusqu'au bout. On peine de plus en plus, à mesure que l'on perçoit la haine dans la manière ambivalente dont Coleridge s'adresse à Wordsworth, en louant sa puissance et sa promesse en des termes réservés aux héros du style, mais en le maudissant, assurément par l'amitié la plus profonde, de ne pas avoir fait ce qu'il lui était donné de faire, d'avoir renoncé à son pouvoir et trahi sa promesse.

Je ne vois pas comment ne pas déceler une sorte de projection dans tout cela ; bien sûr, ce verdict pourrait néanmoins – n'est-ce pas ? – être vrai. Mais a-t-on bien considéré qu'il puisse aussi être faux, ou pire : que, quel que soit ce que Coleridge avait à l'esprit en exigeant de Wordsworth « le premier vrai poème philosophique » (*Biographia*, chap. XXII), il s'agissait de quelque chose que Wordsworth avait déjà produit, et cela non seulement à profusion dans *Le Prélude* mais pleinement, par exemple, dans l'ode des *Suggestions de l'immortalité* – que, pour ainsi dire, de tels accomplissements étaient tout ce que Coleridge aurait pu *vouloir signifier* dans ses prophéties ? Le fait qu'il était crucial pour lui de nier de pareils accomplissements et de les montrer sous un tel jour, de réduire ces réalisations à de simples promesses, me semble même démontré par la vive intelligence dont il ne cesse de faire preuve à leur endroit.

Dans la mesure où Coleridge est celui qui a défini ce qu'est la critique littéraire pour bon nombre d'entre nous, il est, je suppose, au-dessus de tout éloge à cet égard. Mais ce qu'il dit vraiment, dans la *Biographia*, lorsqu'enfin il se décide à parler de la puissance intellectuelle d'une œuvre telle que les *Suggestions de l'immortalité*, même si c'est tout aussi brillant que ses analyses techniques de poèmes et de ce que la poésie devrait être, ce n'est pas moins méprisant ni dédaigneux que tout ce qu'il pouvait déceler chez les critiques acerbes contre lesquels il défendait ses amis si vaillamment et si inlassablement. Il ne daigne pas réfléchir à tout ce que Wordsworth a pu vouloir dire en faisant appel à la notion platonicienne de réminiscence, sinon pour déclarer que Wordsworth n'a pu vouloir en faire un usage littéral (mais alors pourquoi insinuer que c'était peut-être le cas ?), puis il conclut qu'en décrivant l'enfant comme un philosophe, Wordsworth n'a rien pu vouloir dire de sensé. C'est aussi brusque que cela – lorsque Wordsworth arbore ses couleurs philosophiques, les capacités de compréhension et de sympathie quasiment sans limites dont Coleridge fait preuve à l'égard des auteurs qu'il juge authentiques se volatilisent, sa tolérance envers le mysticisme et son mépris des empirismes réducteurs sont oubliés, et il fait feu à volonté. Je ne nie pas que Wordsworth s'attire des ennuis quand il se met à philosopher. Mais ce dont nous parlons est ce que l'on peut attendre de Coleridge.

Je me propose – même averti de la sottise qu'il y a à ne faire que des promesses – d'écrire un jour quelque chose sur ce livre en me fondant sur l'idée qu'il est composé sans aucune digression. Permettez-moi de vous rappeler à quel point une telle affirmation peut paraître perverse, en contestant en quelque sorte la perversité même de ce livre, qui ne peut être étrangère à sa longévité. Son quatrième chapitre s'ouvre sur la remarque : « Je me suis égaré loin de l'objet en vue » alors qu'il n'a décrit aucun objet de la sorte ; le dixième chapitre se résume ainsi de manière explicite dans sa note liminaire : « un chapitre de digressions et d'anecdotes, comme un interlude précédant celui sur la nature et la genèse de l'imagination […] » mais le chapitre qu'il précède – le onzième – ne porte pas sur l'imagination, il est bien plutôt, comme sa note liminaire le décrit, « une exhortation amicale à ceux qui dans leur jeunesse se sentent destinés à devenir auteurs », et ce même chapitre s'ouvre sur une phrase dont la seconde moitié s'avère tout à fait digne des *Essais* de Montaigne : « Une des remarques favorites de feu Mr. Whitbread était que personne ne fait rien qui provienne d'un seul motif ». Le chapitre suivant, le chapitre XII, se présente lui-même comme « un chapitre de requêtes et d'avertissements sur la consultation ou l'omission du chapitre qui suivra », et celui qui suit, le chapitre XIII, qui de fait s'intitule : « De l'imagination », consiste avant tout en son absence ; plus précisément, il consiste largement en la reproduction d'une lettre que l'auteur dit avoir reçue – une lettre en prose évidemment identique à la prose dont nous avons jusque-là été gratifiés – et qui, dit-il, l'a convaincu de ne pas imprimer le dit chapitre, au prétexte qu'il appartient en fait à un ouvrage majeur qu'il a déjà promis (et qu'il ne cessera jamais de promettre). La dernière phrase de ce chapitre renvoie le lecteur, pour un nouveau développement, à un essai censé servir de préface à une nouvelle édition du *Vieux Marin* : un essai qui se révèlera lui aussi inexistant. Ainsi s'achève le premier volume de la *Biographia Literaria.*

Dire que ce livre est composé sans aucune digression signifie également que s'il a une fin, nous y parviendrons en suivant un chemin aussi direct que le terrain le permet. Cela suggère que cette fin est une auto-interruption continue, ou qu'elle la requiert. Mais ce sera alors une façon de tirer les conséquences de la description que la philosophie donne d'elle-même, comme un discours qui porte une responsabilité sans fin pour lui-même. Et cela pourrait ensuite être interprété comme une manière d'y répondre sans fin – ce qui pourrait sembler être justement irresponsable.

La fin est indiquée par le souci apparent dans cet ouvrage, de préserver ou de sauver la véritable poésie de ses détracteurs et de ses impostures, au sein d'un monde qui, comme il le démontre, ne sait pas lire ; et par le souci de démontrer que cette préservation est étroitement liée à la préservation ou à la rédemption de la véritable philosophie, là où la préservation de la poésie et de la philosophie l'une par l'autre se présente elle-même comme le besoin de recouvrer ou de remplacer la religion. Cette façon de mettre en concurrence la philosophie, la poésie et la religion (ainsi que, je suppose, la politique) entre elles, ou l'une pour l'autre, ajoutée au sentiment assez peu recommandable que l'issue de cette compétition est liée à son propre travail d'écriture, qui plus est avec la conviction que la démarche autobiographique est une méthode de pensée où une telle compétition peut trouver un terrain d'application utile, et dont l'enjeu semble parfois être la perte ou le gain de notre nature humaine commune, voire parfois la perte ou le gain de la nature elle-même, comme si le monde n'était rien d'autre que le nôtre – une déclaration de ce genre, dis-je, représente l'idée d'ensemble que je me fais de la mission que s'assigne tout romantisme sérieux, l'idée avec laquelle j'en recherche les diverses formes. Les appels humanistes à l'interdisciplinarité que nous proclamons de nos jours seraient la trace de ce genre de compétition.

De quel côté une telle ambition intellectuelle peut-elle trouver un appui ? Ayant répudié les traditions philosophiques anglaise et française parce qu'elles se fondaient sur l'occurrence dans l'esprit d'idées conçues comme des représentations et sujettes à des lois, Coleridge cherche l'inspiration – et il nous enseigne à la chercher – du côté de la philosophie allemande, autant chez les Allemands religieux et mystiques qui ont précédé Kant que chez les idéalistes, Schelling au premier chef, qui pensaient pouvoir surmonter les limitations kantiennes. Un préalable essentiel au succès de cette ambition consiste à prendre la mesure de la peur et de la haine dont font preuve ceux qui s'opposent au genre d'écrits qu'il entreprend et qu'il favorise, comme si comprendre la haine et la peur de la poésie et de la philosophie était inhérent à (lié grammaticalement à) la compréhension de ce que sont ces aspirations. Il n'est pas étonnant que Coleridge remarque : « Grands sont les obstacles, en effet, que doit rencontrer un métaphysicien anglais » (*Biographia*, vers la fin du chapitre XII). Je porte au crédit philosophique de Coleridge d'avoir trouvé que l'obstacle de départ – donc peut-être le principal, le symbole de tout le reste – est celui de trouver l'endroit par où commencer, sans digresser. C'est ce que coûte le refus d'identifier la vocation philosophique à la vocation scientifique, aussi enviable et attirant que ce puisse être.

On peut aisément prendre la mesure de la pression kantienne sur la *Biographia* en considérant ce livre comme la clé d'une lecture kantienne de *La Ballade du vieux marin.* Dans ce but, nous pouvons exposer le problème en nous immisçant à un moment de la *Biographia* où Coleridge se démène contre deux de ses obsessions : son impression singulière, envahissante, d'être redevable du travail d'autrui et sa propension à arpenter les régions obscures du savoir.

Ce moment est marqué de quelques phrases (à partir du chapitre IX, paragraphe 6) dans lesquelles il exprime sa gratitude, sa dette, envers les écrits de certains mystiques, le bienfait qu'il a reçu d'eux en « [empêchant mon] esprit de se trouver emprisonné dans le schéma d'un unique système dogmatique. Ils contribuèrent à maintenir en vie mon *cœur* dans ma *tête* ; me donnèrent le pressentiment diffus et cependant revivifiant et efficace, de l'idée que tous les produits de la seule faculté *réflexive* relevaient de la MORT. » Ce sont eux, poursuit-il, qui « au cours de mes errements dans les contrées sauvages du doute [...] me rendirent capable de contourner, sans les traverser, les déserts de sable de l'incroyance totale ». Or, puisqu'il s'agit d'objets, ou de ce que Coleridge appelle « objets en tant qu'objets », dont il nous dit par ailleurs qu'ils sont comme « morts, figés » par rapport à la volonté ou à l'imagination, et puisqu'il dit « des écrits de l'illustre sage de Königsberg » qu'ils « m'empoignèrent comme la main d'un géant », j'interprète cette mort, dont relève la faculté réflexive, comme celle du monde façonné à notre image, ou plutôt selon nos catégories, par la faculté kantienne de l'Entendement : autrement dit, ce même monde qui était censé éliminer les angoisses du sceptique vis-à-vis de l'existence d'objets extérieurs à nous.

C'est ici un témoignage extrême de l'idée que ce dont le monde comme les facultés du monde doivent être sauvés est à la fois le scepticisme et la réponse au scepticisme apportée par la *Critique de la raison pure.* Et je pense que l'on peut exprimer ce sentiment ou cette intuition en disant la chose suivante : puisque les catégories de l'entendement sont les nôtres, nous pouvons être considérés comme portant la mort du monde en nous, par notre besoin même de le créer, comme s'il n'existait pas déjà.

Naturellement, on peut imaginer quelqu'un déclarer ne pas comprendre comment le monde peut mourir. Il y aura aussi ceux qui déclareront ne pas comprendre comment l'existence du monde peut être mise en doute. Une différence entre ces deux cas de figure est qu'un ou une philosophe pourra tenter de vous fournir des arguments sceptiques qui vous conduiront à admettre la possibilité de ce qu'il ou elle a en tête, tandis qu'un romantique voudra que vous vous rendiez compte que sa vision ne fait qu'exprimer la manière dont vous vivez déjà actuellement. Tous deux peuvent échouer en ce qu'ils exigent de vous. Personne ne veut être un sceptique ; se trouver sous l'emprise d'une telle menace, c'est souhaiter la surmonter. Et pour tout être humain qui se veut romantique, il en existera un autre qui lui souhaitera de mûrir pour en réchapper.

Face à la révélation de la mort du monde, l'appel romantique à la poésie, ou la quête de celle-ci, son urgence même, seraient justifiés ; et l'impression que la rédemption de la philosophie est liée à celle de la poésie serait compréhensible : la mission de la poésie est de restituer le monde, de le rapporter, voire de le ramener à la vie. C'est pourquoi les romantiques semblent se compromettre dans ce qui nous apparaît comme une sorte d'animisme peu crédible, mystérieux et superstitieux, parfois sous la forme de ce qu'on appelle le sophisme pathétique [1].

Or cette quête poétique visant à restituer le monde (que j'interprète comme recouvrer la chose en soi, ou s'en remettre), cette façon de rejoindre ou de dupliquer l'effort philosophique pour se remettre du scepticisme, ressemblera tout à fait à la quête vers la poésie, comme si la grande cause de la poésie était devenue sa propre survie. Car que devient la poésie privée de monde ? – Je veux dire : existe-t-il une expression plus achevée du sentiment qu'avaient les romantiques de la mort du monde que celui de la mort de la poésie du monde ? Mais alors, de nouveau, comment peut-on faire le deuil de la poésie *en poésie* ? (Si elle n'est plus là, elle n'est plus.) Ce que je considère comme le doublon de la question suivante : comment peut-on mettre fin à la philosophie *en philosophie ?* (Si elle est ici, elle est bien ici.) Et pourtant, mettre fin à la philosophie est quelque chose qu'une philosophie créatrice semble fréquemment entreprendre.

Je reconnais que certaines formules que je viens d'employer à propos du romantisme sont placées sous une double influence : celle de la dette que j'ai indéniablement contractée, par mes lectures récentes, à l'égard de M. H. Abrams, Harold Bloom, Geoffrey Hartman et Paul de Man, mais aussi celle de l'insatisfaction que ces lectures m'ont laissée.

1. La *pathetic fallacy* est une personnification abusive de la nature ou des phénomènes naturels, auxquels on attribue des émotions ou des sentiments humains, sous l'effet de ses propres émotions. Cette expression est due à John Ruskin, qui l'emploie pour la première fois dans le troisième tome de son œuvre *Modern Painters* (1856).

Malgré leurs différences, ils semblent tous partager (dans les écrits en question) le présupposé selon lequel « le problème spirituel central du Romantisme est la relation difficile entre la nature et la conscience », ainsi que l'exprime Bloom dans *Romanticism and Consciousness*. Bien entendu, je ne pense pas que ce présupposé soit erroné, et il a fait recette ; mais je me sens incapable d'évaluer le coût d'accorder un tel poids au concept de conscience. Par son coût, j'entends surtout deux choses : que ce concept entraîne toute une machinerie philosophique de la conscience de soi, de la subjectivité et de l'imagination, du post-kantisme en général, qui selon moi devient hors de contrôle ; et qu'il nous prive de la possibilité de nous demander si ce que l'on pense être fondamental au romantisme, et en particulier ce que ses critiques identifient au sentiment d'aliénation qui le caractérise, est avant tout la relation entre la conscience et la nature, ou bien plutôt la relation entre la connaissance et le monde ; si la conscience de soi s'avère la cause ou l'effet du scepticisme, s'ils sont concomitants, ou encore si l'une ou l'autre de ces possibilités mène à l'une ou l'autre version ou conception du romantisme.

En tenant provisoirement le scepticisme pour fondamental, ou en tout cas sous contrôle, je proposerai *La Ballade du Vieux Marin* [*The Rime of the Ancient Mariner*] comme une étude du problème que posent les deux mondes de Kant, de la façon suivante. Je commencerai par l'argument en prose qui préfaçait la première édition de 1798, et qui fut remplacé par une glose marginale continue, plus développée, dans l'édition de 1817, l'année de la *Biographia* :

> Comment un navire, ayant franchi la ligne, fut poussé par les tempêtes en direction des Contrées froides du pôle Sud [...] quelles choses étranges s'ensuivirent pour lui ; et par quelle manière le Vieux Marin revint dans son propre pays [1].

1. Pour les citations de *La Ballade du Vieux Marin*, nous nous appuyons essentiellement sur deux traductions, parfois en les adaptant : celle de Jacques Darras, qui reprend la première édition de 1798 (*La Ballade du Vieux Marin et autres textes*, Paris, Gallimard, 2007) et celle d'Alfred Barbeau publiée sous le titre *La Chanson du vieux marin* (Paris, J. de Gigord, 3ᵉ éd. 1932, disponible sur Gallica), qui reprend l'édition de 1817 avec ses notes marginales.

(Il me semble que nous sommes conduits à déceler, derrière cette mise en garde, une invitation à passer au-delà et en deçà des lignes de la poésie et de la prose. J'y vois une demande d'aller au-delà de cette façon de voir les choses.) Je relève l'image d'une ligne mentale à franchir, qui est interprétée comme une frontière géographique ou matérielle dans le passage suivant, au début du chapitre XII de la *Biographia* :

> Un système [philosophique], dont le premier principe est de rendre l'esprit sensible au *spirituel* en l'homme (c'est-à-dire à ce qui réside *de l'autre côté* de notre conscience naturelle) doit obligatoirement avoir une plus grande obscurité pour ceux qui n'ont jamais discipliné ni renforcé ce degré ultérieur de la conscience. Il doit s'agir en vérité d'un territoire de ténèbres, un parfait *Anti-Goshen*, pour ceux auxquels les plus nobles trésors de leur être ne sont rapportés qu'au travers de la traduction imparfaite de *notions* sans vie ni vision [c'est-à-dire, pour nous qui nous laissons aller] […] Il n'est alors pas étonnant qu'il devienne incompréhensible à lui-même aussi bien qu'à autrui. Pas étonnant que dans le désert terrifiant de sa conscience, il s'épuise en des mots vides de sens, auxquels nul écho favorable ne répond.

Au début de cet alinéa, Coleridge dit de cette « conscience commune » qu'elle « fournira les preuves par sa propre orientation, qu'elle est reliée, sous la surface, à des courants dominants ». Je rapprocherai cela du retour du marin, « lentement et doucement / avançant comme mû dessous l'eau » vers la ligne, mû en particulier par ce que la glose marginale appelle « l'esprit polaire ».

Plus loin dans ce chapitre de la *Biographia*, alors qu'il énonce ses thèses philosophiques, Coleridge donne le nom géographique courant de ce que les gloses du *Vieux Marin* appellent seulement « la ligne », et il situe cette caractéristique terrestre au centre de la réflexion :

> Car il faut se souvenir que toutes ces thèses ne se rapportent qu'à l'une des deux sciences polarisées, plus précisément à celle qui commence avec la subjectivité et se limite étroitement à elle, laissant l'objectivité (pour autant qu'elle soit exclusivement objective) à la philosophie naturelle, qui en est le pôle opposé […] Le résultat de ces deux sciences réunies, ou leur point de rencontre équatorial, pourrait être le principe d'une philosophie totale et indivisible.

Le fait que Coleridge appartienne à une tradition hantée par la polarité de la pensée humaine n'a nul besoin d'une confirmation de ma part (*cf.* par exemple, l'article de Thomas McFarland, « Coleridge's Doctrine of Polarity and its European Contexts »). Dans le passage qui vient d'être cité, l'impossibilité même de l'idée d'un « point équatorial », prise comme une image ou une figure, exprime selon moi ce qu'il décèle dans la malédiction du marin – le fait qu'en étant attiré par l'un de ces deux pôles, il soit emporté loin de l'autre, c'est-à-dire qu'il est ensorcelé par un mode de pensée, une science polarisée et isolée, dans laquelle, si je puis dire, un diagramme de l'esprit (comme tracé par une ligne en dessous de laquelle la connaissance n'a pas accès) est non pas une allégorie, mais bien une représentation, comme celle d'une substance qui lui correspond. Ainsi « l'esprit polaire » grâce auquel le Marin peut revenir doit cependant faire son entrée au sein des « deux sciences polarisées », qui dans la description de la *Biographia* institueront une philosophie non divisée.

Je conclus ici par deux remarques sur ma proposition de lecture pour le *Vieux Marin.*

1. En 1798, Coleridge avait quelques connaissances sur Kant, mais les spécialistes s'accordent sur le fait que la main du géant ne le saisit pas avant son retour d'Allemagne quelques années plus tard. Par conséquent je ne prétends pas qu'en écrivant son poème il ait eu l'intention d'illustrer par l'exemple la *Critique de la raison pure* de Kant, mais simplement que c'est ce que fait ce poème, et il y a certains passages dans la *Biographia* où Coleridge résume ce qu'il espère de l'idéalisme post-kantien, surtout de Schelling, pour la philosophie, et où il en dit pratiquement tout autant. L'adhésion à cette idée dépend évidemment du degré de force ou de naturel avec lequel on s'aperçoit que la première *Critique* projette une *ligne* ou un cercle en dehors desquels l'expérience, et donc la connaissance, ne peuvent et ne doivent prétendre pénétrer. Je dois faire appel ici à l'expérience de tous ceux qui ont tenté d'expliquer l'œuvre de Kant, ne serait-ce qu'à eux-mêmes – je veux parler de ce moment où, inévitablement, l'on s'en représente l'architecture en dessinant vraiment une ligne ou un cercle, en excluant la région de la chose en soi. Je me rends compte que par cet appel, je sous-entends non seulement qu'un tel geste n'a

rien d'accidentel, mais aussi qu'un schéma apparemment aussi trivial peut contrôler, ou exprimer, ce que l'on pense tout au long de la vie, tel un destin. Ce que l'on gagne entre autres à réfléchir au périple du vieux marin grâce à ce poème est alors de mieux jauger ce destin, de suggérer, par exemple, que si l'expérience vécue du marin *est* à imaginer ou à concevoir comme celle de la région située en dessous de la ligne, en montrant que l'on peut cartographier sa structure, alors il ne s'agit pas d'une limitation *a priori* de la raison, interdisant toute pénétration par la connaissance, mais bien d'une autre forme de pouvoir, moins raffinée ; appelons-la refoulement.

Cela m'incite à être plus explicite en disant que la région de la chose en soi, en dessous de la ligne, sous-tend l'horizon aussi bien intérieur qu'extérieur de la connaissance (pour reprendre la distinction de Kant), en direction du soi ou de l'esprit tout autant qu'en direction du monde ou de la nature. Voilà de quoi comprendre un peu mieux le mépris et la méfiance qu'éprouvait Freud à l'égard des privilèges de la philosophie. Une des raisons que donne Freud de s'éloigner de la philosophie est qu'elle identifie le mental avec la conscience, mais cela ne semble pas plus vrai de Kant que de Platon. C'est plutôt le contraire qui serait une raison de redouter Kant. Si l'inconscient de Freud est ce qui n'est pas susceptible d'être connu (disons, dans des circonstances normales) alors la Raison kantienne projette tout un domaine du soi et de l'esprit qui est encore plus fortement inaccessible à la connaissance ; or, comme partie de la raison, il est mental à coup sûr ! Ce à quoi Freud doit s'opposer, cependant, c'est à la raison que donne Kant d'exclure ce domaine de la connaissance, à savoir le fait que celui-ci ne peut pas être *un objet d'expérience*, et qu'il y a donc quelque chose au niveau du soi qui *logiquement* ne peut pas être porté à la connaissance. Si c'est là la sagesse de la raison, Freud *doit* tenter de la mettre à distance, c'est-à-dire de changer la forme que prend la raison. Et c'est en ce sens qu'il a été devancé par le romantisme.

2. Je ne considère pas que cette façon d'interpréter le *Vieux Marin* soit en contradiction avec l'interprétation qu'on en donne habituellement comme allégorie de la Chute. Bien au contraire, je pense qu'elle fournit une explication des raisons pour lesquelles cela

correspond à la Chute : autrement dit, une explication de tout ce dont la Chute est elle-même une allégorie. Ainsi, je considère que ce que raconte ce poème tend à allégoriser toute transgression spirituelle où le premier pas est fait par hasard et, pour reprendre l'expression, comme s'il était déjà fait, et où toute la partie descendante de ce périple – celle qui mène aux contrées froides – est « poussée par les tempêtes » comme par conséquence naturelle, voire logique. Selon cette interprétation, la transgression correspond à ce à quoi j'associe l'idée de notre désir ardent de parler, selon la formule de Wittgenstein, « en dehors des jeux du langage ». (Et cela a intérêt à y correspondre, dans la mesure où je considère cette idée à son tour comme une interprétation de la *Critique* kantienne.) Car ce genre de description (« en dehors des jeux de langage ») tiré des *Recherches philosophiques* (§ 47) est quant à lui à peine plus qu'une allégorie ou un mythe. Je l'utilise dans *Les Voix de la raison* pour fixer l'idée omniprésente dans ce livre selon laquelle le signe du naturel dans le langage naturel est sa capacité à se répudier lui-même, à trouver arbitraires ou purement conventionnels les rails que nous avons posés pour les mots par notre accord sur certains critères, notre manière de nous accorder les uns aux autres (ce qui veut dire, dans mon jargon, que la menace du scepticisme est un sentiment naturel ou inévitable de l'esprit humain), ainsi que la découverte que ce qui se présente suite au refus sceptique de cet accord n'est qu'une autre structure déterminée, presque figée – dont j'ai l'habitude de dire (je m'en rends compte ici à nouveau) qu'elle nous « force » ou nous « mène » malgré nous.

Mais si l'on doit aussi comprendre la Chute comme une interprétation de cette condition, il n'est pas étonnant que proposer à un moment donné une interprétation du récit édénique puisse ressembler à une marque de naissance, voire un passage obligé, du romantisme. Une interprétation dominante de ce récit, comme chez Hegel, si je comprends bien, est que la naissance du savoir est l'origine de la conscience, donc de la conscience de soi, donc de la culpabilité et de la honte, et donc de l'existence humaine vécue comme séparée et aliénée, de la nature, d'autrui et d'elle-même. Aussi la tâche principale de l'existence humaine est-elle celle de se rétablir [*recovery*], comme on recouvre la santé ou comme on retrouve son pays. Mais je m'aperçois que je me trouve dans une situation un peu différente.

La tentation explicite de l'Eden est celle de la connaissance, ce qui signifie avant tout : la négation du fait que, tels que nous sommes, nous savons. Ainsi depuis le début il n'y avait pas d'Eden, pas de lieu où les noms auraient échappé d'office au scepticisme. Je note que le récit de la Bible tel qu'il est raconté n'assimile pas la connaissance de la nudité au sentiment de honte ou de gêne lié à la conscience de soi (quel que soit l'enchaînement de ces deux phénomènes), mais bien à la peur. « J'ai eu peur parce que j'étais nu et je me suis caché », déclare Adam. Et lorsque Dieu lui demande alors « Et qui t'a appris que tu étais nu ? », l'étrangeté même de cette question nous pousse bien entendu à demander ce qu'est la nudité et ce que cela signifie de l'apprendre de soi. Le caractère de la situation que je souligne est que le sentiment de se mettre à nu à la naissance du savoir porte non seulement sur notre vulnérabilité face à la connaissance, au fait d'être connu, au trauma de la séparation, mais aussi sur la vulnérabilité de la connaissance elle-même, à la prise de conscience que l'Eden n'est pas le monde, mais que l'on a vécu comme à l'intérieur d'un cercle ou derrière une ligne ; car lorsque Dieu « chassa l'homme », celui-ci ne fut pas surpris qu'il y eût un ailleurs.

CHAPITRE 3

TEXTES DE RÉTABLISSEMENT

COLERIDGE, WORDSWORTH, HEIDEGGER…

En citant quelques passages tirés de la *Biographia Literaria* de Coleridge pour montrer que son *Vieux Marin* peut être interprété comme une réponse à la *Critique de la raison pure*, je souhaitais mettre en valeur un exemple de la relation interne qu'entretient le romantisme avec la résolution philosophique qui résulte de la philosophie critique de Kant. En particulier, lorsque dans ses « gloses en prose » en marge du poème, Coleridge parle de la dérive du navire au-delà d'une ligne et de son retour guidé vers cette ligne, j'ai considéré que la ligne en question était (entre autres choses, sans aucun doute) la ligne tracée dans la *Critique* « en deçà » ou « au-delà » de laquelle la connaissance ne saurait pénétrer. Selon Kant, tout effort pour la briser engendre, par exemple, le scepticisme ou le fanatisme, autant d'efforts visant à faire l'expérience de ce qui ne peut être humainement vécu. Le poème de Coleridge va démontrer que l'on *peut* faire l'expérience de la région délimitée par Kant, et que la région en deçà de la ligne possède une structure déterminée, disons figée. Cette sorte d'interprétation (disons une soif romantique d'expérience, comme si l'on doutait d'avoir désormais une expérience qui soit propre à soi) n'est pas incompatible avec d'autres interprétations de ce poème comme récit de la Chute ; sans doute nous offre-t-elle une interprétation de cette interprétation-là.

La philosophie critique de Kant peut ainsi être elle-même considérée comme une interprétation philosophique de la Chute. Cette déclaration est à elle seule une manière de comprendre le document extrêmement intéressant publié par Kant sous le titre « Conjectures sur le commencement de l'histoire humaine ». Il y parle de (l'origine de) la raison comme (ou dans) une sorte de « refus », une force d'opposition. On peut considérer que l'idéologie des « Conjectures sur le commencement » de Kant vise à bien montrer que cette opposition ne s'applique pas à la loi de Dieu mais à celle de la nature, c'est-à-dire au règne de l'instinct. (Cela, toutefois, pourrait sembler faire de ce qui arriva dans l'Eden une élévation, et non une Chute. Kant ne s'étend pas sur ce genre de problème ici. Comment concevoir l'apparition de l'humain, si c'est par un mouvement vers le haut ou vers le bas, est une question abordée dans *Les Voix de la raison* dans une parenthèse sur la conception kantienne de l'être humain non en tant qu'être animal qui est rationnel mais en tant qu'être rationnel qui est animal[1].)

J'aimerais souligner ici un enchaînement analogue de ma réflexion (déjà exprimé, par exemple, dans les premières pages du chapitre 1), à savoir que la reconnaissance n'est pas une alternative à la connaissance mais son interprétation. Par l'assimilation ou l'inflexion du concept de connaissance, le concept de reconnaissance est destiné, dans l'usage que j'en fais, à déclarer que ce qui est à connaître philosophiquement parlant nous demeure inconnu non pas à cause de notre ignorance (car ce n'est pas que nous ne pouvons pas savoir ce qu'il conviendrait de savoir philosophiquement, comme par exemple qu'il y a un monde et, dans ce monde, moi et d'autres personnes) mais bien par un refus de la connaissance, une sorte de déni ou de refoulement de la connaissance, voire sa mise à mort. Le commencement du scepticisme est l'idée insinuée d'une absence, d'une ligne de séparation ou d'une limitation, d'où la création d'un manque ou d'un désir ; la création, comme je l'ai dit, de l'interprétation de la finitude métaphysique comme manque intellectuel. (Ainsi parle l'infinité serpentine.)

Dans ce contexte j'ai le plaisir de citer un passage que l'on pourrait prendre simplement pour une curiosité : une remarque faite en passant dans l'essai d'Austin « Autrui » [« Other Minds »], qui

1. S. Cavell, *Les Voix de la raison, op. cit.*, p. 573.

constitue peut-être sa version majeure d'une attaque portée contre le scepticisme à partir du langage ordinaire. Son attaque comporte, comme on pouvait s'y attendre de la part d'Austin, un implacable catalogue des erreurs, grammaticales et sémantiques, et entre autres l'idée qu'il existerait une classe spécifique d'énoncés empiriques (à la différence de toutes les autres classes d'énoncés de ce genre) dont nous pouvons être assurés, libérés de tout doute ; à savoir, ceux que l'on appelle les énoncés de sensation [*sense-statements*], c'est-à-dire des énoncés qui se confinent à ce que nos sensations nous rapportent, par opposition, disons, aux énoncés portant sur des objets matériels. Au cours de la remarque en passant à laquelle je fais référence, Austin se détourne provisoirement de son travail pour noter : « Peut-être est-ce [c'est-à-dire l'idée d'une classe épistémologiquement favorisée d'énoncés de sensations] le péché originel [...] par lequel le philosophe se chasse lui-même du paradis du monde dans lequel nous vivons » [a].

Certes Austin n'aurait guère été intéressé par l'interprétation de sa petite allégorie du paradis (il ne croyait pas réellement, je pense, au péché originel, ni dans un sens littéral ni dans un sens allégorique), mais l'émotion à l'égard du monde dont il fait preuve ici de manière inédite et unique (pour autant que je sache), est une revendication de sa part d'héritage – même à lui ! – du romantisme anglais. Je veux dire par là qu'à ma manière de le lire, une telle manifestation d'émotion au sujet du jardin du monde n'est pas – et elle est même en fait destinée à souligner qu'elle n'est pas – une revendication d'héritage du sens commun anglais, disons dans la forme que lui donne G. E. Moore dans sa « Défense du sens commun » ; il ne prétend pas défendre les croyances communes ou le savoir commun sur le monde, comme si le monde où nous vivons était l'Eden parce qu'il *ne peut pas* renverser nos certitudes. Austin est en mesure de garantir que le monde est plus que tout ce que nous pourrions jamais escompter. L'idée est plutôt que malgré notre propension humaine à l'erreur, le monde est assez un Eden, tout l'Eden qu'il peut y avoir, et qui plus est, le seul

a. J. L. Austin, *Écrits philosophiques*, trad. fr. L. Aubert et A.-L. Hacker, Paris, Seuil, 1994, p. 62.

monde que nous ayons : les risques et les erreurs sont inhérents à ce qui est humain, ils font partie de ce que nous concevons comme la vie humaine, partie de nos insondables responsabilités dans le langage et dans le mal (dans le fait d'être, comme le dit Descartes, dotés d'une volonté libre) ; et cette condamnation à une liberté insondable n'est pas bien décrite en disant que nous ne pouvons jamais avoir de certitude, ou seulement dans un certain nombre de cas précis. Si la terre s'ouvre sous mes pieds et m'engloutit, cela ne prouvera en rien que ma confiance en elle ait été déplacée. En quoi ma confiance aurait-elle pu être mieux placée ? (Le monde *était* ma certitude. À présent ma certitude est morte.) Bien sûr, il existe un état d'esprit dans lequel on peut avoir envie de dire : « N'ayez confiance en rien ! ». Mais exprimerait-on bien cet état d'esprit en disant « Ne faites pas un pas de plus sur terre ! » ? Ainsi se pose donc la question de savoir si nous pouvons véritablement vivre notre scepticisme et, si nous ne le pouvons pas, quel genre de menace le scepticisme représente. Ce qui revient à dire qu'on devrait se demander si la philosophie est le meilleur endroit, ou le seul, pour étudier cette question (la philosophie telle qu'elle se présente).

Le défaut majeur que je trouve à la parabole d'Austin sur le monde édénique se situe dans la phrase « le philosophe se chasse lui-même du paradis du monde dans lequel nous vivons ». Même le masculin mis à part, Austin semble trouver évidente la manière dont la philosophie se distingue en s'exilant elle-même, comme si l'on pouvait déterminer, pour ainsi dire au premier regard, qui parmi nous est occupé à philosopher et qui parmi nous ne l'est pas ; comme s'il était clair de savoir comment en finir avec la philosophie (« apporter la paix à la philosophie », disait Wittgenstein [1]), et donc comment distinguer ceux dont la vie se réalise et ceux dont la vie se perd par la philosophie.

1. L. Wittgenstein, *Recherches philosophiques*, trad. fr. F. Dastur, M. Élie, J.-L. Gautero, D. Janicaud et E. Rigal, Paris, Gallimard, 2004, § 133.

Je poursuivrai cette conférence en me laissant guider par l'idée que le romantisme vient résorber une crise de la connaissance : une crise que j'ai supposée être (interprétable comme) une réponse donnée à la menace du scepticisme ainsi qu'à l'insatisfaction vis-à-vis de la réponse qu'apporte la philosophie à cette même menace, en particulier telle qu'elle prend forme dans la philosophie de Kant – une déception tout particulièrement vis-à-vis de la façon dont Kant met en équilibre les prétentions de notre connaissance du monde à être ce qu'on peut appeler subjective ou objective, ou bien, disons, les prétentions de la connaissance à être dépendante ou indépendante de capacités spécifiques – sensibles et intellectuelles – de l'être humain. Cela correspond peut-être à une forme de déception à l'idée de considérer le succès de la science, ou ce qui rend la science possible, comme une réponse à la menace du scepticisme plutôt qu'une autre façon pour celui-ci de s'exprimer. Le travail du romantisme s'interprète ici, ainsi que je l'ai suggéré, comme la tâche de ramener le monde à sa propre vie. Cela pourrait, à son tour, se présenter comme la quête d'un retour à l'ordinaire ou de l'ordinaire, une nouvelle création de notre habitat; ou bien comme la quête, loin de cela, de la création d'un nouvel habitat : Wordsworth et Coleridge représenteraient alors la première branche de l'alternative; Blake et Shelley, je pense, la seconde. (L'idée que se fait Thoreau de « réviser la Mythologie » [1] laisse penser que ces deux possibilités pourraient bien ne pas être si différentes.) Mais le romantisme dans l'une ou l'autre direction fait son marché entre le concept de connaissance et la menace du scepticisme, un marché qui peut sembler au philosophe d'abandonner la partie ; où l'on accepte une sorte d'animisme, représenté par ce que l'on semble toujours appeler, lorsqu'on lui donne un nom, le sophisme pathétique.

Ce marché conclu paraît tout simplement ignorer l'effort conjoint fourni par Kant, tout aussi déterminé que celui d'écarter le dogmatisme, la superstition ou le fanatisme : son effort visant à faire une place à la foi, en quelque sorte en limitant la foi ; à nier que l'on puisse faire l'expérience du monde en tant que monde, des choses en tant que

1. *Walden*, 14.23, p. 298.

choses, face à face pour ainsi dire – appelons cela la vie des choses. Au début de ma conférence précédente, j'ai observé qu'à propos de cette victoire que Kant affiche sur le scepticisme, par une sorte de négociation qui nous éloigne de toute possibilité de connaissance de la chose en soi, on pourrait parfois être tenté de penser : tout ça pour ça… merci bien ! Et cependant quelqu'un (ou quelqu'une) doté(e) d'une conscience kantienne encore intacte ou presque – une conscience marquée par les Lumières – risque de ressentir précisément face un tel retour de la chose en soi, par cette négociation en faveur de l'animisme : « Merci pour rien du tout ! » (ou plutôt, « Non merci, pour tout ! »).

Je m'arrête pour souligner une difficulté particulière dans la façon dont je me suis mis à réfléchir ici. Un philosophe me demandera ce que j'entends exactement par « faire l'expérience des choses en tant que choses, face à face » et l'on me demandera comment je définis « la vie des choses ». La réponse à la première question est : rien de technique ; la réponse à la seconde est : je ne la définis pas. De telles expressions ne veulent pas dire grand-chose, ou plutôt je ne me soucie en rien de leur signification, si ce n'est l'exactitude avec laquelle elles traduisent une intuition – ici, mes intuitions sur quelque chose comme une prohibition de la connaissance, une limitation de celle-ci d'origine extérieure. Cet effort visant à mettre des mots sur des intuitions est essentiel à ce que j'entends par certaines expressions telles que « se laisser être lu par un texte ». Le texte dont il est question ici est quelque chose de fragmentaire, comme « la chose en soi est située en dehors des limites de la connaissance humaine ». Cette indication, à coup sûr, ne dit en rien pourquoi l'on désire être lu, ni pourquoi l'on prend cela pour une vertu intellectuelle, ou un commencement, ni où cela finira. (Si faire l'expérience de la vie des choses est une autre façon d'exprimer un ressenti de ce que Kant nomme l'inconditionné, alors il s'agit d'une expérience, dans les propres termes de Kant, du sublime. D'où une autre question ouverte pour moi – annexe à celle de savoir si c'est la connaissance ou la conscience qui est la plus fondamentale ou la plus utile à souligner pour comprendre le romantisme – celle de savoir si c'est l'animisme ou la sublimité qui en est l'accent le plus fondamental. Si je privilégie ici l'accent mis sur la connaissance, suivant en cela la problématique de ce que je comprends comme le scepticisme, je considère que les réponses possibles à chaque question sont inséparables.)

Le coût de l'animisme est un aspect de la solution romantique dont les termes m'amènent à ce qui nous occupe surtout ici, à savoir la lecture de quatre textes, plus détaillée pour le premier et le dernier d'entre eux (*La Ballade du Vieux Marin* de Coleridge et l'Ode sur l'immortalité de Wordsworth), car ce sont les principaux chevaux de bataille – avec Emerson et Thoreau – dont les termes et l'allure viendront soit étayer soit faire tomber mes affirmations sur le romantisme. Les deux textes médians, auxquels je ne jetterai qu'un coup d'œil, sont des articles philosophiques, appartenant chacun à l'une des traditions de la philosophie, allemande et anglaise, dont la détestation mutuelle – depuis le tournant kantien et de plus en plus au cours de notre siècle (jusqu'à peut-être un certain dégel durant ces dernières années, dans certains cercles en tout cas) – a contribué à mettre hors circuit tout semblant de discussion publique des problèmes qui me préoccupent le plus. Le premier de ces articles philosophiques est « Das Ding » (« La Chose ») de Heidegger ; le second, intitulé « Gods » (« Les Dieux »), est de John Wisdom, l'un des premiers disciples de Wittgenstein.

La question de l'animisme ne va pas être facile à énoncer, dans la mesure où l'on semble s'être gravement trompé à son sujet (même si ce n'est peut-être plus le cas désormais) en le prenant pour quelque chose que les romantiques ont embrassé – alors que les remarques de Wordsworth, sans cesse discutées, sur la diction poétique sont en pratique autant *contre* le « sophisme pathétique », ou contre certaines de ses manifestations, qu'elles sont en théorie *pour* l'imitation du rustique et de l'humble ; et peut-être l'un à cause de l'autre. Et dans *Le Vieux Marin*, ces images de corps animés, ou plutôt réanimés, je les considère comme l'équivalent dans le domaine de l'esprit de ce que, dans celui de la matière ou de la nature, le sophisme pathétique peut accomplir. Pour un intellect comme celui de Coleridge, pour lequel les objets sont désormais morts, ils ne seront pas vivifiés par l'apport extérieur d'une quelconque animation. (Pour aller plus loin, je pense que la peinture faite par Coleridge de ces corps animés, à l'œuvre dans son poème sous la forme de la vie-dans-la-mort qui a alors pris possession du vieux marin, est comme une parodie de la manière dont un certain type de philosophe, une personne saisie par une certaine tournure d'esprit, se représente l'être humain, et donc la société humaine. Le vieux marin dit de ses comparses : « nous faisions un sinistre équipage ». Cela me rappelle que dans *La notion d'esprit*, un livre moins connu de nos jours qu'à l'époque où j'étais en fin d'études secondaires, au temps où il représentait ce que beaucoup de gens croyaient être la philosophie du langage ordinaire, Gilbert Ryle appelait quelque chose de ce genre le mythe du fantôme dans la machine, en attribuant ce mythe à Descartes. Ryle est loin d'avoir donné autant de détails sur son mythe que Coleridge en a fournis, mais il est assez clair qu'il voulait parler de la sorte de mythe que Descartes s'efforce de *combattre* lorsque par exemple, dans sa Sixième Méditation, il nie que l'âme soit dans le corps comme un pilote en son navire.)

Le problème de l'animisme, ou son spectre, fait une apparition momentanée quelque peu déguisée ou peut-être craintive, au détour de réflexions retardées jusqu'à la toute dernière partie des *Voix de la raison.* Cette partie revient sans cesse sur les manières dont le scepticisme à l'égard des prétendus objets matériels ou du prétendu monde extérieur, et le scepticisme à l'égard des prétendus esprits extérieurs – soit, pour faire court, le scepticisme et le solipsisme – sont la réciproque ou la réplique l'un de l'autre, se faisant face l'un à l'autre pour tout un ensemble de caractéristiques : par exemple, sur la constitution en chacun d'eux d'un « cas idéal » pour la connaissance, sur les conséquences qui adviennent lorsque ce « cas idéal » me fait défaut, sur l'idéal de connaissance que chacun d'eux projette, sur le rôle du personnage que j'appelle l'Étranger [*the Outsider*] dans chaque cas, sur la question de savoir si ces diverses destinées du scepticisme sont à vivre de manière égale, sujettes à l'évitement de manière égale, et ainsi de suite. Or les réflexions tardives auxquelles je pense concernent plutôt la question de savoir si l'une ou l'autre voie du scepticisme est la plus fondamentale ; ces réflexions sont dues au fait que la relation (entre esprits) d'Othello à Desdémone peut être considérée comme (disons) une allégorie du scepticisme à l'égard des objets matériels. Le développement qui en résulte est que cette possibilité même montre que le scepticisme à l'égard des objets matériels peut être dérivé du scepticisme à l'égard d'autrui, et qu'il est donc peut-être, selon ce point de vue, moins fondamental. Mais ce qui a occasionné ces réflexions était l'idée que le solipsisme puisse ne pas être un authentique scepticisme, dans la mesure où il peut être vécu : ma capacité à douter de l'existence d'autrui paraît, de ce point de vue, moins fondamentale que mon doute sur l'existence d'un monde matériel – effectivement, le doute sur l'existence des choses semble impossible à vivre, tandis que douter d'autrui peut sembler imprégner mon existence. Une morale raisonnable à tirer de ces points de vue opposés est que nous ne savons pas ce en quoi consiste vivre notre scepticisme.

Je déclare dans le passage sur Othello que de telles réflexions sur le caractère fondamental des deux orientations possibles du scepticisme devancent la portée réelle de mon livre. On peut comprendre que je me sois gardé d'un tel dépassement. Il incite à penser que le doute sceptique doit être interprété comme de la jalousie, et que le seul rapport au monde qu'il nous reste est comme à quelque chose qui est mort entre nos mains. Mon nouveau remords provient initialement du soupçon consécutif à celui de la jalousie : celui d'avoir tué le monde, et par désir de revanche.

Il semble ici difficile de se débarrasser de l'impression que j'ai transformé le problème du scepticisme en celui de l'animisme, et substitué ainsi une forme de folie à une autre. (Comme si cette réponse au scepticisme était allée plus loin que prévu ; ce qui est peut-être toujours le cas du scepticisme.) Cette substitution peut-elle avoir un bénéfice intellectuel ? Ce pourrait être un bénéfice si nous parvenions à voir que l'idée de la jalousie envers le monde met en évidence un animisme déjà implicite dans l'idée de douter de son existence – à tel point que l'incertitude engendrée par ce doute est moins liée à la question de savoir si notre connaissance est fondée (savoir si, par exemple, nous sommes en mesure de parvenir à une connaissance assurée du monde à partir de nos seuls sens) qu'à la question de savoir si notre confiance est bien placée (savoir si nous sommes bien sûrs, par exemple, que nous ne rêvons pas en ce moment que nous veillons).

En me penchant sur notre premier texte, *La Ballade du Vieux Marin*, je vais considérer la mise à mort de l'albatros par le marin comme ce qui me guidera à travers le poème, en partie parce que cet incident est dans tous les cas un élément qu'une lecture approfondie de ce poème ne saurait négliger, et en partie parce qu'il nous confronte selon moi presque immédiatement au problème de l'animisme, de la façon suivante. Les hypothèses généralement avancées par les critiques sur les motifs du marin dans cette mise à mort sont une espèce de méchanceté sans but et une sorte de violence gratuite, destinées à bien marquer son individualité distincte. Il me semble que cette recherche du motif devrait surtout être attentive à ce que dit le poème : « l'oiseau […] aimait l'homme, qui l'abattit avec son arc ». L'idée serait alors qu'il faut comprendre la mise à mort comme le déni de ce qu'on attend de lui [*claim upon him*]. En ce cas, la morale de ce poème ne serait pas bien conçue si l'on s'en tenait à la façon dont le marin lui-même la formule : « A bien prié celui qui aime / Toutes les choses, grandes ou petites », ce qui laisse d'ailleurs en général les lecteurs insatisfaits. Mais pourquoi le marin – qui à la fin traîne toujours son repentir – devrait-il en avoir saisi la morale correctement ou pleinement ? Je pense que ce qu'on pourrait appeler la morale de ce poème réside plutôt en quelque chose comme la version opposée à la sienne : faites que *vous soyez aimé* de toutes choses, les petites comme les grandes. Il ne s'agit certes pas de nier la formulation donnée par le marin ; il s'agit d'une interprétation pratique, disons même romantique, de celle-ci.

Peut-on considérer cette morale comme un précepte intelligible ? Je suppose que la réponse à cette question dépendra de la façon de comprendre ce que signifie le poème. Or ce qu'il signifie selon moi semble mettre à l'épreuve cette intelligibilité en adressant la question de l'origine d'un faux animisme, une sorte d'animation aveugle (comme une espèce d'égarement de la vraie poésie ou de la vraie religion, en un lieu imaginaire que Coleridge nomme, dans le chapitre IX de la *Biographia Literaria*, « les contrées sauvages du doute » qui contournent « les déserts de sable de l'incroyance »); en montrant qu'il est autant ennemi de la véritable poésie (qui lui résiste) qu'il l'est de la science (qui ne lui résiste pas, puisque pour la science, l'opposition entre une fausse animation et la vie des choses n'a pas lieu d'être).

Dans l'explication que je dois en donner, le caractère central de la mise à mort de l'albatros se voit plutôt remis en question, comme s'il était à la fois affirmé et nié, comme s'il était à la fois fondamental et accessoire. Je ne connais pas de meilleure discussion du problème que posent cette action et sa motivation que celle qu'a proposée Robert Penn Warren il y a bien quatre décennies de cela.

Considérant « cette fable, dans les termes les plus larges et les plus simples, [comme] une histoire de crime et de châtiment, de repentance et de réconciliation », Warren entreprend à juste titre de caractériser la nature du crime (« la transgression du vieux marin ») qui actionne l'intrigue, et il découvre en particulier (et sur ce point je trouve en lui un prédécesseur direct) que c'est le fait même du meurtre de l'albatros, que d'autres commentateurs traitent comme un échec (ce qu'ils expriment en décrivant le meurtre comme maladroit, grossier, ou irréfléchi) qui est, tout au contraire, la clé de cette œuvre poétique : « L'absence de motif, la perversité [...] est précisément ce qui est significatif dans l'acte du vieux marin. Cet acte reproduit la Chute et celle-ci présente ici deux modalités particulières : elle est une condition de la volonté, comme le dit Coleridge, “hors du temps”, et elle n'est le résultat d'aucun motif humain unique. » Si l'on garde à l'esprit l'idée que le paysage maritime du vieux marin est une image de la tentation et de l'avancée du sceptique au-delà de (ce qui se présente à lui comme) les limites purement conventionnelles de la connaissance, les remarques de Warren s'accordent avec mon idée que l'enjeu du scepticisme est une question de déni humain face aux conditions de l'humanité, pour lequel il n'y a pas de motif (unique). Ce qui suggère que ce motif est à comprendre comme l'horreur d'être humain elle-même – mais alors la fatalité de nier cette condition, et donc de nier ma possession d'un tel motif, serait le sens même de ce motif. Ainsi, à l'instar de l'impératif catégorique kantien et de son fondement dans le respect, respect pour les humains (autrement dit, pour ceux qui détiennent la Raison, et dont l'horreur des humains est un contraire, un déni ou une parodie), la négation de l'humain signale non pas l'absence de motif, mais bien la présence d'un genre particulier de motif, que Kant appelle formel.

Toutefois le concept de « perversité » ne nous mènera pas bien loin pour caractériser l'état d'esprit du marin ; ou alors il exigera lui-même tout autant – et peut-être la même qualité – d'investigation que cet état d'esprit lui-même. La perversité évoque, en lien avec cette idée d'absence de motif, la façon dont Coleridge caractérise Iago ; alors même qu'Othello y correspond également. À la manière dont j'ai élaboré le cheminement à suivre dans ce poème, l'acte inaugural de transgression – celui-là même qui pour moi fait penser à la Chute – est l'acte de « franchir la ligne ». Il est possible – c'est ce que je suggère – que le meurtre de l'oiseau soit à rattacher à la dérive qui s'ensuit dans les contrées froides, ainsi qu'aux autres événements dans cette région ; à rattacher à la fois parce qu'il est lui-même une conséquence de la transgression plutôt qu'une transgression originelle en soi, et par le fait que son interprétation est déterminée, ou déterminable, selon les termes de l'interprétation d'un franchissement de ligne. Dans le chapitre précédent, je signalais cette interprétation en reprenant l'idée wittgensteinienne de parler ou d'essayer de parler « hors des jeux de langage », une idée que *Les Voix de la raison* creusent en adaptant l'intuition kantienne d'une « ligne » critique.

Que peut bien vouloir dire le fait d'attribuer ce franchissement de ligne – quels que soient les actes que cette image allégorique saisisse en fin de compte – à de la perversité ? À un certain moment de sa démarche, le sceptique pourra dire par exemple que nous ne pouvons jamais *tout* percevoir d'un objet matériel donné. Celui qui trouve une telle affirmation paradoxale pourra la qualifier de perverse. Mais celui qui la trouve vraie pourrait qualifier *sa négation* de perverse. On s'attendra à ce que chacun considère l'autre comme grotesque ; mais l'un des deux est-il plus proche de la réalité ? (Je présente toute une série d'exemples dans *Les Voix de la raison*[1], destinés à montrer que les deux parties sont hors sujet – en gros, parce que l'on est conduit à employer l'expression « tout » en dehors du (des) jeu(x) de langage ordinaire(s), et que ses occurrences échappent ainsi à notre contrôle, ou plutôt prennent le contrôle sur nous.) Étant donnée la manière dont j'emploie la problématique du scepticisme comme voie d'accès au romantisme (et réciproquement), j'ai plutôt tendance à me méfier de l'accusation de perversité. Portée contre le vieux marin, cette accusation me semble un peu trop pressée de le déclarer incompréhensible. Ou bien est-on au contraire en train de dire que ce concept vise précisément à rendre son attitude compréhensible ? (Ceux qui se disputent sur la question de *tout* voir de quelque chose s'imaginent eux aussi donner des explications.) Alors peut-être devrais-je dire : ceux qui accusent le vieux marin de perversité se hâtent de le déclarer différent de nous, sous l'emprise de quelque chose de spécial, une sorte de Jonas. Autrement dit, l'accusation semblerait mieux correspondre à ce que pourraient dire de lui ses compagnons d'équipage, à certains moments de désespoir.

La gêne que j'éprouve à l'égard de cette attribution peut s'expliquer si l'on tient compte des objections émises par certains critiques contre l'idée de prendre *La Ballade du Vieux Marin* pour une interprétation de la Chute, dans la mesure où rien que l'on puisse appeler désobéissance n'y est présenté. Ce serait indiscutable si l'on devait se figurer la Chute, disons, telle que Milton l'a imaginée. Mais que dire, si ce poème présente un autre tableau des humains chassés du paradis, ainsi qu'une tout autre interprétation de ce qu'est succomber à la tentation, où c'est le sentiment d'aller trop loin qui engendre le sens de l'interdiction, et non l'inverse ?

Dans une section de l'essai « Plaidoyer pour les excuses » intitulée « Les petites distinctions, et les grandes aussi », Austin indique que le fait d'échouer à imaginer des cas ordinaires (une conséquence, dit-il, d'être « pris dans nos pensées ») peut nous conduire à accepter certaines confusions du type de celle que, selon lui, Platon puis

1. S. Cavell, *Les Voix de la raison, op. cit.*, p. 293-300.

Aristote « nous ont mis en tête », entre succomber à la tentation et perdre le contrôle de soi. (Les « jeux de langage » de Wittgenstein et les « cas ordinaires » d'Austin ne coïncident pas tout à fait, mais ils se recoupent. Wittgenstein invente des jeux qui outrepassent, en un sens, « ce qui est dit » ; c'est une des raisons pour lesquelles ce n'est pas un philosophe du langage ordinaire, ou alors assez peu ordinaire. Mais ni l'un ni l'autre n'outrepasse ce qui, en un sens, « peut se dire » [avec le langage ordinaire]. Mon idée est qu'à défaut de percevoir les liaisons internes ici, on ne saura pas de quoi les cas ordinaires d'Austin sont des cas). L'exemple pris par Austin dans le cas présent est le suivant :

> J'ai un gros faible pour les glaces, et l'on sert une bombe glacée, partagée en exactement autant de portions qu'il y a de personnes autour de la High Table. Je suis tenté de me servir deux parts, et je le fais, succombant ainsi à la tentation [...] Mais est-ce que je perds pour autant tout contrôle de moi-même ? Me jeté-je affamé sur la glace, m'emparant des morceaux dans le plat et les engloutissant, indifférent à la consternation de mes collègues ? Pas le moins du monde. Nous succombons souvent à la tentation avec calme et même raffinement [a].

Autrement dit, nous sommes désinvoltes [*casual*]. En considérant l'intrigue du *Vieux Marin*, avec son « franchissement de ligne » comme un cas de transgression spirituelle où le premier pas est fait sans y penser [*casual*], toujours en quelque sorte déjà fait, je perçois en elle l'idée de vouloir se situer en dehors des jeux de langage, et donc de traquer ce que Kant appelle « les illusions de la dialectique » (on peut les envisager comme des formes de dérangement spirituel – Kant les nomme fanatisme, sorcellerie, superstition, tromperie). L'idée de perversité ne permet pas de saisir, à mon avis, cette condition de désinvolture [*casualness*]. Mais cette condition mise à part, nous ne prenons pas en compte le caractère ordinaire de l'idée (indispensable à mon esquisse du scepticisme) qu'il est naturel aux êtres humains de vouloir échapper à ce qui est humain, si ce n'est par le haut, cette fois

a. J. L. Austin, « Plaidoyer pour les excuses », dans *Écrits philosophiques*, *op. cit.*, note p. 162 (traduction modifiée).

par le bas, en direction de l'inhumain. L'idée de perversité suggère ici la défiance. Elle romantise, pour ainsi dire, le scepticisme. Ce genre d'explication n'est pas meilleur ni plus pur, mais il n'est peut-être pas pire, que l'autoportrait du scepticisme qui s'efforce de se dégriser, de se respectabiliser ou de se scientifiser, en s'arrogeant par exemple une précision, une exactitude ou une honnêteté intellectuelle supérieures à ce que, pour des raisons pratiques, nous sommes obligés de mettre en œuvre dans notre vie ordinaire. (Pour examiner de manière plus détaillée comment évaluer l'hypothèse de la perversité dans ce contexte, je reprends dans l'appendice B du chapitre 5 certaines de ses manifestations classiques chez Edgar Allan Poe, d'où Warren l'a tirée.)

J'ai quelquefois rapproché cet effort humain d'échapper à l'humain de ce que j'appelle notre peur de l'inexpressivité (une chose à laquelle la discussion wittgensteinienne du « privé » se confronte) : « Le désir sous-jacent à cette chimère [d'une inexpressivité nécessaire] recouvre un désir sous-jacent au scepticisme : le désir que le rapport entre mes prétentions à la connaissance et les objets sur lesquels ces prétentions ont à se porter s'établisse sans intervention de ma part, sans aucune sollicitation de mes accords » (*Les Voix de la raison*, *op. cit.* p. 508). Je trouve que cette remarque s'applique à l'idée répandue selon laquelle le vieux marin représente aussi d'une certaine façon le *poète maudit** : la malédiction de Coleridge, comme celle du vieux marin, n'était pas seulement de savoir que sa souffrance ne pouvait pas être communiquée, comme si elle était de fait incompréhensible pour d'autres gens (en tout cas jusqu'à présent), mais de savoir qu'il était, plus radicalement, incapable de communiquer : un trouble qu'il décrit et assimile à l'inexpressivité dans son ode du *Découragement* [*Dejection*]. J'y vois un état d'incompréhensibilité totale, l'état que la fiction wittgensteinienne du « langage privé » cherche à saisir. Or si le vieux marin est poète, ses actes doivent être ceux d'un poète. Mais quel peut bien être le rapport entre le meurtre d'un oiseau et ce que fait un poète ?

* En français dans le texte.

Quel est son acte ? Le marin dit « avec mon arbalète, je tirai sur [*shot*] l'albatros ». Il sait que la conséquence en est fatale, mais telle n'était peut-être pas son intention. Peut-être voulait-il simplement réduire au silence ce que cet oiseau exigeait de lui, tout en instaurant une sorte de lien plus intime que celui d'en prendre soin : un lien qui dépasse les forces de ses responsabilités humaines, qu'elles soient conventionnelles ou personnelles, pouvant dans les deux cas sembler artificielles. En rêvant à cette solution, le transpercer de sa flèche, il s'est coupé de la connaissance que les conséquences de son acte seraient la mort de la nature, de ce spécimen naturel.

Cette insatisfaction vis-à-vis de nos facultés humaines d'expression produit la sensation que les mots, pour révéler le monde, doivent avoir une portée plus profonde que ce que nos conventions ou nos ajustements à différents critères parviennent à négocier. La manière dont nous dépouillons d'abord les mots de leur capital commun et essayons ensuite de surmonter seuls, par magie et dans la crainte, cette privation de nous-mêmes par nous-mêmes, c'est là une manière de raconter l'histoire du scepticisme telle que je la raconte dans *Les Voix de la raison.* Je noterai simplement ici qu'« être amené à refuser mon accord ou mes ajustements à certains critères » est le jargon que j'emploie pour signifier être amené à refuser la relation interne, ou naturelle, que j'ai avec les autres, avec le social en tant que tel. Comme si ma réaction à la découverte de mon identité séparée était de la perpétuer, de la radicaliser, en interprétant la finitude comme une punition, et en convertissant cette punition en auto-punition.

Les coéquipiers du vieux marin, le reste de ce qui peuple cette cité à la dérive, étaient morts pour lui avant qu'il ne tire, peut-être comme si justement le meurtre de l'oiseau devait les ramener à la vie. Si ce poème onirique de Coleridge avait été le mien, rêvé par moi, j'aurais pris le tir de la flèche pour un symbole de l'usage des mots à l'origine pour nommer le monde – des mots ailés. C'est pourquoi le poète pourrait avoir lieu de craindre que son art soit aussi funeste que celui de la science ; plus funeste même, puisqu'il avait espéré dépasser (ce qui semble être aux yeux de gens comme lui) le meurtre par dissection opéré par la science ou l'intellect ; alors qu'il se trouve avoir commis un meurtre pour se connecter, pour faire entrer de force la nature dans ses mots, pour en faire des poèmes, ce qu'aucune puissance supérieure ne peut contrecarrer, ni quoi que ce soit d'autre qui s'apparente à de la force.

Mais alors, quel est le crime dans cet acte de tirer sur l'oiseau ? Warren déclare, à un moment donné, que « le caractère criminel de l'acte est établi » de telle sorte – à savoir, selon « une conception sacramentelle de l'univers » – que « pour finir nous avons affaire [...] dans ce crime contre la nature, à un crime envers Dieu ». Sans contester ici les découvertes de Warren, prenons en compte le fait que les agissements du vieux marin dans les contrées froides sont égocentriques, narcissiques, comme pour parodier cette sorte de réflexivité que certains philosophes considèrent comme constitutive du mental. Sinon ce ne serait pas une allégorie du scepticisme, dont toute guérison doit – apparemment – s'obtenir seul, en l'absence de toute prise en compte d'autrui. Autrement, ce ne serait pas du scepticisme que vous êtes sur le point de guérir. Le vieux marin ne peut donc agir autrement que de façon égocentrique. De la façon la plus frappante qui soit, il suce son propre sang pour étancher sa soif, afin de pouvoir parler et de se rendre capable d'appeler au secours. Et je pense qu'il est tout aussi clair qu'il s'identifie aux serpents d'eau, dont l'amour et la bénédiction précipitent sa libération du joug de l'albatros. Cela demande de prendre les vers suivants pour un signe d'identification :

> Tous ces hommes étaient si beaux !
> Et tous gisaient morts à présent !
> Mais des milliers de bêtes visqueuses
> Étaient en vie ; et moi aussi.

La glose (en marge de la poésie, et en parallèle) commente : « Il méprise les créatures de la région des calmes », et « il leur en veut de vivre, tandis que tant d'hommes gisent morts ». Pour moi, cela veut alors dire qu'il méprise et s'en veut d'être en vie, comme cela arrive à des survivants. C'est seulement lorsqu'ensuite il aperçoit les serpents d'eau sous une lumière différente, celle de la lune, qu'il accepte sa propre participation en tant qu'être vivant à tout ce qui est vivant – qu'il accepte les bêtes visqueuses comme aussi son prochain – autrement dit, qu'il accepte la réalité, on pourrait dire le don, de la vie. Ainsi débute la guérison de cette mort-dans-la-vie qu'est une culpabilité inexprimable. (Mes propos à l'instant sous-entendent que Warren a selon moi donné de bons arguments sur les relations entre le clair de lune et la lumière du soleil dans ce poème, de bons arguments avancés en substance quelques années auparavant, me semble-t-il, par Kenneth Burke.)

De la même façon, quoi que l'albatros puisse signifier d'autre, au vieux marin il a dû se présenter comme une manifestation de lui-même. La glose marginale à nouveau commente : « Les matelots, dans leur affreuse détresse, voudraient bien rejeter toute la faute sur le vieux marin ; en signe de quoi ils suspendent à son cou le cadavre de l'oiseau de mer ». Mais ces matelots ne sont pas meilleurs, ni pires d'ailleurs, en matière de signes que des marins et d'autres improbateurs peuvent l'être. L'acte de placarder la culpabilité incarne aussi l'idée du lien intime entre le marin et l'oiseau que mon interprétation du tir mortel sous-entendait, et il sert simplement (surtout si l'on estime qu'il est physiquement impossible de suspendre à cet endroit un oiseau d'une aussi grande taille) à les identifier l'un avec l'autre – l'oiseau (qui ne porte pas le nom de pélican, mais peut y faire penser) et l'homme (qui porte sa propre croix, avec son arbalète cruciforme), tous deux versent leur sang pour porter secours à autrui. Ce tir était alors une sorte de suicide, comme l'était la Crucifixion.

L'idée du suicide se combine en outre avec celle de la rupture de l'unisson, l'élimination de notre lien avec les autres, le désir maladif d'échapper à la condition humaine, de céder au crime de tuer en soi-même l'humanité. Il semble que cela devrait constituer son propre châtiment. Ainsi, je ne vois pas dans ce poème, comme d'autres souhaitent y voir, une réconciliation du vieux marin avec la société. Warren déclare que « c'est par l'intermédiaire de l'ermite […] que le vieux marin est à nouveau admis dans le monde des hommes ». Mais à quelles conditions ? Il n'est pas habilité à prendre part à ce monde dans une condition égale à celle d'autrui. Dans la mesure où le vieux marin n'est pas rétabli dans le monde des hommes, le pays vers lequel il retourne (notre monde) *demeure* dramatisé, schématisé, par les contrées froides auxquelles il a survécu. Autrement, pourquoi sa punition serait-elle donc de proclamer aux habitants de ce pays, encore et encore, par monts et par vaux, toujours la même leçon, celle qu'il a eue à apprendre pour pouvoir survivre à sa vie-dans-la-mort ? La différence entre ces contrées est qu'au-delà de la ligne les habitants sont capables de cacher leur refus du monde, et pour la plus grande part ou bien, par exemple, pour des raisons pratiques, de s'adapter à leur condition comme s'il s'agissait de la condition ordinaire du monde. Pour les ramener de cette vie-dans-la-mort faite de dissimulation, le vieux marin doit par conséquent briser leurs petits arrangements, jouer les trouble-fêtes au milieu de leur tranquillité, qui n'en est pas une. (Il reconnaît en nous des êtres qui vivent le scepticisme, ou il donne un sens à cette hypothèse.)

Le vieux marin supplie l'ermite de l'« absoudre », c'est-à-dire d'entendre sa confession et de lui prescrire sa pénitence. L'ermite l'invite à dire quelle sorte d'homme il est. C'est une angoisse mortelle qui le force à conter son histoire, une angoisse dont le vieux marin finit par dire : « après quoi elle me quitta ». Le récit de son histoire, qui vient à point nommé, finit par le soulager. Et la pénitence prescrite par l'ermite (que la glose marginale commente magnifiquement : « la pénitence de la vie tombe sur lui ») semble être exactement l'acte de répéter sans cesse cette rencontre – de raconter cette affreuse histoire dans la détresse, qui reviendra donc sans cesse et « à heure incertaine », ce qui le fait errer en scrutant le visage des passants pour savoir qui doit l'entendre.

Que le poète maudit, le sceptique devenu croyant, soit absous par l'ermite, l'autre figure de la solitude dans ce poème, je prends cela pour une astuce coleridgienne : absoudre, c'est prescrire quelque chose, c'est-à-dire écrire quelque chose (à l'avance) ; ainsi le poète est absous, préparé pour la rédemption, par quelqu'un qui écrit, appelons-le un législateur non crédité. L'écriture est par conséquent une sorte de rédemption de soi, ce qui concorde avec le fait que la prescription de l'ermite soit celle de se confesser par un récit qui en lui-même constitue la pénitence.

Cela ne suffit pas complètement à expliquer en quoi ce récit est une punition. En l'occurrence ce que j'ai en tête tourne autour des différences entre les personnages, le premier et le dernier, auxquels le vieux marin s'adresse pour raconter son histoire : d'abord l'invité à la noce, puis l'ermite. Ce qu'il me reste à faire est d'imiter le vieux marin, je veux dire lui obéir, en tirant ma propre morale de cette histoire. (Je laisse ouverte la question de savoir si ceci doit compter ou non comme continuer la lecture. Je veux dire continuer la lecture que j'en fais.)

Coleridge rend dramatiquement claire l'importance décisive de savoir qui parle en premier. Dans aucun des deux cas où il raconte son histoire le vieux marin ne parle en premier, justement ; je veux dire par là qu'il ne dit pas ce qu'il a à dire jusqu'à ce qu'on lui pose une question. Ainsi, comme dans ce que dit *Walden* sur le fait d'attirer les habitants du lieu en restant tranquillement assis, en faisant sien le silence, le poète adopte pour l'instant l'attitude d'un certain genre de philosophe, d'un certain genre d'enseignant, voire de thérapeute. Mais dans chacun des cas une ambiguïté demeure, sur la question de qui parle en premier. En effet, le vieux marin demande à l'ermite de lui demander de parler ; donc, s'il parle en premier, c'est seulement pour demander la permission de parler. L'ermite est tout à fait d'accord, répondant à sa requête par une question qui autorise le marin à conter son histoire jusqu'au bout ; pour l'instant c'est donc l'ermite qui se conduit en philosophe. Ou plutôt, puisque sa question prévoit une pénalité, elle *oblige* le vieux marin à faire son récit. L'ermite est absent par la suite, probablement parce qu'il n'a pas d'autre suggestion à faire à son interlocuteur, et parce que le récit qui s'ensuit ne lui apporte aucune instruction. D'où il résulte qu'il n'est pas, après tout, philosophe. Le vieux marin prend soin de ne pas parler en premier à son interlocuteur initial, l'invité à la noce. Il l'attire à l'écart du cercle et provoque ainsi une question de sa part, mais il s'agit d'une question qui ne porte ni sur lui-même ni sur qui est, ou ce qu'est, le vieux marin, mais seulement sur le pourquoi de cette interruption. Donc à nouveau il ne s'agit pas d'une invitation au dialogue, et à nouveau la philosophie n'y est pas présente ; le vieux marin n'est pas un enseignant de ce genre non plus.

L'apôtre, tout au contraire, dans l'idée que s'en fait Kierkegaard (dans *Le livre sur Adler*), est bien conduit à sortir du cycle de la vie pour parler en premier, mais il ne se met pas, tel un vieux marin, à parler de lui-même. Ainsi le marin oscille entre l'apostolat et la sagesse, comme s'il était trop tard pour la religion, puisque rien n'est désormais commun à nos dieux, et trop tôt pour la philosophie, puisque les êtres humains ne s'intéressent pas à leur existence nouvelle. (Pas étonnant que l'autobiographie officielle de cet auteur soit écrite en forme de digression permanente.) Il sait bien ce qu'il a à dire et il voit bien à qui il doit le dire. Mais il ne sait pas pourquoi il parle, et il ne sait pas pourquoi son auditeur a besoin de l'entendre. Faute de savoir ce qu'il y a de bon dans son enseignement, il ne peut y mettre fin. Une note dit que le vieux marin « est arrivé à ses fins » avec l'invité à la noce. Ce n'est pas de cette façon que les apôtres ou les philosophes enseignent ; ici il est plutôt malade que médecin, un symptôme plus qu'un remède.

La glose marginale indique que le vieux marin doit « enseigner, par son propre exemple, l'amour et le respect de toutes les choses que Dieu a faites et aime ». Mais comment son propre exemple pourrait-il montrer cela, à moins qu'il ne considère sa vie passée comme un mauvais exemple ? Ou bien est-il un exemple destiné à enseigner qu'aucun être ne peut être exclu de la rédemption ? Comment son exemple peut-il tenir la promesse d'une rédemption ? Les exemples par lesquels le marin enseigne, mis à part son propre récit, sont selon moi de ces deux sortes : d'abord, de montrer qu'« aller avec eux à l'église, et prier tous ensemble, chacun s'inclinant devant le Père suprême » est bien « plus agréable qu'un festin de mariage » ; et en particulier, ensuite, de faire la leçon aux convives, de préférence la toute proche parenté, en les alpaguant et en les étourdissant, au point qu'eux aussi « [tournent le dos] à la porte du marié ». Pourquoi cela ? Même si l'une de ces cérémonies est plus séduisante que l'autre, il ne s'ensuit pas pour autant qu'elles soient incompatibles, et que nous devions choisir entre les deux. Pourquoi le mariage est-il déserté, c'est-à-dire pourquoi *tout un chacun* a-t-il sa place tandis qu'*un couple* ou *un duo* ne l'a pas ? Est-ce à dire que, parmi tout ce que Dieu a fait et qu'il aime, il n'aime plus ou ne fait plus de mariages ?

Et n'y aura-t-il jamais plus de mariages ? En quoi le récit du marin est-il en rivalité avec le mariage ?

Sans aucun doute, c'est un récit d'une solitude si absolue « que Dieu lui-même semblait à peine présent ». Bien plus, la description de l'invité à la noce à la fin du récit comme quelqu'un d'« abasourdi » le rapproche de l'état du marin au moment où celui-ci rêvait qu'on parvint à le secourir, lorsque « le navire s'enfonçait comme du plomb », et qu'il était « abasourdi [...] comme un homme depuis sept jours noyé ». L'étourdissement ou la stupeur est l'état dans lequel Socrate, tel que le décrit Platon, plonge ceux qui cherchent à se confronter à lui, or le vieux marin *laisse* l'invité dans cet état, mais sans aucun secours possible, à ce que je vois ; il le laisse dans l'attente permanente, pourrait-on dire, d'une rédemption. Sans doute cela peut-il se justifier – disons, en tant que préparation à la philosophie. Mais ce n'est pas la manière dont procède la philosophie, ni non plus, je pense, celle dont procèdent la poésie ou la religion. C'est pourquoi je réitère ma question : en quoi cela est-il préférable au mariage ?

La façon dont je me représente la morale de cette histoire résulte de celle qui m'a amené à aligner les problèmes, là où le vieux marin considère que son récit rivalise avec la perspective du mariage, de manière à préférer soit la solitude soit la société dans sa totalité, plutôt que la séparation ou l'union contractées dans le mariage, et qu'il a le pouvoir de stupéfier son interlocuteur sans celui de le secourir ensuite. Et puisque, par ailleurs, je ne suis pas du genre à considérer le romantisme comme le vecteur de grandes célébrations du privé mais plutôt, pour reprendre ces termes, comme le vecteur d'une volonté de vie privée, ou de la survie de celle-ci jusqu'à ce que, si cela arrive un jour, une authentique vie publique soit établie ou rétablie de façon patente, voici comment je la conçois :

Aussi séduisant que puisse être le joyeux bruit d'un mariage, et aussi essentiel soit-il aux aspirations du social, il ne s'agit plus d'un sacrement, ni garanti par Dieu, ni ratifiable par la société telle qu'elle se présente, mais d'une nouvelle sorte de mystère avec lequel les intervenants extérieurs, d'aussi proche parenté soient-ils, n'ont rien à voir. Et les nouveaux liens qui sont censés reconstituer un public légitime, c'est-à-dire surmonter nos tendances au resserrement dans le privé, ne peuvent pas non plus être assurés par le mariage dans son état actuel. À l'heure actuelle, se marier signifie être prêt à vivre une nouvelle aventure, sans solitude mais aussi sans société ; comme si le mariage n'était qu'un nouvel investissement de notre narcissisme, comme le sont typiquement les enfants. Si le mariage n'est que le nom de la seule autre possibilité qui s'offre à nous actuellement face à l'océan vide du scepticisme, alors pour cette raison même ce genre d'intimité ne saurait être célébré, ni sanctifié ; on ne peut y échapper. Libre à vous de le décrire comme manquant de poésie ; comme si l'intimité elle-même ou les pressions inédites qui s'exercent sur elle n'avaient pas d'expression possible. Pas étonnant que l'on ne puisse pas deviner qui est marié ou non.

Ainsi la leçon du vieux marin pourrait alors être un message du romantisme en tant que tel : une telle intimité existe largement, et la poésie doit se charger de lui donner son expression. (Se poserait alors la question : comment s'est-elle relâchée, presque comme désinvestie ? Et pourquoi l'amitié ne l'exige-t-elle pas tout autant que le mariage ? Ou est-ce le cas ?) Contre toute attente, non seulement ce qu'annonce le marin à l'invité de la noce rend son histoire plus importante que le fait qu'un étranger assiste à une fête de noces, mais cette annonce est singulièrement pertinente pour sa position : à savoir, que cette position est inutile, et même vide de sens ; que l'expression de notre intimité n'existe désormais que dans la *recherche* de l'expression, et non dans des confirmations rassurantes. (Si le mariage est l'emblème de l'intimité, c'est aussi l'emblème des institutions. L'amitié relève donc aussi d'une institution, si elle existe au sein du mariage.) Si le mariage conçu de la sorte, disons, comme le fait de se faire aimer avec dévotion et de faire preuve d'une même dévotion en retour (comme si l'amour était un anneau), est bien ce en quoi le poème place son espoir, à l'inverse d'une animation factice ; si ce à quoi ce poème aspire, l'intimité avec le monde, et sa façon de la recommander sont bien ce que recherche la poésie (ou ce qu'elle doit devenir) ; alors on ne peut pas s'attendre à pouvoir dire pour le moment si elle projette un nouvel animisme, plus vrai, ou si le concept d'animisme est destiné à s'éteindre, comme dépassé. Je n'irai pas jusqu'à appeler ce poème un Antithalame, mais c'est là un avertissement assez juste sur les enjeux en cours.

Dans la mesure où ces enjeux ressemblent de fort près à ceux que l'on peut trouver dans les mariages mystérieux, et leur absence de festivité, qui font l'objet des meilleures comédies de la grande époque hollywoodienne, ainsi qu'aux enjeux de ce qui m'intéresse dans le scepticisme, on pourrait peut-être penser que ces résultats à propos du poème de Coleridge sont trop beaux pour être vrais. Un tel sentiment peut précisément être l'indice d'une forme de résistance, qui n'est jamais très loin du passage à la conviction.

Parmi les quatre textes dans lesquels j'ai proposé d'étudier la négociation kantienne avec le scepticisme (racheter la connaissance des objets en abandonnant en échange les choses en soi) puis la négociation du romantisme avec le kantisme (récupérer la chose en soi en adoptant une forme d'animisme), le deuxième est le texte de Heidegger intitulé « La Chose » (« Das Ding »), que je considère comme une nouvelle tentative, parallèle à celle de Coleridge, de dépasser toute ligne de division de la pensée, à commencer par la ligne kantienne.

L'essai de Heidegger nous mène à la question de Kant presque à notre insu, sur un chemin heideggérien de questions successives qui font paraître celle de Kant toute simple et familière. La phrase initiale de Heidegger est : « Dans le temps et l'espace toutes les distances se rétractent »[1] ; puis, plus loin en première page : « Seulement cette suppression hâtive de toutes les distances n'apporte aucune proximité : car la proximité ne consiste pas dans le peu de distance »[2] ; et à la page suivante : « Comment appréhender son être [de la proximité] ? [...] Est en elle ce que nous avons coutume d'appeler les choses. Mais

1. M. Heidegger, « La chose », trad. fr. André Préau dans *Essais et Conférences*, Paris, Tel-Gallimard, 1958, p. 194.
2. *Ibid.*

qu'est-ce qu'une chose ? »[1] ; puis à la troisième page : « Qu'est-ce qui appartient à la chose comme telle ? Qu'est-ce que la chose en soi ? Nous ne parviendrons pas à la chose en soi avant que notre pensée ait d'abord atteint la chose en tant que chose »[2]. Cela s'avère exiger « un pas en arrière » dans notre manière de pensée pour changer de direction (ce que Thoreau appellerait peut-être « changer de regard »). Et vers la fin de l'article, on a : « Pensant ainsi, nous sommes appelés par la chose en tant que la chose. Nous sommes, au sens rigoureux du mot, ceux qui sont pourvus de choses (*die Be-dingten*). Nous avons laissé derrière nous la prétention de tout ce qui est inconditionné »[3].

Ce que poursuit cet essai est un rétablissement de la pensée humaine à l'endroit, contre le bouleversement effectué par Kant et par la Révolution copernicienne en philosophie dont il tire sa fierté : au lieu de dire qu'afin qu'il existe pour nous un monde d'objets de connaissance, une chose doit satisfaire aux conditions de la connaissance humaine – quoi qu'elles se révèlent être à l'issue de nos recherches philosophiques –, Heidegger affirme qu'afin de nous reconnaître comme mortels, en pleine participation avec la terre et le ciel, nous devons satisfaire aux conditions de l'existence des choses dans le monde – quelles que s'avèrent être ces conditions selon la pensée philosophique. Et cela signifie apparemment : la rédemption des choses du monde est la rédemption de la nature humaine, et principalement de sa tendance destructrice envers ses propres conditions d'existence.

Est-ce une philosophie du romantisme ? Si elle systématise quelque chose comme la tâche que se donne le romantisme en poésie, c'est-à-dire si le romantisme croit, et a raison de croire, que les choses ont besoin d'être sauvées de la façon dont nous autres, êtres humains, en sommes venus à penser et que cette rédemption ne peut s'accomplir que par la poésie, alors, à suivre l'essai de Heidegger, le romantisme aurait raison de croire qu'il est source de rédemption pour la nature humaine qu'il sauve ainsi de sa propre mainmise. Et en

1. *Ibid.*, p. 196.
2. *Ibid.*, p. 197.
3. *Ibid.*, p. 216, traduction modifiée.

ce cas l'activité de la poésie est la possibilité de la vie humaine ; on peut donc comprendre que la poésie se prenne elle-même, sa propre possibilité, comme son sujet propre.

Cela, en passant, ébauche un début de réponse à l'une des accusations les plus anciennes, et aussi les plus récentes, qui ont été portées à l'encontre des romantiques, celle de préférer les choses aux gens. Au plus haut niveau cette critique s'exprime dans la pique acerbe que D'Alembert adresse à Rousseau, selon laquelle celui-ci n'aurait pas tant besoin de solitude s'il n'avait pas quelque chose à cacher. Un étage plus bas, on trouve chez Irving Babbitt la remarque faite par le pasteur Mandersish : « le caractère creux de la communion rousseauiste avec la nature » n'est qu'un « des substituts à une authentique communion » forgés par le romantisme (*Rousseau and Romanticism*, p. 235).

(Je remarque que les années où Heidegger a commencé à écrire ses derniers essais, celles qui ont suivi ce qu'on appelle son « tournant » après *Être et Temps*, sont aussi celles où John Crowe Ransom a écrit *The World's Body*, autre tentative de lier le destin de la poésie à celui de l'expérience du monde. Parfois je me demande [ou me demande si cela a un sens de se demander] ce que la vie intellectuelle américaine aurait dû être pour que Ransom ait possédé une culture littéraire et philosophique comparable à celle de Heidegger, au sein de laquelle il ait pu se mouvoir. C'est cette même culture qu'en Europe, le positivisme logique avait eu le projet de combattre. Lorsque le positivisme s'imposa en Amérique, il se découvrit certaines affinités avec le pragmatisme aussi bien que certaines incompatibilités moins évidentes ; et la culture intellectuelle autochtone eut à s'accommoder du positivisme avec les moyens du bord, pour ainsi dire, sachant à peine de quoi il retournait, comme ce fut le cas pour Ransom. Je ne crédite pas Heidegger d'une meilleure acuité littéraire que Ransom, Kenneth Burke, le Révérend Père Blackmur ou Paul Goodman, mais les Américains composent leurs ouvrages théoriques à la manière d'un prospectus, bon pour des échanges au grand magasin du coin, mais de valeur à peu près nulle sur le marché international. On pourrait y voir une sorte de langage privé. [Dire des gens de la *New Criticism* qu'ils élaboraient leur théorie pour un usage privé ou purement local me semble plus vrai que de dire, comme je l'ai parfois entendu, qu'ils n'ont pas produit de théorie du tout, ou bien peu. Et il pourrait alors être plus fécond de se pencher sur les causes de ce qu'ils ont produit comme théorie.] Dans les mauvais moments, il semblerait que nous n'ayons eu le choix qu'entre être condamné à ce provincialisme et suivre la mode. Mais peut-être une meilleure morale à cette histoire serait-elle une modification de celle du vieux marin : tout n'est pas exprimable dans tous les pays. [Le cas de l'Angleterre serait bien sûr plus proche de celui de l'Amérique, quoiqu'encore assez distinct.])

À présent, sans lever le petit doigt pour mettre à plat et tenter de justifier le raisonnement de Heidegger (en gros : que le retour aux choses est le rappel de l'humanité, ou l'appel, qui lui est adressé), j'indiquerai une de ses caractéristiques qui dresse face à mon esprit, ou permettez-moi de dire face à l'esprit des Lumières, la barrière la plus infranchissable qui soit pour accéder à cet ouvrage philosophique, voire pour accepter cet ouvrage comme de la philosophie – le fait qu'il puisse présenter des propositions telles que les suivantes : « La chose retient les quatre dimensions. La chose chosifie le monde » [1].

Ce texte a été publié en 1950, en un temps où il était encore de bon ton pour tout philosophe analytique, lorsqu'il (ou elle : à cette époque, c'était tout juste possible) tombait sur ce genre de proposition extraite de son contexte, de la qualifier de dépourvue de sens. Plus sérieux – ou plus significatif pour nous autres, il me semble, à présent – est le fait que nous pouvons nous rendre compte qu'une telle expression critique aurait été proférée avec une sorte de rire nerveux, ou tout comme. Je suis pratiquement sûr que cette ancienne accusation d'absence de signification, portée à l'encontre de ce genre de proposition, est totalement tombée en désuétude, et se trouve intellectuellement isolée : car non seulement il est tout à fait possible d'expliquer le sens de ces propositions au moyen des termes que cet essai, ainsi que ses semblables, sollicitent ; mais, abstraction faite de ces termes – et disons, en les remplaçant par des termes qu'on pourrait qualifier de cognitifs – le fait que ces propositions soient dépourvues de sens, non seulement n'est pas un argument contre

1. M. Heidegger, « La chose », p. 215, traduction modifiée.

elles, mais c'est là le cœur même de l'enseignement dont elles font partie. Les gens qui les enseignent, ou en tout cas les énoncent, se font peut-être des illusions ; ce sont peut-être des charlatans ; mais ils ne parlent pas pour ne rien dire.

Pourtant je trouve que ce genre de proposition constitue bel et bien un obstacle pour moi. Cela provient du fait que je ne comprends toujours pas le rire nerveux qu'elles sont encore susceptibles de susciter à tout moment – chez un esprit marqué par les Lumières. J'interprète cette nervosité comme une réaction à ce qui semble être de nouveau un remplacement de la connaissance par l'animisme. Mais si l'on doit voir dans l'idée de Heidegger sur la chose en tant que chose, retenant ceci ou cela, l'expression d'une forme d'animisme, alors ce qui se présentait comme une philosophie du romantisme ne fait que tourner en rond, et ne clarifie en rien l'idée discutable, qui ne cesse de réapparaître à la surface des textes romantiques, qu'il y a une vie et une mort du monde, selon ce que nous en faisons.

Sommes-nous arrivés ici aux abords d'un cercle herméneutique, que nous devrions soit nous efforcer d'apprécier, soit laisser derrière nous ? Voyons si nous sommes capables d'élargir l'horizon en jetant un coup d'œil sur le troisième texte de ma série de quatre, le seul écrit issu de la tradition analytique anglo-américaine qui, à ma connaissance, ait à proposer, ne serait-ce que furtivement, quelque chose comme une justification rationnelle de l'idée d'animisme : « Gods » (« Les Dieux ») de John Wisdom, un texte qui a été publié cinq ou six ans avant « La Chose ». Comme chez Heidegger, la justification donnée par Wisdom conduit à proposer, en quelque sorte, une nouvelle conception de la justification rationnelle.

Wisdom étudie l'idée d'animisme, ou ce qu'il appelle l'hypothèse d'un psychisme chez les fleurs et les arbres, en examinant la question suivante : « Les fleurs ressentent-elles quelque chose ? ». Il décrit un contexte dans lequel la manière dont quelqu'un se comporte envers les fleurs (par exemple, la façon dont il en prend soin) provoquerait chez un observateur l'assertion : « Vous pensez vraiment que les fleurs ressentent quelque chose ». Un ou deux ans plus tard, dans un essai bien plus important, « Autrui » [« Other Minds »], Austin fait allusion au personnage de Wisdom, convaincu de l'existence de sensations chez les fleurs, comme le tenant « de quelque croyance vaine » [1] ; de la part d'Austin, il s'agit là d'un des rares passages sans saveur dans un écrit par ailleurs superbement riche. La thèse de Wisdom est que lorsque le sceptique dit à quelqu'un « Vous pensez vraiment que les fleurs ressentent quelque chose », il sent bien que la manière dont cet homme se comporte envers les fleurs suggère une attitude inappropriée à leur égard (qui ne le serait peut-être pas face à des papillons), et même quelque peu dérangée, et il pose ainsi, délibérément sans aucun doute, la question de savoir qui est dérangé. Mais pourquoi la poser de cette manière, en se plaçant du point de vue d'un sceptique libéral ? C'est peut-être justement *pour cette raison-là* que l'attitude de cet homme envers les fleurs est décrite d'une façon conçue pour inviter, ou même inciter, à y voir un sophisme pathétique, dans la mesure où un sceptique ne peut y voir autre chose qu'une projection de l'émotion en jeu, par conséquent une projection douteuse, puisqu'il *sait, lui*, pour ainsi dire, que les fleurs *n'ont pas* de sensations, ou que de toute façon ce ne sont pas des êtres animés, en tout cas pas comme le sont les animaux.

Mettons donc de côté l'hypothèse explicative de la croyance que les fleurs ont des sensations (explicative en ce sens qu'elle rendrait cette manière de les traiter rationnelle, ou du moins compréhensible) et au lieu de cela imaginons, si possible, que quelqu'un soit particulièrement frappé par une certaine manière de traiter les fleurs (une certaine fébrilité à les toucher et à les manipuler, ou une attitude empruntée spécialement en leur présence, un refus de les cueillir, ou peut-être un sentiment d'horreur à le faire, une peur panique de les faire tomber), de telle sorte qu'il soit amené à *bien considérer* ce que sont les fleurs, et *tout ce* qu'il croit savoir de ce qu'il convient ou non d'adopter à leur égard. Considérer, par exemple, qu'il est dans l'ensemble normal, lorsque nous rencontrons des fleurs, de s'enquérir de leur odeur ; mais dans l'ensemble pas normal, sauf exception spécifique, de faire de même lorsque nous rencontrons des animaux ou des personnes ; ni normal, vaut-il la peine d'ajouter, dans le cas des pierres ou des métaux.

1. J. L. Austin, « Autrui », dans *Écrits philosophiques*, *op. cit.*, p. 89.

Wittgenstein dit, dans un passage bien connu, que même si un lion pouvait parler, nous ne pourrions pas le comprendre [a]. Quoi que l'on veuille s'imaginer de ce qu'un lion pourrait *dire* s'il parlait, je pense que la citation de Wittgenstein signifie que cela fait partie de notre compréhension des êtres humains qu'ils parlent (sauf exceptions compréhensibles), comme il entre dans notre compréhension des lions que (sans aucune exception) ils ne parlent pas, si bien qu'un lion qui parlerait au lieu de rugir ne nous rendrait pas plus claire, par exemple, la raison pour laquelle ce lion est en détresse. (Le moins que l'on puisse dire est que cela nous rendrait perplexes à l'extrême ; en tout cas, cela nous empêcherait de nous soucier d'abord de sa souffrance, ici et maintenant.) Tout récemment, une dresseuse d'animaux par ailleurs poétesse, Vicki Hearne, a publié un remarquable compte rendu de certains épisodes de sa vie passée avec les animaux, « Talking with Dogs, Chimps, and Others » [« Parler avec des chiens, des chimpanzés et d'autres animaux »], où elle évoque mes propos, au début des *Voix de la raison*, selon lesquels nous ne pouvons pas parler de tout à tout le monde, et que rien ne nous y oblige, mais qu'il y a certaines choses dont nous devons absolument parler à tout le monde, si jamais nous tenons à leur parler. Elle poursuit : « Nous devons parler aux chiens des morsures si jamais nous tenons à leur parler. » Dirons-nous que nous ne parlons pas vraiment au chien parce que le chien ne peut pas nous répondre ? (Ou le peut-il ? Disons pour le moment qu'il ne le peut pas.) À quoi d'autre peut-on s'attendre ? Si les fleurs pouvaient ressentir pour nous ce que nous ressentons pour elles, nous ne les traiterions pas comme nous traitons les fleurs, par exemple en les arrangeant en un bouquet – quand bien même avec amour.

Dans les *Suggestions de l'immortalité à partir de réminiscences de la tendre enfance* – pour en venir à mon dernier texte – Wordsworth prétend apparemment avoir découvert que les fleurs non seulement ont des sensations, mais qu'elles parlent.

En guise de préface à ce que je vais pouvoir dire sur ce poème ici, aussi bref et partiel cela soit-il, je citerai trois passages tirés de Freud, comme une sorte d'épigraphe interne. Je ne dirai rien du rapport entre

a. L. Wittgenstein, *Recherches philosophiques*, II-XI, *op. cit.*, p. 313.

ces passages et le texte du poème, soit parce qu'ils sembleront en être une matière étrangère, auquel cas ergoter à leur propos ne ferait qu'aggraver les choses, soit parce qu'ils sembleront si évidents et pertinents que nous pourrions en discuter toute la nuit. Ces citations sont tirées d'un récit de cas clinique, « Analyse d'une phobie chez un petit garçon de cinq ans » :

> Serait-il donc impossible d'observer directement chez l'enfant, dans toute leur fraîcheur vivante, ces impulsions sexuelles et ces formations édifiées par le désir que nous défouissons chez l'adulte, avec tant de peine, de leurs propres décombres, et dont nous pensons de plus qu'elles sont le patrimoine commun de tous les hommes et ne se manifestent, chez les névropathes, que renforcées ou défigurées ?
> Quiconque s'est convaincu, en analysant des adultes, de la présence invariable du complexe de castration, trouvera naturellement difficile de le rapporter à une menace fortuite [...] il devra admettre que l'enfant se construit ce danger aux plus légères allusions qui y sont faites, allusions qui ne manquent jamais.
> Voici quelques mois – au printemps de 1922 – un jeune homme se présenta à moi et me dit être le « petit Hans », dont la névrose infantile avait fait l'objet du travail que j'avais publié en 1909. [...] L'une des choses que me dit le petit Hans me sembla particulièrement curieuse. Je ne me risquerai pas non plus à en donner une explication. Lorsqu'il vint à lire l'histoire de sa maladie, me dit-il, le tout lui sembla quelque chose d'étranger, il ne se reconnaissait pas, ne pouvait se souvenir de rien, et ce n'est qu'en arrivant au voyage à Gmunden que s'éveilla en lui une très faible lueur de souvenir : ce pouvait bien être lui dont il s'était agi là. Ainsi l'analyse n'avait pas préservé l'événement de l'amnésie, mais en était devenue elle-même la proie [1].

Mais j'allais parler de l'écoute des fleurs par Wordsworth. La quatrième strophe de cette ode se termine ainsi :

> Mais sur un seul arbre entre tous,
> En ce champ seul, mon œil s'est arrêté ;
> Ils me parlent tout bas de ce qui s'est enfui ;

1. S. Freud, « Analyse d'une phobie chez un petit garçon de cinq ans », *Revue Française de Psychanalyse*, vol. 2, n° 3, 1928, p. 413 ; p. 415, n. 2 ; Épilogue, p. 539.

Et la pervenche à mes pieds
Me répète la même histoire :
Où donc est l'éclat visionnaire ?
Où donc est le rêve et la gloire ? [a]

(Le fait que l'arbre, le champ et la pervenche parlent a, évidemment, quelque chose à voir avec le fait de les avoir démarqués du reste. Que l'on ne puisse pas connaître des individus au-delà du dernier de l'espèce à laquelle ils appartiennent est une affirmation d'Aristote qui peut être pertinente ici ; je ne m'y attarderai pas.) Et dans la strophe finale, la onzième, le poète est de nouveau attentif au fait qu'ils parlent. Elle commence ainsi :

Ô ! Vous, Sources, Prairies, Collines et Bosquets,
N'allez pas présager nos amours désunies ! [b]

« Présager » signifie annoncer, prévenir, donc parler s'interprète ici comme, disons, avertir, augurer de quelque chose. Et le poète fournit ainsi une assise philosophique plus sûre que nous n'aurions pu l'imaginer pour nous-mêmes : il nous est plus facile – à nous autres, métaphysiciens anglophones (pour adapter la dénomination que Coleridge s'applique à lui-même) – d'accepter l'idée de la terre comme un présage, ouvert à notre interprétation, que l'idée, comme dans la quatrième strophe, d'une Terre qui soigne sa parure, ou, comme dans la sixième strophe, qui emplit son giron de plaisirs bien à elle. Plus facile pour un poète anglophone également, dans la mesure où ce poème dans son ensemble peut être pris pour un processus de compréhension et de dépassement du sophisme pathétique qui se dévoile sans vergogne dès les premières strophes, où la lune regarde autour d'elle avec délice, où terre et mer s'adonnent à la jovialité, où toute bête vaque en liberté. Mais au profit de quoi dépasse-t-on ce sophisme, et pourquoi est-ce si difficile ? Je veux dire : pourquoi est-ce,

a. « But there's a Tree, of many, one, / A single Field which I have looked upon, / Both of them speak of something that is gone : / The pansy at my feet / Doth the same tale repeat : / Whither is fled the visionary gleam ? / Where is it now, the glory and the dream ? »

b. « And O, ye Fountains, Meadows, Hills, and Groves, / Forebode not any severing of our loves ! »

ou pourquoi était-ce, lorsque nous étions enfants, chose *naturelle* pour nous ; un ordinaire qu'un nouvel ordinaire doit remplacer ? (Ou pourquoi, lorsque nous regardons en arrière, se présente-t-il de cette manière ?) Je remarque que la strophe finale (« Ô ! Vous, Sources [...] Bosquets [...] »), commence par parler, pour la première fois dans ce poème, *à* la nature pré-animée.

Cette façon de s'adresser à la nature vient-elle remplacer la façon dont la nature parle (en retour) ? Cette idée devrait nous paraître un peu moins dangereuse d'un point de vue philosophique, je veux dire qu'il est plus sûr de s'y intéresser ; mais pas parfaitement sûr non plus, dans la mesure où s'adresser à la nature devrait nous sembler à peu près aussi insensé que le fait qu'elle nous parle. Il me semble pourtant que cela vaut la peine d'essayer de bien comprendre philosophiquement, et de participer à la compréhension, de ce que Wordsworth voulait dire, dans la préface des *Ballades lyriques*, par « communiquer avec les objets ».

Coleridge n'admettra pas que Wordsworth ait pu signifier grand-chose de cohérent, ni même quoi que ce soit, par cette expression. Au volume II, chapitre XVII de la *Biographia*, il dit, en critiquant cette préface de Wordsworth : « Si le fait de communiquer avec un objet implique d'avoir une relation avec lui qui en fasse un sujet de réflexion précis, alors les connaissances distinctes d'un paysan sans éducation ne fourniraient qu'un vocabulaire très réduit ». C'est considérer délibérément que Wordsworth recommande la connaissance qu'a le paysan, par exemple, des sentiers de ses bois, comme quelque chose de supérieur à, *et du même ordre que*, la connaissance que les arpenteurs et les cartographes pourraient en obtenir. Non seulement refuse-t-on par là d'expliciter la préposition « avec », en prétendant que ce qu'apprécie Wordsworth chez ses paysans est leur capacité à mener d'interminables monologues à propos de leurs possessions et de leur voisinage, tels de vrais et barbants Coleridges ; mais c'est aussi, de manière perverse, faire la sourde oreille face au souhait manifeste qu'exprime Wordsworth d'évoquer ce genre de connaissance que l'on peut dire non verbal. Coleridge aurait pu critiquer Wordsworth d'avoir accordé trop de crédit à ce genre de connaissance, de l'avoir esthétisé ou de l'avoir romantisé ; mais ce n'est pas ce qu'il fait. Lorsque dans son admirable chapitre XXII, il dresse la liste des « traits d'excellence » dans l'œuvre de Wordsworth, il cite « en quatrième, la vérité parfaite de la nature, comme saisie immédiatement de la nature, et qui révèle une intimité profonde et géniale avec l'esprit même qui donne leur physionomie expressive à toutes les œuvres de la nature ». Il vient ici de tirer à grands traits ce que, pour autant que je puisse en juger, Wordsworth entend vraiment par « communiquer avec les choses », mais au lieu de le reconnaître, il persiste à voir en Wordsworth un être auquel Dieu a certes donné le talent d'un ange pour le chant, mais qui n'a reçu pour la théorie que les capacités, dirions-nous, d'un paysan. C'est ainsi que Coleridge romantise son propre ami.

Nous pourrions désormais être en position de réfléchir à la question de notre communication avec les choses comme à celle de savoir si nous et les objets avons accès les uns aux autres ; et si, peut-être à la façon de pièces qui communiquent entre elles (il pourrait aussi s'agir de grottes), nous sommes *près* les uns des autres, menons les uns aux autres, cédons du terrain.

La question devient pour nous : y a-t-il quelque chose que nous ayons à dire à la nature, si tant est que nous devions lui dire certaines choses ? Dire des poèmes, par exemple ? Je suppose que Wordsworth en sait tout autant à ce sujet que quiconque ayant jamais écrit, et pour conclure j'indiquerai comment j'aborde ce genre d'écrit, pour lui demander de parler à nouveau, de s'adresser à cette formulation de la question.

Dans les vers que j'ai cités, où le poète s'adresse aux choses, ce dont il leur parle est leur parole, leur présage. Il leur ordonne, ou les supplie, de ne pas être des présages de désunion, sans doute parce qu'il sait que la séparation est pour elles une chose assez prévisible ; mais les intuitions de l'enfant (« Puissant Prophète ! Voyant béni ! ») peuvent être différentes. Dans le dernier distique, le poète étend la communication :

> À moi, la plus humble des fleurs en éclosion peut inspirer
> Des pensées qui souvent reposent trop profondes pour nos larmes.

« Inspirer des pensées » est une autre formulation de la parole, et ce qui est prédit ici est quelque chose d'ambigu à propos de ce que l'on peut exprimer, ou dont on peut pleurer la perte : des pensées sont-elles souvent plus profondes que la peine, et cela voudrait-il dire aussi profondes que la joie ? Ou bien la joie et la peine ont-elles une profondeur qui est inexprimable, ou pas totalement exprimable ?

Je retiendrai surtout ce vers isolé : « Notre venue au monde n'est qu'un sommeil et un oubli » [« *Our birth is but a sleep and a forgetting* »]. Puisque l'oubli doit avoir un lien avec l'idée de réminiscence dans le titre, laquelle fait écho – nous serons tous d'accord – à l'idée ou à la parabole de Platon sur la préexistence, et donc l'immortalité, de l'âme, prenons alors cette déclaration en un sens philosophique, non (non seulement, en tout cas) comme la description d'un événement passé, à vrai dire le premier événement, de notre biographie ; mais également comme une déclaration sur les conditions de la naissance humaine, de la naissance de l'humain, une naissance que, tels que nous nous trouvons, nous pourrions bien encore subir – ce qu'on appelle parfois une seconde naissance ; une déclaration sur la croissance de l'esprit humain au sortir de l'enfance. Et ajoutons à ce passage la suggestion que l'enfant puisse prendre vie dans les termes d'un autre concept majeur du platonisme, enfoui dans la tonalité sentimentale de la septième strophe :

> Le petit acteur débite un autre texte
> […]
> Comme si toute sa vocation
> Était une interminable imitation.

L'imitation chez Platon renvoie à la *participation*, des choses à leurs formes, ou bien disons, du temps à l'éternité, comme c'est le cas, j'imagine, lorsqu'on nous demande d'imiter le Christ. Dans ce poème, qui parle de se remettre de la perte de l'enfance, de recouvrer un trait ou une partie de l'enfance (et en particulier, de recouvrer ses formes de rétablissement), nous avons à la recouvrer, à y participer, en l'imitant, tout comme elle nous a imités (imitant ainsi son empressement incessant à l'imitation). Cela signifiera y participer en participant à ce à quoi elle a participé, par exemple en se rappelant ce qu'elle s'est rappelé, et en oubliant ce qu'elle a oublié (peut-être même en lui permettant d'oublier) ; en nous imitant donc nous-mêmes, ou ce que nous pourrions devenir. Dans le passage en question nous devons participer à la naissance de l'enfance, ce qui signifie participer à notre naissance, participer au fait, dirais-je même, que nous sommes natals, que nous « veillons à la mortalité de l'homme » en nous souvenant de sa natalité. Si j'appelle ce poème l'ode à la natalité de Wordsworth, c'est pour nous rappeler, sous l'autorité de Frances Ferguson et de son ouvrage *Wordsworth : Language as Counter-Spirit*, de revenir à Milton et à son Ode à la Nativité. Le rapprochement, dans mon esprit, se fait par l'idée de la naissance de l'humain : elle est la naissance d'un monde, et dans ce processus de vieux oracles sont abolis.

Je m'explique assez mal que Coleridge refuse d'essayer de déterminer la raison pour laquelle Wordsworth qualifie l'enfant de philosophe (« Toi le meilleur des Philosophes, qui à ce jour conserves encore / Ton héritage, [...] / À jamais hanté par l'esprit éternel »). J'aimerais répondre de la façon suivante. L'enfant est philosophe parce que nous avons à apprendre, à partir du fait de l'enfance, du fait que nous sommes porteurs de notre enfance, la Participation et la Réminiscence ; et tout d'abord en nous rappelant et en participant à notre propre enfance. Telles seront les façons philosophiques d'abandonner l'enfance, de porter l'enfance comme révolue, comme devenue ce que nous sommes, partageant notre sort. Laisser de côté les choses enfantines définit ce que l'intelligence accomplit. C'est le seul cheminement qui nous permet d'éviter le pillage de la nostalgie, que nous pourrions considérer, par opposition au rappel de l'enfance, comme l'éternelle répétition compulsive du passé (ce que Freud appelle le « passage à l'acte » [*acting-out*]). Se faufiler à travers la différence entre le souvenir et le passage à l'acte, c'est selon moi l'une des tâches que se donne le poème de Wordsworth, qu'on veuille la qualifier de psychologique ou d'épistémologique. C'est là une étendue, ou un champ, d'instruction.

Ce qu'on nous instruit à recueillir, à rappeler et à rassembler, c'est « un sommeil et un oubli ». Le sommeil est décrit plus haut dans le poème comme l'étendue des champs d'où proviennent les Vents, ce que je prends comme un code romantique assez évident pour l'inspiration créatrice. Plus loin le jeu de l'enfant est décrit comme « un fragment de ce qu'il rêve de la vie humaine ». Ainsi, participer en ce sens au travail de l'enfant, à son inspiration pour la vie, c'est se remémorer le rêve de la vie, comme à partir de fragments, comme si toute la vocation à devenir humain, à subir la naissance, était une participation sans fin à un tel rêve, que la vie humaine finira par passer. C'est seulement ainsi que nous pouvons nous rappeler que, tels que nous sommes, nous ne sommes pas encore la réalisation de ce rêve.

« Notre naissance » [« *Our birth* »] m'apparaît comme une espèce d'abandon : les nuages sont de gloire, mais nous ne faisons que les traîner après nous ; ce n'est pas dans la nudité complète que nous arrivons, mais ce n'est pas totalement protégés non plus. Dans ce contexte, « sans tout laisser dans l'oubli » [« *not in entire forgetfulness* »], tout en évoquant un lieu de vie passé qui était chez nous [*home*], me fait aussi penser à quelque chose qu'en apparence d'autres lecteurs ne partagent pas : une rancœur, une colère face à la privation de ce foyer durant notre séjour sur cette terre. Je suppose que *tous* les sentiments liés à la perte de notre enfance sont des sentiments qui se trouvent annoncés dans cette enfance même (« tout ce qui est contraire à la joie »), les colères comme les peines. N'éprouver que de la nostalgie pour l'enfance c'est donc ignorer d'où proviennent les joies de l'enfance, ses frustrations, ses angoisses. Se saisir de cette joie supérieure, connaître une nouvelle naissance, requiert un nouveau sommeil, un nouvel oubli.

« Un oubli » [« *a forgetting* »] ne désigne pas une chose oubliée mais une activité, une sorte de processus ; non un défaut de mémoire mais une réussite dans l'omission, dans l'abandon de quelque chose. Sur le plan spirituel, c'est dangereux. Les choses de l'enfance peuvent être mises de côté avec ressentiment, ce qui ne sera pas abandonner quelque chose ; la voie à suivre dans l'idée d'un oubli qui constitue une naissance, telle que je la comprends, implique le renoncement à la colère et au chagrin dans l'abandon, celui par Dieu le Père, et celui par l'Enfant qui est le père de l'Homme. (Je ne cherche pas à affirmer que cette voie soit possible, telle quelle, pour l'Enfant qui est la mère de la Femme ; en tout cas pas après un poème sur la naissance.) Et cette voie passe par l'acceptation du soulagement que peut offrir une parole énoncée au bon moment, qui, comme toutes les choses temporelles, ne sera pas des plus profondes ni des plus complètes dans l'expression ; et en ayant malgré tout la volonté d'affirmer que l'on est de nouveau fort, rétabli comme au sortir d'une maladie. Dans la dixième strophe :

> Nous ne serons pas affligés, et trouverons plutôt
> La force en ce que nous avons laissé derrière nous.

Entre autres choses, l'affliction [*grief*] suggère la plainte [*grievance*], comme l'aide [*relief*] suggère le recours en justice [*legal remedy*]. Obtenir un recours pour un sujet de plainte, c'est recevoir une compensation. Cela a une certaine force, mais pas la force d'une naissance. Être soulagé de la pensée de l'affliction, c'est savoir que rien ne peut « ramener l'heure / De la splendeur dans l'herbe », laisser filer le temps afin que puisse exister « un jour né de nouveau », et donc trouver « la force en ce que nous avons laissé derrière nous ». Ce qui reste n'arrivera pas à compenser, mais pourrait bien suffire pourtant. Suffire, peut-être, pour d'autres colères plus actuelles. La sœur jumelle de l'affliction, que je viens d'appeler la plainte, ne peut apporter le soulagement, la libération ; elle nous ligote au passé parce que c'est un avatar de l'esprit de vengeance : il fait de la compensation la condition nécessaire de l'être d'exception que l'on est déjà, la ressource que l'on a pour recueillir et imiter ce que l'on a déjà ; livrant ainsi toujours ses combats personnels sur terrain adverse.

Nous autres modernes aurons tendance à imaginer que l'abandon du terrain de la revanche est *l'effet* de la thérapie. Je considère que l'Ode sur l'immortalité affirme au contraire que ce renoncement est la *cause*, ou disons la condition, du changement. Nous ne savons pas d'où vient l'inspiration de renoncer à la revanche. Une grande part de l'énergie déployée par son poète doit se dépenser dans une re-séduction (comme chez Heidegger et Wittgenstein, pour ne pas dire Freud), parce que nos aptitudes à être tirés d'un ailleurs (« nous venons de loin »), à nous intéresser au ciel ou à la terre, ont dépéri. Autrement nous n'aurions pas besoin de naissance, de poésie, ni de philosophie.

Ce qui reste de la « splendide vision » est qu'elle « se fond dans la lumière du quotidien ». Telle est la construction que fait Wordsworth de l'ordinaire. Prendrons-nous cela, comme je suppose qu'on le prend souvent, pour la même chose qu'une dissipation ? Mais « se fondre dans » ne *signifie* pas « disparaître ». Cette expression pourrait renvoyer à un autre mode de devenir, une désillusion plus heureuse, de telle sorte que la vision soit préservée selon la manière dont on y renonce. La construction faite par Wordsworth consiste à remplacer l'ordinaire sous le jour où nous le vivons, avec les ombres de la prison se refermant sur nous encore jeunes, et ses règlements pesant lourdement sur nous presque autant que la vie, un monde de la mort, auquel nous sommes morts – remplacez-le alors par la liberté (« liberté née dans les cieux ») ; et par l'émanation vitale, ou la naissance ; et par l'intérêt. Jusqu'à quel point cette vision peut-elle être préservée et vécue ? Que reste-t-il d'intéressant pour nous ? Que sont pour nous ces restes ? C'est à cela que nous devons passer.

CHAPITRE 4

RECOMPTER LES GAINS, MONTRER LES PERTES

UNE LECTURE DU *CONTE D'HIVER*

Mis à part tout ce dont les romantiques sont redevables à Shakespeare de manière générale, *Le Conte d'hiver* convient particulièrement à la mise en relation avec les thèmes romantiques du réveil ou de la redécouverte que j'ai soulignés, à commencer par ce que représente le personnage du jeune garçon de six ans dans l'ode sur l'immortalité de Wordsworth, ainsi que l'idée, dans cette même ode, selon laquelle le monde des adultes est jonché de « restes » [*remains*], de cadavres. Dans le chapitre précédent, j'ai associé ce personnage, en particulier compte tenu de ses difficultés à se ressouvenir, à ce que Freud a écrit sur la phobie qui frappe un garçon âgé de cinq ans, ne serait-ce que pour rendre hommage à la reconnaissance par Freud du fait que certains poètes l'ont précédé dans la perception de ces phénomènes, mais aussi plus précisément parce que l'étude de ce cas a amené Freud à percevoir que la vie adulte est une lutte pour trouver le bonheur parmi les « débris » de sa propre existence. Or ici, à la fin du *Conte d'hiver*, c'est la mort d'un garçon de cinq ou de six ans qui demeure inexpliquée.

Cela est-il préjudiciable ? Dirions-nous que la disparition de ce garçon est destinée à jeter une ombre de finitude ou de doute sur l'atmosphère générale de retrouvailles à la fin de la pièce ? Ou s'agit-il de représenter l'idée emblématique qu'aucune réconciliation humaine ne va sans compromis, malgré tout ce que les dons exceptionnels de Shakespeare sont capables de créer ? Ou encore, dirions-nous qu'avec l'acquisition d'un gendre, la perte d'un fils est compensée ? Serait-ce l'avis d'Hermione – la mère de ce fils – sur la question ? Ou bien prendrons-nous la mort de ce garçon plus simplement de façon symbolique, comme représentant la perte inévitable de toute enfance ? Les retrouvailles finales avec Perdita signifieraient-elles alors qu'il existe un moyen par lequel il est *possible*, malgré tout, de recouvrer l'enfance ? Mais les seize années pendant lesquelles Perdita a été, si l'on peut dire, perdue, ne sont pas recouvrées. Le Temps peut bien se donner l'air d'un vieillard jovial, ce dont il parle lorsqu'il fait une apparition dans le chœur de cette pièce est le fait qu'il soit caduc, toujours passé, en quelque sorte dans notre dos. La morale à en tirer est-elle que nous réclamons tous le pardon et que le pardon est toujours un miracle, exigeant du temps mais au-delà du temps ? Chacune de ces questions peut se poser, mais comment peut-on établir ou évaluer le poids ou la gravité de chaque réponse donnée ?

Pourquoi ce garçon est-il mort ? Son père, Léonte, dit à un moment que le garçon souffre de :

> … sa noblesse !
> Concevant le déshonneur de sa mère,
> Aussitôt il a décliné, il s'est étiolé, affecté profondément ;
> Il a enfoncé et fixé en lui-même le stigmate [a].

Mais tout cela ressemble plutôt à quelque chose que Léonte a fait lui-même, et suggère ainsi une identification que Léonte projette entre lui et son fils. Ces vers projettent en même temps une identification avec sa femme, de telle sorte que l'on permet à l'expression « concevant » de porter ici les idées de grossesse évoquées dans cette œuvre, tant l'accent y est mis sur le fléchissement, semblable à celui provoqué par un poids. Mais je m'avance trop dans cette histoire. Le serviteur qui apporte la nouvelle de la mort de Mamillius attribue celle-ci à l'angoisse que lui a causée l'épreuve endurée par sa mère. Mais le déroulement de la pièce suggère autre chose. Mamillius disparaît pour de bon hors de notre vue lorsque sous le coup de la rage, son père ordonne qu'il soit mis à l'écart de sa mère : « Qu'on emporte l'enfant, il n'approchera plus d'elle » (II, 1, 59, p. 362). Et

a. W. Shakespeare, *Le conte d'hiver*, II, 3, 11-14 [*Œuvres complètes de William Shakespeare*, tome IV / 1, trad. fr. Fr.-V. Hugo, Paris, Pagnerre, 1868, p. 372].

d'un point de vue théâtral et visuel, la fureur du père fait son entrée, comme si elle avait été provoquée, tandis que Mamillius est assis sur les genoux de sa mère et chuchote à son oreille. Ce que l'enfant et sa mère sont en train de faire est de raconter et d'écouter un conte d'hiver ; c'est ainsi qu'ils l'interprètent eux-mêmes. Ce que Léonte interprète, nous devons le deviner à partir de deux faits : d'abord, la mère comme le fils partagent ce moment d'intimité suite à une scène de séduction mutuelle qui reste tout à fait dans les limites, pour autant que nous le sachions, d'un développement mental et sexuel normal ; ensuite, l'idée de chuchotement a déjà traversé l'esprit de Léonte à deux reprises lors de son accès de folie, la première fois quand il imagine que les gens jasent à propos de son cocuage, et la seconde, lorsqu'il donne les preuves de ce cocuage à son courtisan Camillo dans la tirade étonnante qui commence par « N'est-ce donc rien que de se parler tout bas ? » (I, 2, 284, p. 351).

Naturellement, je ne prétendrai pas que Léonte s'imagine que son fils est en train de répéter de telles rumeurs à sa mère, suggérant qu'il n'est pas le fils de son propre père, si l'on peut dire. Nous sommes à présent tellement habitués à interpréter l'insistance ou la protestation, parfois jusqu'à la rage, comme des modes du déni, que nous allons au moins considérer l'hypothèse que ce soit la *négation* de ce récit qui fait l'objet de la crainte de Léonte, à savoir la crainte qu'il *soit* bien le père. Comme si, quelles que soient les paroles de son fils, la seule force de son discours et de ce dont il témoigne devait inspirer la crainte ; comme si le seul fait qu'il existe était ce qui déstabilisait l'esprit de son père.

Pourquoi ce père aurait-il peur d'être le véritable père de ses enfants ? Une des raisons pourrait être que l'idée d'avoir fécondé la mère, je veux dire bien sûr la mère *de son fils*, lui pose un problème. Une autre raison pourrait être que cela vient le détrôner dans l'affection de cette mère, et qu'en plus, lui-même ne peut qu'entretenir cette destitution. Une autre raison encore pourrait être que cela vient ratifier la destitution de l'amour mutuel entre lui et son ami Polyxène, dont la première séparation, qui signifie la perte de la jeunesse et de l'innocence, a été marquée, comme Polyxène le dit à Hermione, par l'entrée en scène des femmes qu'ils ont épousées. Mais quelle qu'en soit la raison, l'idée de sa peur d'être père pourrait rendre sa jalousie à l'égard de Polyxène suspecte – pas simplement parce qu'elle vide cette jalousie de son sens et de tout fondement empirique, mais parce qu'elle la rend secondaire du point de vue psychologique. Cela vaut la peine d'être dit parce que certaines approches considèreraient volontiers la jalousie entre frères comme le socle primitif de la motivation humaine. En la considérant comme secondaire, je n'ai pas à nier que Léonte soit jaloux de Polyxène, mais seulement à laisser ouvert ce que cela peut signifier, et quelle relation humaine particulière cela suppose.

Pour prolonger l'idée que son déni est plus fondamental que – ou qu'il est la cause de – sa jalousie à l'égard de son frère et ami, et non l'inverse, demandons-nous comment ce que l'on désigne par « l'opinion maladive » de Léonte (I, 2, 297, p. 352) guérit de ce mal.

Le mal disparaît très exactement lorsque Léonte apprend que son fils est mort. La séquence est la suivante : Léonte nie la vérité de l'oracle d'Apollon ; un serviteur fait son entrée, déplorant le sort du Roi ; Léonte demande : « Qu'y a-t-il ? » et on lui répond que le Prince s'en est allé. Léonte s'interroge sur le sens de cette expression, et on lui dit qu'elle signifie qu'il « est mort ». La réaction de Léonte est aussitôt de s'incliner : « Apollon est furieux, et les cieux eux-mêmes / châtient mon injustice »[1] ; sur quoi Hermione perd connaissance. Bien entendu, on pourrait dire que les conséquences du délire de Léonte l'ont mené trop loin pour qu'il puisse les supporter plus longtemps et que c'est le choc causé par cette nouvelle qui le ramène à la vérité. Tout cela est globalement indéniable, mais laisse difficilement entendre pourquoi c'est *à ce moment précis* qu'il flanche et se laisse accuser le coup. Il ne serait pas exagéré d'imaginer qu'il commence par redire à quel point Mamillius était écrasé par la honte et qu'il accuse Hermione du meurtre de Mamillius, ou tout au moins que Shakespeare ait suivi de plus près sa source d'inspiration, le récit de la jalousie raconté par Robert Greene dans son roman *Pandosto*, et ainsi que Léonte se rallie immédiatement à l'oracle, bien que trop tard ; que les nouvelles de la

1. Dans l'édition citée, p. 388.

mort de son fils puis de celle d'Hermione lui parviennent au milieu de son repentir, comme un double châtiment pour son refus de croire. Ou bien encore, Shakespeare aurait pu insister sur l'idée que Léonte finisse par croire en l'oracle seulement après avoir constaté que sa méfiance a pu causer la mort, et cependant préserver l'idée du choc causé par la mort de son fils et de son épouse. Mais le choix que fait le *Conte d'hiver* est plutôt de faire coïncider parfaitement la guérison de Léonte avec la mort du seul fils. Comment comprendre cette façon qu'a Shakespeare de réordonner ou de *re-conter* l'histoire ?

Pensez à ce garçon qui murmure à l'oreille de sa mère et rappelez-vous le moment où elle montre à quel point l'idée qu'on lui dise des choses à l'oreille la fait se sentir comblée (I, 2, 91-92, p. 343) ; c'est-à-dire que sa grossesse même induit en elle un sentiment érotique exacerbé (ce qui alimente chez son mari le trouble et le calcul). La scène du garçon qui raconte son histoire est alors ouvertement une scène destinée à causer la jalousie (comme l'était de même la précédente scène de récit entre Hermione et Polyxène, et que cette scène réitère, dans l'esprit de Léonte) ; ainsi la mort du fils s'interprète comme la satisfaction du souhait de son père. Ce qu'elle implique en outre est qu'Apollon est furieux, non pas, ou pas seulement, parce que Léonte ne croit pas en son oracle, mais bien parce que le dieu a été dupé par Léonte, ou plutôt par son simulacre de jalousie : trompé au point de *se charger lui-même* de la vengeance de Léonte, comme si lui-même punissait le fait de croire que même un dieu pouvait arrêter l'avancée de la jalousie par une intervention de la raison. (La connaissance intime que Léonte a des énigmes et des prophéties ne serait donc pas liée à sa faculté de les résoudre, mais à celle de les anticiper.)

Examinez alors à nouveau le « répit », le soulagement de toute cette agitation de son cerveau, que Léonte a accompli sur cette scène de mort et d'évanouissement. Il dit, tout en demandant à Pauline et aux dames de service d'emmener et de prendre soin de la pauvre Hermione, « J'ai trop cru mes propres soupçons » (III, 2, 148, p. 388) – une affirmation totalement suspecte, je veux dire prononcée *au sein même* de ses soupçons, et non une fois qu'ils ont été mis de côté.

Cette déclaration ne fait qu'exprimer son regret d'avoir trop *cru* à ses propres soupçons. Mais qu'aurait été la mesure suffisante ? Et qu'est-ce qui empêchera un tel excès de croyance à l'avenir ? La situation demeure instable. Comment ne le serait-elle pas, étant donné ce que nous savons de la condition dont il doit être guéri ?

Il avait décrit sa propre condition de la manière suivante, au cours de la tirade qui fait suite à sa découverte de la mère et du fils réunis :

> … Il peut y avoir
> Une araignée au fond de la coupe,
> Un homme peut y boire et retirer ses lèvres
> Sans avoir pris aucun venin ; car son imagination
> N'est pas infectée ; mais qu'on présente
> À ses yeux l'horrible ingrédient et qu'on lui apprenne
> Dans quoi il a bu, vite il crache sa gorge et ses flancs
> Par de violents efforts… Moi, j'ai bu et vu l'araignée
> (II, 1, 39-45, p. 361)

Du sens fabuleux qu'ont ces vers, je relèverai ici seulement la tonalité sceptique, comme l'exprime par exemple David Hume, dans l'impression d'être maudit ou malade, lorsqu'on en sait plus que ses semblables sur le fait même de savoir, qu'on a en quelque sorte jeté un coup d'œil en coulisses, ou disons sur les conditions de la connaissance. (Bien que ce que Shakespeare nous révèle de ces conditions soit quelque chose que Hume ou Descartes auraient sans doute été stupéfaits d'apprendre.) Léonte met en évidence l'effondrement du pouvoir humain de connaître dans la tirade sur « parler tout bas », qui finit ainsi :

> Alors le monde, avec tout ce qui est dedans, n'est rien
> Le ciel qui le couvre n'est rien ; Bohême n'est rien ;
> Ma femme n'est rien ; et tous ces riens ne renferment rien,
> Si cela n'est rien.
> (I, 2, 293-296, p. 352)

Le chaos semble être revenu ; et ce à quoi ressemble le chaos est l'incapacité à dire ce qui existe, l'incapacité à dire si le langage peut s'appliquer, pour ainsi dire, à quoi que ce soit.

Ce que vit Léonte dépasse tout ce que, me semble-t-il, je pourrais vouloir dire en parlant de trop croire à mes soupçons. Pour le moment je suggère simplement que l'insuffisance de cette guérison est bien ce à quoi l'on pourrait s'attendre en retraçant l'itinéraire suivi par Léonte sur la carte du scepticisme. Car c'est là que l'on découvre le caractère précipité du passage du presque-rien (disons, de l'impression qu'on est peut-être en train de rêver, une impression récurrente dans le cas de Léonte) au néant. Hume se remet de sa connaissance de la connaissance ou, si je puis dire, il apprend à vivre avec, mais ce qu'il appelle sa « maladie » n'est jamais totalement guérie, et Descartes ne s'en remet qu'en dépendant (d'une façon qui selon moi n'est plus vraiment naturelle au répertoire spirituel humain) de sa dépendance détaillée envers Dieu. Je suppose qu'il n'est pas évident de voir à quel point nous avons élaboré pour nous-mêmes des versions attardées de ces subterfuges. Si *Le Conte d'hiver* est interprétable comme une étude du scepticisme – c'est-à-dire comme une réaction à ce dont le scepticisme est une réaction – alors sa deuxième partie doit être interprétable comme une étude de la quête d'un rétablissement (après ce que Léonte, par exemple, ou Othello avant lui, ont fait de pire). Que le scepticisme – qu'il s'agisse du scepticisme cartésien ou du scepticisme humien, ou de ce que Kant appelle un scandale pour la philosophie – requiert des efforts pour s'en remettre, c'en est un principe inhérent : il est instable en soi, et personne ne désire simplement être un sceptique (de ce genre). L'idée que se fait le scepticisme de ce en quoi consisterait sa propre guérison dicte quels sont les efforts à fournir pour le réfuter ; cependant le réfuter ne fait que le propager, comme Othello, nous le savons bien, a pu s'en rendre compte. Le vrai rétablissement réside dans le fait de le reconcevoir, de trouver la source du scepticisme (son origine, si on peut le dire sans supposer que cette origine soit au passé).

Pour nous orienter et découvrir comment *Le Conte d'hiver* envisage cette quête de rétablissement, interrogeons-nous un peu plus sur son titre. Plusieurs passages de cette œuvre sont appelés des contes ou comparés à des contes, mais la seule chose que l'on dit être un conte pour l'hiver est le récit entamé par le jeune Mamillius. Il m'est arrivé d'entendre dire, comme si c'était d'une sagesse évidente, que c'est le reste de la pièce, à partir du moment où nous n'entendons plus ce que dit Mamillius, ou ce qu'il aurait pu dire, qui *est* le véritable conte tel qu'il se déroule. Si c'était le cas, quel en serait l'intérêt ? D'après ce que j'ai trouvé de vrai dans cette narration et que j'ai déjà indiqué, nous avons affaire à une série d'événements motivés par un désir de séduction, racontés à mi-voix, ce qui a pour effet de susciter la vengeance d'un mari et père, lequel a donc interprété ce conte comme faisant certaines révélations à son sujet, en particulier des révélations liées à la fidélité ou l'infidélité de son épouse, l'une étant tout aussi mauvaise que l'autre. (Cela correspond aussi à la façon dont je considère *Othello*, dans la conclusion des *Voix de la raison.*) Bien que je trouve ces pistes prometteuses pour parvenir à cerner cette œuvre, elles dépendent toutes du sens que l'on donnera aux raisons pour lesquelles on a appelé une pièce de théâtre un conte. Est-ce tout simplement parce que la pièce parle d'un conte, ou du fait d'en raconter un, de la même façon que par exemple, le film *The Philadelphia Story* [*Indiscrétions*] parle, en un sens, d'une histoire relatée dans un magazine, ou plutôt de l'obtention et de la suppression d'une histoire ? Est-il important que nous ignorions ce qu'est le conte dont la pièce devrait alors parler ? Par trois fois, il est dit que ce que l'on vient d'affirmer résonne comme une vieille histoire – que la fille du roi est retrouvée, qu'Antigonos a été mis en pièces par un ours, et qu'Hermione est en vie – et à chaque fois il s'agit bien de dire qu'on aura du mal à croire toutes ces choses sans les avoir vues, que leur expérience « estropie le récit », « brave la description » et gît bien au-delà de la capacité des « faiseurs de ballades [...] à les raconter » (V, 2, 61-62 et 26-27, p. 456 et p. 455). On admet sans conteste que les dernières pièces de Shakespeare intensifient le regard qu'il porte constamment sur le théâtre, aussi pouvons-nous considérer qu'il défend ici l'entrée en concurrence du théâtre poétique avec le roman non-théâtral en tant que formes de narration, et surtout qu'il proclame la supériorité du théâtre (sur un ouvrage tel que sa propre « source », le *Pandosto*) pour conforter une pleine assurance et le crédit accordé à la fiction. Mais quels sont les enjeux d'une telle rivalité, au-delà des simples jalousies entre deux professions ou deux arts poétiques ? Considérons que l'interruption du récit de Mamillius par Léonte suggère en soi une sorte de compétition pour savoir *de qui* le conte qui s'ensuit est bien le conte, celui du fils ou du père, ou peut-être en quelque sorte celui des deux, l'un raconté sous forme de murmures et de signes, à mi-voix, et l'autre raconté en même temps, à pleine voix, sous forme d'ordres et d'accusations.

Comme je m'y attends de toute évidence, on admettra largement que l'intrusion de Léonte nous met face à un conflit de type œdipien, mais je ne suis pas sûr que nous sachions d'emblée comment en trouver une issue. Freud, comme Sophocle j'imagine, semble voir l'origine de ce conflit dans le souhait du fils d'éloigner ou de remplacer le père, tandis que dans *Le Conte d'hiver* ce conflit semble au contraire être engendré avant tout par le souhait du père de remplacer ou d'éloigner le fils. Cela renvoie peut-être à une différence entre la tragédie et le roman – et par conséquent à leur union intime – mais quoi qu'il en soit, je ne souhaite rien préjuger de cette question.

Séparons pour le moment deux grandes régions d'idées dans cette pièce, qui se recoupent dans l'histoire de génération que chuchote Mamillius, d'une part les idées sur le fait de raconter ou de relater, et d'autre part les idées sur la procréation et la descendance. Ce sont ces idées que je suivrai ici autant que possible, et d'où provient selon moi l'intérêt d'appeler cette pièce un conte, quelque chose de raconté. Afin de mesurer d'emblée à quel point ces régions sont vastes, considérez que ce qui est dit dans cette pièce se rattache au thème non seulement de relater ou de raconter-recompter, mais bien au thème de compter en général, et donc à une préoccupation pour le calcul comptable, les affaires et les échanges d'argent. Considérez aussi que le thème de la procréation, de la ramification, de la descendance ou de l'engendrement se rattache aux thèmes de la division ou de la séparation que l'on trouve dans cette pièce.

On peut voir ces domaines d'idées comme les pôles ou les faces opposées d'un monde de partition, et où l'ambivalence de la partition est suggérée par le couplage des idées de participation et de séparation, ou selon d'autres termes de la pièce, des idées de partage et de rupture. Le texte de la pièce est ponctué de mots en « part », comme en clin d'œil aux initiés : *partir, séparation, départ, à part, faire partie de, partenaire*, et bien sûr *tenir sa partie*. Cette dernière expression, en disant que les parties doivent être tenues ou portées, suggère à elle seule le niveau auquel le théâtre (ici dans une expression liée à la musique) est placé et étudié dans cette pièce, et par là-même les raisons pour lesquelles le théâtre est chez Shakespeare un objet d'étude *sans fin* ; et elle nous signale qu'aucune formulation des idées de participation et de séparation dans cette pièce ne sera complète si elle ne rend pas compte de leur rapport avec les partitions ou les rôles joués au théâtre, autrement dit si elle n'explique pas pourquoi les histoires de séparation produisent des pièces de vengeance, et parfois de vengeance surmontée.

Puisque le champ lexical de raconter et de compter (à prendre comme le champ de la *relation* ; ce que j'appellerai participation) a tellement de ramifications, qui peuvent cependant demeurer incomplètes, laissez-moi en rappeler toute l'étendue. Ma lecture du *Conte d'hiver*, pour l'étudier et pour y chercher ce qui m'intéressait, a été la deuxième occasion de toute mon expérience littéraire où je me suis senti submergé par tout un vocabulaire économique, je veux dire où j'ai senti que ce texte était submergé par ce vocabulaire. La première fois, c'était en étudiant *Walden*, un autre ouvrage qui porte de façon insistante sur des questions pastorales et des mondes en voie de disparition. Dans *Le Conte d'hiver*, au-delà des termes *raconter* et *compter* eux-mêmes, au-delà des *comptes* et des *pertes*, des *profits*, du *paiement*, de la *dette* et de l'*acquittement*, on trouve : *argent, monnaie, trésor, achat, fraude, charges, marchandises, change, compensation, salaire, récompense, travail, marché, marchands, trafic, emprunter, épargner, crédit, rachat* et – peut-être le terme d'économie le plus fréquent dans la pièce – *affaire* [*business*]. Mais la simple énumération de ces termes ne donnera pas l'idée du degré de saturation du langage de cette pièce – et peut-être, semble-t-il, du langage tout court, d'une certaine perspective ou d'une certaine projection sur le langage – en termes économiques ; pas même l'appartenance à ce domaine de ce qu'on pourrait prendre pour les échanges thématiques dominants de l'action, depuis la souffrance liée à la perte jusqu'au rachat qui permet de rendre la pareille et de rétablir l'égalité. Cette saturation semble trouver son expression la plus profonde dans les enchevêtrements de mots et dans la pluralité des contextes – ou, disons, celle des intérêts – qu'ils recouvrent. Si l'on recherche une première estimation de cette saturation ou de cette coloration du langage par le champ économique ou comptable, on pourrait dire qu'elle est liée à l'idée que la finalité même du langage est de communiquer, d'informer, donc de rendre compte [*tell*].

Et l'on en dit toujours plus et toujours moins que ce que l'on sait. Les *Recherches philosophiques* de Wittgenstein transforment en philosophie cette difficulté profondément humaine, retournant toujours à ce que l'on pourrait appeler l'ambivalence de la philosophie, entre vouloir en dire plus que les mots ne sauraient exprimer et vouloir échapper au dire entièrement – une ambivalence qui est bien résumée par l'idée de vouloir parler « en dehors des jeux de langage », le désir de tout et de rien – que le langage fasse (que l'esprit soit) tout et rien. Cela me fait penser à nouveau à la merveilleuse formule d'Emerson selon laquelle il décèle le souffle de vertu ou de vice que notre caractère « exhale » à tout instant, ces mots pour ainsi dire toujours en avant et au-delà d'eux-mêmes, récurrents de façon essentielle et imprévisible, disons rythmique, plus emplis de signification qu'il n'est possible d'en épuiser. Si bien qu'on pourrait presque dire de chaque expression linguistique ce que William Empson dit des métaphores : qu'elles sont enceintes (ou seraient-elles plutôt, et indissolublement, séminales ?).

J'étais en train d'évoquer l'idée que la finalité même du langage, en quelque sorte, est de rendre compte [*tell*]. Il n'est donc pas vraiment surprenant qu'une réponse à la question : « Comment le savez-vous ? » soit donnée en précisant ce qui nous permet de le dire, et cela selon deux modalités. Si l'on vous demande comment vous savez qu'il y a un chardonneret dans le jardin, vous pouvez, par exemple, signaler une particularité de ce chardonneret, comme les taches autour de ses yeux ou la couleur de sa tête ; ou bien vous pouvez expliquer comment vous êtes en situation de le savoir, d'où vous tenez vos connaissances à ce sujet, ou de qui. (J'emprunte cet exemple à l'étude extrêmement utile de J. L. Austin, « Autrui », ce qui est une nouvelle occasion de lui rendre hommage ici.) Dans le premier cas, vous amorcez un récit des différences qu'un objet présente par rapport à d'autres objets du même ordre ; dans le second, un récit des différences entre la position qui est la vôtre et d'autres positions. (À partir de ce genre de cas assez banal, on devine comment prolonger le raisonnement : si un récit est quelque chose que l'on dit, et si ce dire est une réponse à un besoin de savoir, alors on pourrait peut-être comprendre tout récit, aussi élaboré soit-il, comme la réponse donnée à une question de connaissance implicite, peut-être posée sous la forme d'un déni de savoir ou d'un désir d'éviter la connaissance.)

Mais on peut emprunter une tout autre voie pour répondre à la question « Comment le savez-vous ? » (toujours en nous limitant à ce qu'on appelle la connaissance empirique), qui est : affirmer avoir eu l'expérience de la chose et plus particulièrement, si l'on se fie à l'histoire de l'épistémologie, affirmer l'avoir vue. Cette réponse, telle qu'elle se présente dans les recherches classiques sur la connaissance humaine, est plus fondamentale que celles qui consistent à faire un récit, ou elle les court-circuite. Ce qui la rend plus fondamentale est suggéré par deux observations. Premièrement, affirmer avoir vu, c'est revendiquer, pour ainsi dire, avoir vu par soi-même, c'est mettre en avant sa propre capacité de sujet connaissant en général. Tandis que l'on ne prétend pas signaler la présence de taches autour des yeux seulement à soi-même, mais bien à quiconque s'intéresse à ce genre d'information ; ce qui est en jeu ici est alors une donnée d'expertise plus ou moins spécialisée, qui pourrait s'avérer insuffisante pour des raisons évidentes, ou bien à améliorer. Deuxièmement, la connaissance par distinction [*knowing by telling*], comme il a été suggéré, procède par différences, par exemple en signalant certaines caractéristiques ou certains traits spécifiques de quelque chose : vous pouvez, par exemple, distinguer un chardonneret d'un roitelet par les différences dans le contour des yeux. Alors que la connaissance par la vision directe ne requiert pas de différences, et ne peut en faire usage. (À moins que le problème ne soit une question de différence de mode ou de nature de la vision elle-même, ce qu'on peut appeler l'esthétique de la vision. L'épistémologie est obligée de garder l'esthétique sous contrôle, comme pour se garder de la pensée que la vision pourrait être, ou procurer, quelque chose de plus [et de mieux] que de simples données empiriques au regard de nos prétentions à connaître, et en particulier à affirmer l'existence d'objets particuliers.) Vous ne pouvez pas distinguer (dans des circonstances ordinaires ; une condition qui reste à déterminer) – cela n'a pas de sens de parler de distinguer – un chardonneret d'un paon, ou bien l'un ou l'autre d'un téléphone, ou encore l'un des deux d'un appel téléphonique. Pour distinguer un faucon d'une scie à main – ou une table d'une chaise – vous n'avez besoin, en quelque sorte, que d'être capable de nommer ce qui est sous vos yeux ; ce serait le signe d'un manque (non d'expertise, mais) de simple compétence cognitive (par exemple, un signe de dérangement mental) que de confondre l'un avec l'autre. Comme si tout le problème de la connaissance était désormais uniquement celui-ci : comment se fait-il que vous, ou quelqu'un autre, puissiez savoir tout simplement qu'une chose existe. Voilà pourquoi certains épistémologues comme Descartes, en évaluant nos prétentions à connaître, ont dû, en raison de ce qui leur semblait être un souci de pureté intellectuelle et de sérieux, prendre en compte des situations qui sous un jour différent peuvent sembler frivoles ou exagérées, comme celle qu'ils puissent être en train de rêver qu'ils sont éveillés – une éventualité qui (à moins qu'on ne puisse l'exclure de façon explicite) pourrait d'un seul coup effacer toute espèce de prétention à connaître le monde à l'aide de nos sens. (La différence entre le rêve et la réalité est l'une des grandes jonctions ou articulations philosophiques qui ne soit pas affaire de différences ; on ne peut pas la régler en tenant compte de signes ou de traits distinctifs, disons de certains prédicats. C'est ma thèse sur la pensée de Wittgenstein : ses critères ne sont pas destinés à fixer le champ de l'existence [dans ses litiges avec les rêves, les imaginations, les hallucinations, les illusions] mais à en indiquer les bornes, disons l'espace conceptuel.) C'est une longue histoire, qu'il n'est pas au goût de tout le monde de poursuivre jusqu'au bout, et qu'il n'est ni au goût ni à l'avantage de quiconque de poursuivre à tout instant (comme Descartes prend bien soin de le préciser). Ce qui m'importe ici est d'arriver à l'intersection entre d'une part la question de l'existence selon l'épistémologue, disons celle de l'existence du monde extérieur et de ce que la philosophie analytique appelle les autres esprits, et d'autre part la perplexité qu'éprouve Léonte face à la question de savoir si son fils est bien de lui.

La première question que pose Léonte à son fils est : « Es-tu mon enfant ? ». Puis il tente ensuite de reconnaître chez le garçon certains traits de ressemblance avec lui, d'abord en comparant leurs nez. Ces paroles, interrompues dans leur cours, finissent par la répétition du même doute : « es-tu mon veau ? » Ici nous avons déjà un aperçu du pathétique shakespearien, le sentiment que l'on peut ressentir assez de tristesse pour emplir la vacuité du monde. Sur cette répétition, Léonte se met à comparer leurs têtes. Ces tentatives sont bien sûr vaines. Il rejette alors la valeur du témoignage que peuvent apporter tous les autres, comme pour certifier qu'il doit le savoir pour lui-même ; en poursuivant il insiste sur le fait que ses doutes sont raisonnables, et il est amené à prendre en compte ses rêves. D'un bout à l'autre ce pourrait être quasiment un exercice tiré des *Méditations* de Descartes. Mais alors que Descartes suggère que ses doutes pourraient le ranger parmi les fous, il réussit (pour certains de ses lecteurs) à neutraliser cette accusation, c'est-à-dire à établir suffisamment le caractère raisonnable de ses doutes, au moins provisoirement. Léonte est au contraire, tant qu'il doute, un dément. Quelle est la différence entre eux ?

Le mal dont souffre Léonte a un remède, à savoir reconnaître son enfant comme sien, se l'approprier, ce que tout parent normal effectue, ou semble effectuer, ce en quoi consiste la première obligation de tout parent (bien que, si l'on y pense, la plupart d'entre nous ne possèdent pas la preuve décisive que nous pensons avoir, dans le cas présent comme dans celui de reconnaître que le monde existe). Et cependant il est suffisant, il est même essentiel, de le savoir pour soi, autrement dit de reconnaître l'enfant. Il n'est pas aussi évident de décrire le remède dans le cas de Descartes ; et peut-être n'est-il pas disponible. Je veux dire que reconnaître que le monde existe, et savoir pour vous-même qu'il est le vôtre, n'est pas une démarche aussi évidente. La découverte du scepticisme par Descartes montre, pourrait-on dire, ce qui rend possible la folie de Léonte, ou ce qui rend cette folie représentative du besoin humain de reconnaissance.

La profondeur de cette folie ou de sa possibilité, qui est révélée par *Le Conte d'hiver*, permet à son tour de mesurer la profondeur du drame, du spectacle ou de ce qui est montré sur scène, en rivalité avec le récit ou la narration, parce que, comme nous l'avons suggéré, même après avoir cru en une vérité proclamée par l'oracle, Léonte n'est en rien ramené au monde réel (à supposer qu'il le soit jamais) si ce n'est par le drame de la révélation et de la résurrection à la fin de cette œuvre théâtrale ; par le fait de voir quelque chose, au lieu d'en entendre parler.

Cette question de rivalité entre le drame et le récit romanesque est confirmée par les retrouvailles avec l'enfant qui avait été perdue de vue, empiriquement, et qui *en fait* avait été rejetée et abandonnée, une question traitée de façon expéditive par la simple narration : les gentilshommes qui racontent tour à tour l'histoire de l'enfant retrouvée, disent qu'elle est difficile à croire, mais au final rien n'est plus facile (surtout après l'usage conventionnel qui consiste à augmenter sa propre crédibilité en soulignant que ce qu'on va dire paraîtra incroyable). La matière du drame, au contraire, consiste à résoudre la disparition d'une épouse qui n'a *pas* été perdue empiriquement, mais transcendantalement, si je puis dire : perdue uniquement par aveuglement à son égard – en quelque sorte, par manque de préparation conceptuelle envers elle – parce que l'on est aveugle à soi-même, perdu pour soi. Voici, à l'approche de la fin, ce qu'il advient de la grande problématique shakespearienne de la succession légitime : toujours perçue comme une question cruciale d'épanouissement, la reconnaissance (la légitimation) de son enfant apparaît désormais comme une question cruciale de la santé mentale de l'individu, une découverte peut-être inaugurée par *Hamlet*, et qui est développée dans *Le Roi Lear*.

Au bout d'un moment, on ne peut que se rendre à l'évidence, me semble-t-il, que ce théâtre met en question la distinction entre dire et montrer. Si la dernière scène de cette pièce nous apprend quelque chose, ce n'est en aucun cas quelque chose de déjà connu ; il institue plutôt la connaissance, reconçoit ou reconstitue la connaissance, en même temps que le monde. Il doit alors y avoir un certain usage du concept de dire [*tell*] plus fondamental que son usage à seule fin de rendre compte de différences, et qui explique ou fonde celui-ci : un usage du concept de dire aussi fondamental que celui de voir par soi-même. Qu'un tel usage existe est une manière d'exprimer les résultats de mon travail sur la notion de critère chez Wittgenstein. Wittgenstein emploie cette notion, en lien avec son idée de grammaire, pour décrire et en un sens pour expliquer comment le langage rapporte les choses et se rapporte aux choses, comment les choses tombent sous nos concepts, comment nous distinguons entre les choses et les nommons, déterminons les choses nommables, pourquoi nous appelons les choses comme nous le faisons – des questions sur la façon dont nous déterminons ce qui *compte* comme des instances de nos concepts : cette chose-ci comme une table, celle-là comme une chaise, cette autre comme un être humain, cette autre encore comme un dieu. Parler, c'est dire ce qui compte.

Le moment est mal choisi pour tenter d'intéresser quiconque aux raisons pour lesquelles le concept de compter fait son apparition dans cet espace intellectuel – je veux dire que je ne chercherai pas à convaincre ceux pour qui une telle occurrence semblerait arbitraire, que c'est bien le même concept de compter qui va avec celui de raconter. (Quelque chose compte parce qu'il convient ou parce qu'il *importe.* Je ne prends pas ce concept, ici sous forme de critère, en son sens numérique – il ne s'agit pas d'estimer combien ou quelle quantité, mais d'établir la participation ou l'appartenance. C'est affaire à la fois de définir ce que Wittgenstein entend ici par un genre d'objet grammatical et d'attribuer aussi un certain degré de valeur ou d'intérêt à cet objet.) Mais avant de passer de cette zone de partage à l'autre – c'est-à-dire, de la zone de raconter et définir, ou relier et associer, que j'appelle la zone de la participation, à la zone de distinguer ou diviser, que j'appelle la zone de la séparation, je souhaite noter deux manières d'analyser plus à fond cette question.

La première de ces manières serait de se demander si c'est par hasard que le concept de dire [*telling*] est employé aussi bien pour l'acte de rapporter une histoire que pour l'acte de compter ou de dénombrer, comme si compter au moyen de nombres était le modèle d'origine de toute narration future. Remarquez que dénombrer contient déjà en soi la différence entre la fiction et la réalité, dans la mesure où l'on apprend aussi bien à compter les nombres, c'est-à-dire à les réciter intransitivement, qu'à compter les choses, c'est-à-dire à lier ou à coordonner entre eux, transitivement, les numéraux et les objets ; et compter au moyen de nombres contient l'idée que les énumérations comportent un ordre, une hiérarchie, une cadence, c'est-à-dire des temps et des grandeurs significatives d'objets, et des distances significatives entre eux. Lors d'un comptage en nombres, transitif ou intransitif, des notions telles que l'ordre, la grandeur et le rythme des événements sont déterminées à l'avance, tandis qu'au cours du récit d'un conte c'est tout le plaisir du conte que de structurer ces éléments en parties du récit, ou en parties d'un mode ou d'un genre de récit – c'est pourquoi ce que fait le conteur d'une histoire est bien de *raconter*, de compter *à nouveau* – de telle sorte que ce n'est pas nécessairement commettre une erreur que de laisser s'écouler un espace de seize ans dans le récit que vous faites de certaines choses.

La seconde manière de rattacher le sens de compter-pour (au moyen de critères) au sens de compter comme conter (ou tenir un compte) met en jeu ce qui selon moi est la principale thèse que j'énonce dans *Les Voix de la raison* à propos de l'idée de critère chez Wittgenstein, à savoir que même si les critères fournissent les conditions du discours (partagé), ils ne fournissent pas de réponse au doute sceptique. C'est ce que j'exprime en soulignant que les critères sont décevants, en ce sens qu'ils expriment la déception humaine vis-à-vis de la connaissance humaine, et en fournissent même un début d'explication. Lorsque Léonte ne parvient pas à se convaincre lui-même que Mamillius est son fils, en fonction de certains critères tels que le fait d'avoir le même visage et le même nez, et qu'ensuite, au lieu de reconnaître que les critères sont insuffisants pour cette connaissance, il en déduit qu'il peut moralement renier son enfant, ne pas le compter parmi les siens, le châtiment de Léonte est qu'il perd la faculté de compter, de s'exprimer (de façon cohérente), de rendre compte du déroulement, de l'ampleur et du rythme de son expérience, bref de dire quoi que ce soit. C'est ainsi que j'approche la tirade commençant par « N'est-ce donc rien que de se parler tout bas ? ». Sans essayer de pénétrer le sens de ce « rien » shakespearien, et en tentant plutôt de conserver quelque clarté d'esprit dans ce torrent de significations, je trouve qu'en soi cette parole demande simplement si quoi que ce soit compte : est-ce que parler tout bas compte ? Est-ce important ? Est-ce un critère de ce qu'est le monde ? Quoi que ce soit l'est-il ? Et à ce stade, nul ne peut apporter de réponse à Léonte, parce qu'il s'agit précisément du stade où il en vient à renier tout accord possible avec autrui sur les critères dont dépend le langage. Aussi il me semble que nous avons affaire ici à un portrait du sceptique au moment où le monde lui échappe, qui fait écho à celui d'Othello divaguant et perdant connaissance, en comparaison duquel le portrait que fait le philosophe du sceptique qui ne *saurait* pas quelque chose, au sens de *ne pas être certain* de quelque chose, s'avère être une intellectualisation de ce qu'il nous a déjà été donné d'entrevoir.

Et le portrait peint par Shakespeare nous révèle de quoi est faite cette anticipation, dont le portrait fait par le philosophe est une intellectualisation. C'est l'annonce, à laquelle je reviens sans cesse, de l'échec de la connaissance comme un échec de la reconnaissance, ce qui signifie, entre autres choses, que le résultat de cet échec n'est pas l'ignorance mais une volonté d'ignorer, non pas un simple doute opposable mais un déni que l'on ne peut apaiser, une incertitude volontaire qui constitue un anéantissement. Ces formulations suggèrent que *Le Conte d'hiver* dépeint le sceptique sous les traits du fanatique. La relation interne entre le scepticisme et le fanatisme est une découverte supplémentaire de la *Critique de la raison pure*, qui traite le scepticisme et le fanatisme comme deux produits de l'illusion dialectique (l'un se désespérant face à l'absence de l'inconditionné, et l'autre proclamant sa présence) en parfaite inimitié l'un envers l'autre, mais unis dans leurs symétriques inimitiés contre la raison humaine.

Le portrait shakespearien nous laisse voir que le sceptique *veut* l'anéantissement par lequel il est châtié, que c'est là sa manière de souligner le caractère humain de la connaissance, dans la mesure où la négation de l'humain qu'opère le scepticisme, son refus de toute satisfaction dans ce qui est humain (dans le cas présent, dans les conditions humaines de la connaissance) est un trait essentiel de l'humain, son droit de naissance pour ainsi dire. C'est ce trait distinctif (ce trait chrétien, si vous voulez) que Nietzsche souhaitait dépasser dans son *affirmation* de l'humain qui, étant donnée notre situation, allait nous apparaître comme le dépassement ou le surpassement de l'humain. Je disais que Léonte perd la faculté de compter, de raconter, de rendre compte de ses propres expériences, et à présent je prendrai cela comme son objectif, sa stratégie – pour retourner ce châtiment en victoire. Avant de se rétablir, il *veut* ne pas compter, ne pas s'approprier ce qui lui arrive, il veut qu'il n'y ait pas de compte, c'est-à-dire rien du tout. Pourquoi ?

Cela nous mène à cette autre zone de partage, celle du départ, de la division, de l'embranchement, de la greffe, de la floraison, de l'élagage, de la progéniture, de l'accouchement, de la reproduction : séparation, parturition. Sans séparation dans cette zone-ci, il n'y a rien, si rien ne naît de rien, et si quelque chose ne peut provenir que des semences de la terre. Léonte est tout à fait logique lorsqu'il veut que rien n'existe, qu'il n'y ait pas de séparation.

L'intrigue de la pièce se fonde sur deux départs proprement dits : dans la première moitié (après une courte scène introductive) un départ de Sicile, et dans la deuxième (après la scène introductive du monologue du Temps), un départ vers la Bohème. Et le prologue de la pièce, pour ainsi dire, la scène qui ouvre le premier acte, est, entre autres choses, un récit de la séparation entre Léonte et Polyxène. Face à cela, comment allons-nous comprendre la portée des dernières paroles de Léonte, qui sont aussi celles de la pièce ?

> [...] Bonne Pauline,
> Emmène-nous quelque part où nous puissions à loisir
> Nous questionner et nous répondre sur le rôle

> Joué par chacun de nous dans cette vaste brèche de temps qui a commencé
> À notre séparation. Vite emmène-nous.

Quand notre séparation a-t-elle commencé ? Qui est ce « nous » ? Peut-être penserons-nous d'abord à Léonte et Hermione ; mais Hermione pense d'abord à Perdita : dans sa seule tirade lorsqu'elle revit, elle ne s'adresse pas à Léonte, mais elle dit s'être « conservée / pour en voir l'accomplissement » (V, 3, 127-128, p. 467). Si Léonte pense à Polyxène quand il dit « à notre séparation », veut-il dire il y a seize ans ou bien au temps de leur enfance ? Et s'il pense à Perdita, il doit parler de l'époque où il l'avait renvoyée, mais nous penserons, peut-être, à sa naissance en prison ; et peut-être penserons-nous au réveil d'Hermione lorsque Pauline lui dit « avancez » en voulant parler de son rappel à la vie, et de « léguer à la mort [son] immobilité », comme pour quitter la mort, se séparer d'elle, comme pour (re)naître. C'est comme si toutes ces séparations étaient rappelées dans chacune d'elles ; comme pour dire que la vie tout autant que la mort est une condition et un acte de séparation ; comme si voir chacun de nous « se questionner et se répondre » signifiait nous voir comme séparés de tout ce dont nous faisons partie, toujours déjà disjoints, ce qui signifie avant tout ici – et de là, que l'idée de théâtre dans le théâtre signifie avant tout – que chacun y joue une partie, et seulement une partie, que personne n'est tout, et qu'à part cette partie du tout que chacun joue, il n'y a jamais rien, mais toujours d'autres. Comment peut-on ne pas savoir cela ? Je soutiens que c'est à ce genre de pensées que font allusion les conclusions de Léonte, mais lorsqu'il dit : « Vite emmène-nous » n'est-il pas aussi, peut-on imaginer, pressé de s'éloigner d'eux ?

Revenons à mon idée : le désir de Léonte que rien n'existe – le sceptique en tant que nihiliste – s'accompagne de l'effort, au risque de la démence, de ne pas compter. L'idée générale derrière cette connexion est que compter implique la multiplicité, la différenciation. Alors nous pourrions dire que ce qu'il désire est qu'il n'y ait rien de séparé, et donc rien que la plénitude. Mais il pourrait aussi exactement ne pas vouloir cela non plus, puisque la plénitude, comme le néant, signifierait la fin de son existence (individuelle). Il se pourrait que chacun de ces fantasmes se ramène au souhait de ne jamais être né. En plus de suggérer le souhait de ne pas être natal, donc mortel, ce souhait porte en lui l'idée que le suicide n'est pas la solution à ce problème. Bien que certains philosophes aient considéré l'idée de n'être pas né comme plus claire que celle d'être mort, et qu'elle puisse dissiper la crainte de la mort, elle ne me frappe pas pour le moment en tant que telle, pour la simple raison que le suicide rend effective la fin de la vie, mais pas la suppression de son commencement. Le néant de Léonte était, pourrait-on dire, censé faire une place à sa seule existence à lui en toute plénitude, or elle fait le vide, elle laisse les autres à la fois en-dehors et au-dedans. Ainsi, selon moi, Léonte ne désire ni exister ni ne pas exister ; il ne désire ni qu'il y ait un Léonte distinct de Polyxène, d'Hermione et de Mamillius, ni qu'il n'y en ait pas ; il ne désire ni que Polyxène s'en aille ni qu'il ne s'en aille pas.

C'est pour sortir de ce dilemme que Léonte en vient selon moi à ne pas compter, en un sens plus spécifique. Ce qu'il ne veut pas compter, en particulier, est l'autre face de ce qu'il ne veut pas s'approprier, le temps de la procréation [*breeding*], le fait que le temps est un père, qu'il a une descendance et même, comme le Temps du chœur le dit dans cette pièce, qu'il « fait se produire » les événements, ce qui suggère que le temps peut aussi, comme la nature, être une mère. De toutes les raisons qu'il peut y avoir de ne pas vouloir compter le temps, quelle est la raison de Léonte ?

Le dernier mot du prologue est « un » (dans ce contexte, c'est un pronom pour « fils ») ; et celui qui ouvre la pièce proprement dite est « neuf ». Il désigne le terme de la grossesse d'Hermione, qui est, comme c'est désormais assez prévisible, je pense, le fait dominant de cette intrigue selon moi. Rappelons ce discours d'ouverture de Polyxène :

> Neuf changements de l'astre humide ont été
> Comptés par le berger depuis que nous avons laissé notre trône
> Sans fardeau ; je remplirais
> Un temps aussi long de mes remerciements, mon frère,
> Que je n'en partirais pas moins d'ici

Votre débiteur à perpétuité. Aussi, comme un chiffre,
Placé dans un beau rang, je multiplie
Par un *Je vous rends grâces* les milliers de remerciements
Qui précèdent.
(I, 2,1-9, p. 339.)

(Pour le plaisir, je note que c'est une tirade de neuf lignes, la dernière étant [pour l'instant] incomplète, et que, des sept tirades de Polyxène avant qu'il n'accepte l'invitation de rester, toutes sauf une sont longues soit de neuf lignes, soit d'une seule.) La tirade d'ouverture de Polyxène traduit ce que Léonte a à l'esprit, elle contient tout ce dont l'esprit de Léonte a besoin (ce qui veut dire pour moi, puisque c'est un esprit en bon état de marche, un esprit qui maîtrise encore le langage, un esprit qui ne peut pas tout simplement ne pas compter), tout ce dont il a besoin pour mal compter ou ne pas tenir compte, ou pour attribuer à tort ce qu'il jugera insupportable de compter : cette tirade offre le chiffre neuf à la fois comme terme à la grossesse d'Hermione et comme durée du séjour en Sicile de Polyxène ; elle présente le contraste entre l'absence ou la vacance (son trône sans fardeau) et la présence comblée (« placé dans un beau rang », et particulièrement d'un *temps* plein, prêt à donner naissance à quelque chose) ; et elle porte l'idée du rien comme procréateur, sous la forme d'un chiffre de multiplication, portant ses fruits, le rien shakespearien – comme note, comme chiffre, comme néant, comme origine – d'où tout provient (comme Lear par exemple, à son grand désespoir, l'a appris).

Je remarque en passant que la tournure « comme un chiffre, / Placé dans un beau rang, je multiplie » [« *Like a cipher / Yet standing in a rich place, I multiply* »] est une image latente de rapport sexuel, ce par quoi je veux dire qu'elle n'a nul besoin de se rendre explicite, mais demeure en attente pour un esprit tourné d'une certaine façon, comme celui de Léonte – l'état d'esprit dans lequel la terre est perçue sous l'influence, pour employer l'expression de Léonte, « d'une planète maquerelle ». Il emploie cette expression plus loin dans cette scène et conclut : « pas de barricade pour un ventre ! Sachez-le, / il laissera entrer et sortir l'ennemi / avec armes et bagage » (I, 2, 204-206, p. 348) – une autre obsession latente d'accouplement et d'éjaculation.

Cette vision de notre planète maquerelle est partagée par Hamlet et Lear en fonction du dégoût qu'elle leur inspire, et c'est un exemple de la façon dont le monde, selon la formule d'Emerson, se voit sommé de porter nos couleurs : la vision d'un monde sexualisé, telle qu'on la trouve chez Léonte, est une possibilité qui se réalise concrètement en opposition à une vision du monde politisé dans *Antoine et Cléopâtre*, une pièce où ces deux mondes s'entrecroisent ou fusionnent; dans *Le Conte d'hiver*, la sexualisation vient s'entrecroiser avec le monde de l'économie.

Dans la tirade d'ouverture de Polyxène, l'économisme s'exprime dans l'idée de se multiplier, qui dans ce contexte signifie à la fois qu'il se reproduit, et que les nombres et les mots en général, comme la nature grandiose et le temps, se reproduisent hors de tout contrôle; et c'est ce qu'exprime la tournure particulière qu'il emploie de passer encore neuf mois à faire foisonner les remerciements, c'est-à-dire pour en être « débiteur à perpétuité ». Le calcul qui suit par multiplication (grâce à un chiffre inséminateur) n'est pas destiné à annuler mais à inscrire la dette. Ce qu'est cette dette impossible à payer est esquissé dans la scène d'ouverture, le prologue. Dans cet échange courtois et spirituel (en prose, contrairement à l'ordinaire) entre deux vassaux qui représentent les deux rois, chacun exprime le souhait qu'a son roi de rendre quelque chose qui est dû à l'autre. La dette est décrite comme une visite et une réception, mais dans la tirade centrale de cette scène, Camillo décrit la relation entre les rois comme celle où l'affection enracinée en eux dès l'enfance s'est ramifiée, c'est-à-dire qu'elle s'est divisée en se prolongeant. « Depuis que leurs majestés plus mûres et les nécessités royales ont séparé leur société, leurs rapports, quoique non personnels, se sont continués royalement, par procuration, en échange de cadeaux, de lettres et d'affectueuses ambassades; au point que, bien qu'absents, ils semblaient être ensemble. Ils se serraient la main comme par-dessus l'abîme » [1]. Et dans la suite de la pièce, l'abîme s'ouvre, et la dette semble être celle de la séparation elle-même, le fait d'avoir sa propre vie, ses

1. Dans l'édition citée, p. 338.

propres mains, le fait qu'il y a ou doit y avoir des substituts au contact personnel, le fait que des visites sont nécessaires ou possibles ; c'est une dette qui est due, pourrait-on dire, à la condition même d'être en dette, au fait d'être lié en tant que tel, et dont le règlement même ne pourrait que l'augmenter, et constituer un problème de plus.

Ainsi nous venons déjà d'esquisser ici une réponse à la question de savoir pourquoi une œuvre théâtrale sur le dépassement de la vengeance peut être un jeu de calcul et d'échange économique : les idées prises au sens littéral, c'est-à-dire économique, de régler une dette et de rétablir l'équilibre, nous permettent de voir et de formuler quelle sorte de revanche Léonte exige, et elles suggèrent les transformations indispensables pour que la vengeance soit remplacée par la justice. Ce à quoi Léonte aspire est une égalité, ou une annulation de la dette, de ce qui est dû, qui prendrait place dans un monde sans comptabilité, exempt de toute évaluation ou de toute commensurabilité des choses, par exemple de toute mesure des visites, des dons, des échanges : d'argent pour les choses, de châtiments pour les offenses, ou de sœurs et de filles pour en faire des épouses. Tout paiement dans ce genre de cas produirait le contraire du résultat voulu, et l'augmentation de ce qu'il désire faire cesser ; cela impliquerait le concept de redevabilité, et par conséquent celui d'altérité. Et c'est cette impression d'impayabilité, de l'impossibilité de remettre ce qui est dû pour être celui que l'on est, en quelque sorte – le don de la vie, pourrait-on dire – qui produit la volonté de prendre sa revanche sur l'existence, sur le fait de vivre en tant que tel.

Nietzsche a repéré que nous prenions notre revanche sur le Temps, le Temps et son « Cela fut » (*Zarathoustra*, « De la rédemption »), comme si nous étions rivés en une lutte à mort avec la nostalgie. Léonte semble plutôt vouloir se venger du Temps et de son « Cela sera », pas à cause de la menace que représente sa mutabilité, le risque d'altérer le bonheur présent, mais à cause de ce qui semble être la raison inverse, à savoir que son écoulement perpétue le cauchemar du présent, ses changements, ses nouveaux problèmes, le fait même qu'il y ait encore du temps. Cela peut signifier que le cas de Léonte est désespéré, alors que Nietzsche est conduit à nous proposer de reconcevoir le temps ;

mais alors cela reviendrait aussi à reconcevoir l'existence humaine. Les formules de Nietzsche auront contribué à faire naître une partie des miennes ; mais une question plus intéressante serait de comprendre ce qui l'a incité à concevoir certaines des siennes – sans aucun doute, ses travaux sur la tragédie y ont contribué. Cela laisse ouverte la question de la relation entre le récit et les représailles, la question de savoir si la narration en tant que telle est présentée comme le fruit de la revanche, si c'est par revanche sur le fait d'engendrer et d'être irrémédiablement redevable que les mots font naître des récits dans lesquels on recherche la mise à égalité, dans lesquels il est impératif de recompter, de reprendre les comptes, soit comme rétribution soit comme le dépassement de toute rétribution que nous connaissons sous les noms de pardon ou d'amour.

Avec la scène d'ouverture du *Conte d'hiver* proprement dite, on se demande pourquoi, après un séjour de neuf mois, Polyxène choisit à présent de partir ; cette scène nous signale que Polyxène ne fournit aucune bonne réponse à cette question. Il fait part de sa crainte de ce que pourrait « engendrer » [*breed*] son absence (I, 2, 12, p. 339) ; Hermione déclare que s'il allait dire « qu'il lui tarde de revoir son fils », non seulement elle le laisserait partir mais elle le chasserait d'ici « avec ses quenouilles » – c'est-à-dire que veiller à sa descendance est une raison que toute femme respectera – or justement ce n'est pas ce qu'il dit. Bien plus, l'argument d'Hermione l'emporte lorsqu'elle déclare que, puisqu'il ne donne aucune raison, comme un non-dit, elle sera forcée de le « garder comme prisonnier, / sinon comme hôte ». Lorsque dans l'acte suivant, on vient rapporter qu'en prison elle tire sa consolation de son bébé, les propos qu'on lui attribue sont « Ma pauvre prisonnière, je suis aussi innocente que vous » (II, 2, 27-28, p. 370). Et Polyxène lui cède par ces mots : « Eh bien, je serai votre hôte, madame : / être votre prisonnier impliquerait de ma part une offense » (I, 2, 54-55, p. 342). Prenez cela comme quelque chose que Léonte entend, ou qu'il sait déjà, qu'il dit presque en son nom en s'identifiant à Polyxène. Le déshonneur qu'il y aurait *pour lui* d'être son prisonnier à elle, son enfant à elle, serait une *horreur*, si elle avait vraiment un enfant *de lui*. Encore une fois, sa propre logique, lorsqu'il refuse cette conséquence, est alors inattaquable. Ce n'est pas la seule fois qu'en soulignant l'identification de Léonte avec Polyxène, j'évoque les complications psychiques qu'elle entraîne chez Léonte. Pour aller plus loin, si Polyxène est son frère, et par conséquent Hermione la (belle-)sœur de Polyxène, alors les imaginer adultérins peut conduire à les imaginer incestueux également. Que vous considériez que Léonte soit horrifié ou jaloux de cela, et que par conséquent il le dénie ou en soit malade d'envie, cela sous-entend alors que c'est *lui-même* qu'il considère ainsi comme le frère illégitime et incestueux. (Cette idée serait étayée, et peut-être signalée, par l'absence flagrante de toute mention de la situation présente de la propre épouse de Polyxène.)

Je continue à me demander pourquoi Polyxène décide de partir maintenant. Aux indices que j'ai rassemblés à partir de sa tirade d'ouverture sur la reproduction, la plénitude du temps et sa multiplication, et ensuite de celle sur le fait qu'il ne soit pas un prisonnier, j'ajouterai l'explication réitérée qu'il donne à la fin des deux tirades importantes suivantes : « Et puis, je suis resté assez / pour fatiguer votre majesté » (I, 2, 14, p. 339) et « mon séjour / n'est pour vous qu'embarras et trouble » (I, 2, 25-26, p. 340). Pris comme des excuses de pure forme et de politesse, ces propos sont censés recevoir de la part de ses hôtes une protestation du même genre ; et pendant longtemps il m'a semblé que Polyxène disait justement ce qui pousserait son hôte et son hôtesse à insister avec courtoisie pour qu'il reste. Mais alors l'insistance devient disproportionnée et le fait de partir ne devient pas moins suspect que cette insistance. Une meilleure suggestion, à présent suffisamment claire, repose à mon avis sur le chiffre « neuf » évoqué par Polyxène.

Il est sur le départ parce que la grossesse d'Hermione et l'approche de son terme semblent ne plus lui laisser d'espace ni de temps à passer en Sicile. C'est précisément cela, ce qu'implique la grossesse d'Hermione, que la tirade de Polyxène laisse inexprimé ; et c'est cela que Léonte entreprend à son tour de nier pour, me semble-t-il, toutes sortes de raisons. D'abord par amitié pour Polyxène, pour le rassurer ; ensuite, parce qu'il ressent la même chose, à savoir que son espace et son temps sont accaparés par la plénitude d'Hermione ; et enfin, en raison de l'intensité même avec laquelle il s'identifie à Polyxène, le souhait ou la pulsion de partir, de s'en aller, lui semble être un abandon, comme lui apparaît l'expulsion à venir, la sortie ou la parturition d'Hermione.

Ce qui selon moi plaide en faveur de cette façon d'envisager l'ouverture de la pièce est qu'elle laisse ouverte la division ou l'économie de l'amour de Léonte (et sa perte) entre ce qu'il investit sur Polyxène et ce qu'il investit sur Hermione, et qu'elle ne nie pas la signification sexuelle du nombre neuf que le texte de Shakespeare prend bien soin de mettre en relief en liant étroitement le début du séjour de Polyxène avec celui de la grossesse d'Hermione. Aussi fantastique que puisse paraître l'idée que Léonte imagine que la première chose à avoir eu lieu dès l'arrivée de Polyxène sur ses rivages ait été qu'il féconde son épouse, il n'est pas fantastique qu'il relie cette arrivée à un élan de son propre désir ; en fait, nous possédons la plus ample évidence de cet élan. Un autre argument en faveur de cette façon de voir les choses est qu'elle n'impose pas de choisir à quel moment situer l'accès de jalousie de Léonte, s'il se produit seulement durant l'aparté « Trop de chaleur, trop de chaleur » au vers 108 de cette scène, ou dès l'entrée en scène de Léonte. C'est désormais une question de choix de représentation, de déterminer comment vous souhaitez comprendre l'arrivée de Léonte lors de la conjonction des événements cités dans la tirade d'ouverture de Polyxène : il n'est pas obligé de les apprendre de Polyxène, puisque ce que sait Polyxène n'est pas vraiment une nouvelle pour lui. Ce qui importe est la conjonction elle-même et sa soudaineté. En considérant la jalousie comme dérivée du sens de la revanche sur la vie, sur son engendrement, sa séparation ou sa reprise, je la tiens presque pour la solution d'un problème de calcul ou d'économie, qui d'un seul coup résout un enchaînement d'équations, où les fils et les frères sont des amants, les amants sont des pères et des fils, et les épouses et les mères l'une et l'autre à la fois. C'est un endroit – semblable à celui d'Othello et de Desdémone – où l'on peut étudier la violence ou la torture morales, comme fonctions à la fois de l'anéantissement du monde par le scepticisme et des efforts de l'intellect blessé pour anéantir le scepticisme. (La recommandation faite par Hume de se distraire de la maladie de la philosophie est un endroit du même genre, philosophiquement fondamental. En rivalité avec les recommandations humiennes, en quelque sorte, on trouve la plaidoirie de Heidegger contre la violence de la pensée représentative et, comme nous le verrons dans ma sixième conférence, l'acceptation du deuil chez Thoreau et Freud. D'autres contre-propositions à l'invitation du scepticisme sont, comme nous l'avons vu dans ma troisième conférence, le tropisme du Vieux marin dans le meurtre de l'oiseau ; et dans la conférence qui va suivre celle-ci, les intentions plus élaborées du narrateur à l'égard de son lecteur chez Poe, et les contre-mesures d'Emerson vis-à-vis de son lecteur. Il semble bien que le lieu privilégié de l'échange de la violence contre le scepticisme se manifestera partout où le romantisme introduit ce que j'ai appelé dans la deuxième conférence son marchandage avec le scepticisme, sa proposition de racheter la chose en soi – une offre que j'ai prise plus ou moins pour une allégorie philosophique de la quête d'une meilleure relation avec les choses du monde, disons un meilleur mode de vie avec les choses – au prix de tourner poésie et philosophie l'une contre l'autre, ou de changer l'une en l'autre, mettant par là-même en danger l'autonomie de chacune d'elles. Ce problème se présentera à nouveau dans la sixième conférence, sur l'inquiétante étrangeté.)

Nous en sommes toujours au début de la pièce de Shakespeare, et voici qu'il est bientôt temps de marquer une pause. Je dois aller jusqu'à la dernière scène, puisque c'est elle qui va présenter la façon dont la voie de la guérison est envisagée dans cette pièce, ce dont la recherche est imposée, comme je l'ai déclaré plus haut, par la nature même du scepticisme. Pour préparer ce que j'ai à dire sur cette voie de rétablissement [*recovery*] – et comme pour prendre au sérieux mon intention d'arriver un jour à la deuxième partie de la pièce, la partie bohémienne, celle qui après tout tire une romance d'une tragédie – je vais sélectionner deux éléments de cette partie dont j'aurai besoin pour en décrire le dénouement : les éléments que sont Autolycus et l'ours de la fable.

Avec la figure d'Autolycus, le thème de la déviance qui est récurrent dans cette pièce (qu'il soit question d'argent ou de paroles – Hermès était son père ou son grand-père) ainsi que ceux de l'illégalité, de l'économie, de la sexualité, de la fertilité et de l'art, sont montrés sous le jour de la gaieté, et non sous celui de la fatalité : ils figurent tous ensemble dans une de ses premières répliques, « Je trafique dans les draps » (IV, 3, 23, p. 402), ce qui signifie que ses affaires sont le vol et la prostitution ; qu'il vend des ballades et du papier ; qu'il vend des ballades qui parlent, disons, d'oiseaux qui volent des draps ; qu'il vole les ballades grâce auxquelles il gagne sa vie ; et que ces échanges ont quelque chose à voir avec la procuration d'une satisfaction sexuelle – tout ce dont il semble raisonnable de supposer que Shakespeare aimerait en dire autant de son propre art. Je dépeins Autolycus comme une figure d'artiste, en vis-à-vis de la solennité de Giulio Romano à la fin de la pièce, comme l'une des contributions que la Bohème apporte à la Sicile en racontant son existence. C'est chez Autolycus que, dans le jeu théâtral entre l'art et la nature, entre l'artifice et la progéniture, nous voyons que le festival de la tonte des moutons est aussi une entreprise commerciale ; ce n'est pas en soi, comme on aurait pu le penser, la guérison du scepticisme, ou la civilisation ; il ne célèbre pas plus le cours de la nature que les échanges d'argent et de droits de douane comme la pièce à laquelle il prête sa prestigieuse image. Le Clown fait son entrée face à Autolycus (c'est la première fois que nous l'apercevons après qu'il soit sorti accomplir la « bonne action » d'ensevelir les restes du festin que l'ours a fait d'Antigonous), ainsi :

> Voyons : onze moutons donnent à peu près vingt-cinq livres de laine ; vingt-cinq livres de laine rapportent une livre sterling et un shilling environ : quinze cents toisons, combien donnent-elles de laine ? (IV, 3, 32-38, p. 402.)

Le pénible calcul du Clown nous rappelle que toutes les opérations arithmétiques – pas seulement la multiplication, mais la division, l'addition et la soustraction – sont des images de la procréation ou de son complément, la mort. Si Thoreau avait posé la question :

« À combien revient la laine ? », je suis sûr qu'il aurait demandé en même temps : « Que vaut la laine ? En quoi importe-t-elle ? En quoi compte-t-elle ? » – comme pour déclarer que ce produit naturel est lui-même de l'argent, et que le processus de détermination du sens est un processus comptable (que les mots sont déjà des « unités de compte ») ; comme si la plénitude du langage manifestée dans cette image avait un fondement aussi sûr que la production du langage démontrée par le chiffrage. (Je mentionne comme une curiosité que l'idée de tailler ou d'élaguer, ainsi que celle de résumer ou d'estimer, sont contenues dans l'idée de calculer.)

L'une de ses ballades, Autolycus déclare la tenir d'une sage-femme nommée *Mistress Taleporter*, de toute évidence une colporteuse de contes [*tales*] : l'histoire de « la femme d'un usurier [qui] accoucha de vingt sacs d'argent à la fois » (IV, 4, 263-265, p. 417). Il est clair qu'Autolycus parodie certaines ballades de l'époque sur des naissances monstrueuses, et j'espère qu'il sera aussi clair que, tout en se répandant sur l'idée d'une reproduction naturelle de l'argent, et donc de l'art et de la nature se créant l'un l'autre, on se moque ici de l'idée de Léonte selon laquelle la naissance est en tant que telle une chose monstrueuse ; il s'agit de trouver une perspective sur cette idée. Une autre perspective apparaît lors de la scène suivante, celle de la tonte du mouton proprement dite, dans le fameux débat entre Perdita et Polyxène à propos de la bâtardise, qui exprime les deux faces de ce que pense Léonte : comme son père naturel officiel, qui l'avait traitée de bâtarde et rejetée, Perdita tend à mépriser les bâtards ; Polyxène, qui refuse toute distinction sommaire entre la nature et l'art de remédier à la nature, conclut avec bienveillance que toute greffe est légitime, aussi légitime que la nature ; de façon typique, il a ainsi montré une possibilité d'où Léonte tire une conclusion malveillante : en l'occurrence, qu'aucune naissance n'est légitime, et que le monde *est fait* de bâtards, qu'il faut mépriser et rejeter au loin.

Cela m'amène à l'ours, en qui la nature semble réabsorber une civilisation coupable. Le repas qu'il fait du *gentleman* hurlant de détresse, dont il se moque, est parfaitement coordonné, dans le récit du clown, à la tempête qui fait rage et se moque, que l'on voit

« avaler » ou « déchirer » les âmes rugissantes du navire. Mais si l'ours est la réaction initiale de la nature face aux protestations que Léonte exprime, y a-t-il la moindre suggestion que la négation de la nature serait aussi l'œuvre de la nature ? Selon moi la conclusion (en tout cas explicite) de la pièce est : non, ou pas toujours ; et en évoquant « un art / qui corrige, ou plutôt modifie la nature, / mais l'art lui-même est la nature » (IV, 4, 95-96, p. 410), on signifie en creux qu'il y a aussi un art qui ne répare pas la nature, mais qui la transforme plutôt en quelque chose d'autre, qui n'est pas naturel mais disons, légal ou plutôt social : un art qui ne naît pas de la nature mais de l'humain, ou d'encore au-delà.

C'est l'un des arguments que représente la scène finale, résumée dans le cri de Léonte :

> Oh ! elle n'est pas froide !
> Si ceci est de la magie, être magicien
> Est [un art] aussi légitime que se nourrir.
> (V, 3, 109-111, p. 466.)

En avançant l'idée qu'il existe une magie légale ainsi qu'une magie illégale, ce qui revient peut-être à dire que la religion est une magie légale (inversant ainsi une idée plus ancienne), les paroles de Léonte laissent penser qu'il existe une façon illégale ainsi qu'une façon légale de se nourrir. Une pièce comme *Coriolan*, écrite quelques années auparavant, était en partie conçue à partir de l'idée qu'il existe une façon de se nourrir illégale, ou pré-légale, un cannibalisme, que Shakespeare appelle aussi ailleurs la relation des parents à leurs enfants. (*Coriolan*, à mon sens, va même jusqu'à suggérer qu'il existe une forme de cannibalisme légale, indispensable en tout cas à la formation de ce qui est légal, c'est-à-dire social.) Je remarque à nouveau que *Le conte d'hiver* présente également deux versions, légale et illégale, de l'idée composite de « rendre la monnaie » [*paying back*], avec laquelle s'ouvrent les deux premières scènes de l'acte I et les première et dernière scènes de l'acte V, la vengeance constituant la version illégale de ce dont la justice serait la version légale. (Je note par ailleurs que dans l'acte I était aussi suggérée l'idée que l'amitié possède une contrepartie illégale : « mêler si intimement l'amitié, c'est mêler les sangs » [1].) Je propose de considérer la scène finale comme, entre autres choses, une cérémonie de mariage. Cela implique de prendre au sérieux l'avertissement de Pauline à son entourage, que ce qu'elle va faire puisse paraître illicite, puis son invitation à ce qu'ils quittent les lieux ; elle annonce qu'elle va ratifier un mariage qui pourrait paraître illégal, alors que la seule illégalité en la matière semblerait bien être un certain degré interdit de consanguinité. Dans la déclaration de Polyxène à Perdita,

> Ainsi vous voyez, douce fille, que nous marions
> Au tronc le plus sauvage une plus délicate greffe,
> Et que nous fécondons une écorce de la plus basse espèce
> Par un bourgeon de plus noble race.
> (IV, 4, 92-95, p. 410, traduction modifiée)

(ce qui définit par comparaison le mariage comme une greffe de convention : le mariage de différentes souches et bourgeons), le mariage est identifié à un art, une invention humaine, qui transforme la nature, et qui donne naissance à la légitimité, la légalité, et donc également à leurs négations. Il n'est pas étonnant que l'exploration shakespearienne du mariage soit sans fin.

Puisque je ne traiterai pas de manière très suivie la problématique shakespearienne de l'inceste, qui hante cette pièce, et puisque je ne propose pas de théorie de l'inceste – désirant plutôt laisser les événements scéniques au niveau des données dont toute théorie de ce type voudrait rendre compte – permettez-moi de souligner ici mon impression qu'aujourd'hui nous pouvons difficilement éviter de penser qu'une pièce de théâtre où la limite entre nature et loi est brouillée et mise en question est une pièce préoccupée par le problème de l'inceste, considérant avec Freud et Lévi-Strauss que le tabou de l'inceste est l'événement qui a créé les liens sociaux à partir des liens naturels. Une raison que j'ai de ne pas me précipiter sur ce terrain est que ce rôle attribué au tabou de l'inceste est traditionnellement attribué en philosophie, avec une certaine ambiguïté, au contrat social, ce qui

1. I, 2, 109, p. 344, traduction modifiée.

peut expliquer en partie pourquoi l'existence de ce contrat et les nouveaux liens qu'il est censé avoir créés ont été sujets à confusion et à plaisanterie dans l'histoire de la philosophie politique. Cela suggère que la tyrannie des rois, dont le contrat devait nous libérer, était elle-même une expression ou une projection de quelque chose d'au-delà du droit divin, à savoir que nous demandions de divorcer d'un contrat précédemment en vigueur, une sorte de lien marital; divorcer de la tyrannie du lien parental, ou si l'on veut de l'image romancée du lien familial, une soumission non par la force, mais par l'amour. Léonte était fou, mais le problème dont il était la proie est bien réel, et reste encore sans solution parfaite.

J'ai dit que l'ours qui se repaît du *gentleman* est l'image dans la pièce de la façon légale de se nourrir, puisque, comme le fait observer le Clown, « ils [les ours] ne sont hargneux [*curst*, c.à.d. de mauvaise humeur ou vicieux] que quand ils ont faim » (III, 3, 129-130, p. 397), si bien qu'à la différence des êtres humains, ces êtres de la nature ne sont pas insatiables. C'est pourquoi un tel dîner peut se passer de façon comique, et c'est pourquoi la violence de la nature qu'il exprime semble être le début de la rédemption, ou du secours face au naufrage de la violence humaine, avec ses dettes inacquittables. Vers la fin du chapitre intitulé « Printemps », juste avant la conclusion de *Walden*, Thoreau peint la violence de la nature en des phrases comme celles-ci :

> Nous avons besoin de voir nos propres limites dépassées, et des animaux paître librement là où nous ne nous aventurons jamais. Nous nous réjouissons de voir le vautour se délecter de la charogne qui nous dégoûte et nous décourage, un repas dont il tire force et santé. [...] J'aime constater que la Nature est si débordante de vie qu'elle peut se permettre de sacrifier des myriades d'existences en les faisant s'entretuer. [...] L'impression produite sur le sage est celle de l'innocence universelle [1].

Puisque j'ai déjà décrit la scène finale comme une étude du théâtre, et choisi de la présenter comme une cérémonie de noces, il sera clair que je ne me satisfais pas de l'interpréter – ainsi qu'on

1. H. D. Thoreau, *Walden*, « Printemps », p. 348.

avait tendance à le faire auparavant – comme la transposition d'un épisode de résurrection religieuse, où la figure de Pauline évoquerait saint Paul, une figuration justifiée par l'apparition dans cette scène des termes *grâce, rendre grâce, foi* et *rédemption*. Il est cependant tout aussi clair pour moi qu'une bonne interprétation du sens de cette scène devra faire une place à cette transposition. Je la recherche plutôt dans le sens où ce théâtre est en compétition avec la religion, et se revendique en quelque sorte comme son successeur. Il est possible que je sois trop influencé en l'occurrence par certaines choses que j'ai pu dire récemment au sujet de *Coriolan*, mais il est frappant que la raison pour laquelle un lecteur tel que Santayana prétend tout trouver dans Shakespeare sauf la religion, est bel et bien que la religion est chez Shakespeare une affaire omniprésente, et par conséquent invisible. La résurrection de cette femme est, du point de vue théâtral, l'affirmation que l'auteur de cette pièce possède la maîtrise d'un art qui donne vie aux mots, et *vice versa*; et puisque la condition de cette vie est que ses spectateurs réveillent leur foi, alors nous-mêmes, aussi bien que Léonte, nous réveillons, pour ainsi dire, en même temps qu'elle. Une transformation de notre conception du public d'une pièce de théâtre est requise, peut-être la reconnaissance que nous ne sommes plus de simples spectateurs, mais bien quelque chose d'autre, quelque chose de plus, disons des participants. Mais des participants à quoi? Qui est cette femme, et à quelles conditions est-elle ramenée à la vie?

Elle déclare s'être préservée « pour en voir l'accomplissement » [*issue*] (V, 3, 128, p. 467), c'est-à-dire l'accomplissement de l'oracle qui lui faisait espérer que Perdita était en vie, mais aussi Perdita elle-même comme son accomplissement, sa descendante, sa fille, la seule (en dehors des dieux) à qui elle adresse la parole en revenant à la vie, comme nous l'avons vu. Cela signifie-t-il qu'elle ne pardonne *pas* à Léonte? Perdita est aussi sa descendante à lui, or cette appellation étrange d'« accomplissement » reconnaît-elle ou rejette-t-elle cela? Perdita retrouvée est également l'accomplissement de cette pièce, intitulée *Le Conte d'hiver*, tout comme l'est Hermione réveillée. Bien plus, en une scène générale d'accomplissement, de dénouement, j'ai l'impression qu'avec le réveil d'Hermione c'est toute la pièce qui est ravivée, comme d'elle-même – qu'Hermione *est* la pièce : c'est quelque chose que j'avais déjà ressenti d'abord à propos de Cléopâtre et de la pièce qui porte son nom, où les actions théâtrales qui se nichent à la fin mettent en scène une cérémonie nuptiale aussi. Qui peut dire ce qu'est le mariage, ou ce à quoi une cérémonie nuptiale doit ressembler, après que Luther et Henry VIII ont fait leur œuvre ? Et si nous sommes créés en même temps qu'Hermione, en tant que public, alors nous sommes également son accomplissement, et celle de cette pièce.

Je considère Pauline (dont le nom évoque saint Paul, le grand interprète du mariage et du salut par la foi seule) comme la muse de cette cérémonie, voire sa metteuse en scène ; elle connaît la situation ; c'est la foi de Léonte qui est en jeu. Et la cérémonie a lieu à la convenance de Léonte, et sous son autorité :

> PAULINE – Que ceux, pour qui ce que je vais accomplir est une œuvre illicite,
> se retirent.
> LÉONTE – Faites ! Pas un pied ne bougera.
> (V, 3, 96-98, p. 465.)

Nous autres, le public qui assiste à cet événement, sommes donc aussi placés sous son autorité. Ce qui arrive à partir de maintenant sera aussi ce qu'il engendre, ce qu'il produit. Pour voir ce qui arrive à cette scène lorsqu'on la conçoit comme sa création, et comme le point culminant de ce qu'il a créé, je rapprocherai ceci de deux autres moments où il exerce son autorité lors des premières scènes en Sicile. Premièrement, son aparté lorsqu'il renvoie Hermione et Polyxène vaquer à leur guise :

> Je suis en train de pêcher,
> Bien que vous ne voyiez pas comment je jette ma ligne.
> (I, 2, 180-181, p. 347.)

Si l'on y voit une révélation de l'auteur à son public, il est en train de nous mettre en garde sur le fait que ce qui nous échappe de ses lignes nous conduira à nous trahir. Et je rapproche son autorité – aussi compromise que toute autorité se révèle être – du constat qu'il interrompt le récit d'engendrement de son fils, encore une identification autoriale de soi. Léonte a trouvé la voix pour le compléter, en quelque sorte la voix d'un fils, comme s'il acceptait en lui-même les voix du père et du fils, celle qui ordonne et celle qui murmure, et donc une forme de multiplicité, s'acceptant lui-même comme ayant et comme étant un problème. Quel est ce problème ?

J'ai dit que ce n'était pas seulement le drame qui était produit par le récit de la romance, comme d'une source, mais Hermione elle-même en tant que drame. Peut-on y voir Hermione comme le problème de Léonte ? Mais c'est là le sens – n'est-ce pas ? – du passage de la Genèse qui légitime le mariage selon les théologiens, le passage dans lequel l'origine du mariage est présentée comme la création de la femme à partir de l'homme. C'est ainsi qu'ils ne font qu'une seule chair. Soulignons alors que cette cérémonie d'union prend la forme d'une cérémonie de la séparation, en déclarant que la question de deux êtres n'en devenant qu'un n'est pas tout le problème ; l'autre partie du problème est comment un devient deux. C'est la séparation que la participation de Léonte à l'engendrement rend manifeste – Hermione a, et il y a, une vie au-delà de celle de Léonte ; Hermione peut créer une existence au-delà de celle de Léonte et de la sienne, et aussi au-delà de la plénitude et du néant. La scène finale de ce *Conte d'hiver* interprète cette création comme leur création l'un par l'autre. Tous deux s'éveillent, l'un comme l'autre était de pierre, on ne saurait dire qui bouge le premier, qui répond en premier. Le premier geste de vengeance paraît facile à identifier ; le premier geste de renoncement à la vengeance, impossible. Certains bons lecteurs de cette pièce, qui aimeraient la trouver plus crédible qu'ils n'en sont capables, se disent assez peu convaincus par cette scène finale qui ne « marche » pas (comme le veut l'expression typique). Mais je considère qu'un certain degré d'incertitude correspond ici précisément à la logique de cette scène, aussi essentiel à sa métaphysique qu'à son efficacité dramaturgique. Que cela marche n'est pas plus la cause de notre conviction ou de notre participation, qu'il n'en est leur effet ; et notre capacité à prendre part à quelque chose est précisément une manière de caractériser la méthode adoptée dans cette pièce de théâtre, pas moins que son sujet.

La scène finale est-elle une scène de pardon, le pardon qu'Hermione accorde à Léonte ? Au début de l'acte V, Léonte est avisé par l'un de ses fidèles vassaux qu'il a « racheté », « acquitté », et plus que compensé ses erreurs par sa pénitence, et qu'il devrait faire « ce qu'ont fait les cieux, oubliez votre mal ; / pardonnez-vous comme ils vous pardonnent » [1]. Ce mystérieux conseil implique tout d'abord que pour être pardonné, on doive s'autoriser à l'être, que l'on accepte d'être pardonné ; Léonte est-il allé jusque-là ? Ce semble être la forme par laquelle on s'abstient et renonce à la revanche sur la vie (comme Nietzsche aurait pu le dire), à l'attachement au néant. Les romantiques considéraient cette revanche, par exemple dans *Le Vieux marin*, comme une façon de porter la mort du monde en nous, dans les représentations que nous nous en faisons. La scène qui conclut le *Conte d'hiver* montre en quoi peut consister le fait de retrouver en soi-même la vie du monde.

La vie du monde, à supposer que le monde survive, devient-elle une lourde responsabilité ? Son poids n'a rien à voir avec sa dimension, mais avec sa spécificité. Ce n'est pas une responsabilité plus lourde que celle de la vie de nos mots, comme Emerson et Thoreau auraient pu le dire. Nous pourrions y penser comme à la charge de « tendre, en quelque sorte, un miroir à la nature » [2]. Et pourquoi devrait-on simplement supposer que cette image d'Hamlet incite les comédiens que nous sommes à imiter, c'est-à-dire à copier ou à reproduire, la nature (humaine) ? Le souci d'Hamlet, face à ceux dont « l'imitation de l'humanité était abominable » [3], ne signifie pas seulement qu'il faut veiller à ne pas trop mal imiter les êtres humains, mais aussi veiller à ce que nous ne devenions pas des imitations de l'espèce humaine, des abominations ; comme si de bien imiter, de bien représenter

1. Dans l'édition citée, p. 443.
2. *Hamlet*, III, 2.
3. *Ibid.*

– c'est-à-dire, participer à – la nature de cette espèce était la condition d'un devenir humain. Tel est l'enjeu du théâtre shakespearien dans la représentation, ou le jeu, des êtres humains. Dès lors l'image du miroir tendu à la nature nous demande autre chose : de vérifier si ce miroir se trouble, signe que la nature respire (encore, ou de nouveau) – et nous demande de nous comporter en choses affectées par cette question.

À STANFORD

Conférence « Reconstruire l'individualisme » (1984)

CHAPITRE 5

ÊTRE À PART, RENDRE LA PAREILLE
DESCARTES, EMERSON, POE

À l'entrée du hall William James à Harvard, sur l'énorme masse de béton au-dessus des ascenseurs qui vous font face lorsque vous y pénétrez, de grands caractères en laiton forment les deux phrases suivantes, que d'autres caractères du même genre attribuent à William James :

LA COMMUNAUTÉ NE FAIT QUE STAGNER SANS L'IMPULSION
DONNÉE PAR L'INDIVIDU
CETTE IMPULSION SE PERD SANS LA SYMPATHIE DE LA COMMUNAUTÉ

On peut considérer que ce message s'adresse de fait à quiconque s'arrête pour le lire, et on peut donc le prendre pour un avertissement, une exhortation, ou une description du monde comme il va – ou bien encore, on peut y voir l'affirmation d'une relation transcendantale entre les concepts de communauté et d'individu tels qu'ils se sont jusqu'à présent révélés. Cette multiplicité d'interprétations produit-elle ce que certains théoriciens de la littérature appellent de nos jours un indécidable ? Ou l'indifférence de marbre de cette inscription sur le mur est-elle l'expression de la façon dont nous évitons de décider, au refus de nous appliquer nos propres mots, de les prendre sur nous ?

Cette conférence sera une manière de faire le point sur la trajectoire philosophique que j'ai suivie pour situer ce que nous avons hérité de Wittgenstein et de Heidegger, et avant eux d'Emerson et de Thoreau, car tous semblent bien se poser une même question : celle de savoir si l'individu et la communauté ont jamais existé, ou existent encore. Cette question (on pourrait dire aussi : ce fantasme) donne autant de raisons de désespérer que d'espérer en l'humain dans son état présent. C'est aussi cette question ou cette idée qui m'a incité à aller chercher certains enseignements du côté des comédies hollywoodiennes du remariage et, avant cela, du côté des comédies et des tragédies shakespeariennes. Dans cet esprit, je ne cherche pas à proposer de solution à la question de savoir si la société est un fléau ou une chance pour l'individu, ni à donner mon avis sur celle de savoir si un meilleur état du monde doit commencer par une réforme des institutions ou des personnes, un avis qui m'engagerait à définir ce que sont les institutions, les individus ainsi que leurs modes d'interpénétration. Je choisirai donc plutôt le tournant qui a marqué l'histoire de la découverte de l'individu, là où Descartes l'a placé dans ses *Méditations* – pour ainsi dire, avant que des différences soit individuelles soit institutionnelles n'entrent en jeu. Ce tournant est la découverte faite par Descartes que mon existence doit, et par conséquent peut, être prouvée (on pourrait dire authentifiée) – plus particulièrement, qu'elle nécessite que pour exister, je doive nommer mon existence, la reconnaître. Cet impératif implique que je sois un être à deux foyers, ou selon la figure d'Emerson, à deux pôles magnétiques – disons l'un positif et l'autre négatif, ou l'un actif et l'autre passif.

Une telle description peut vous sembler ne pas rendre justice à l'argument cartésien du *cogito*. Mais s'il y a bien quelque chose de ce genre qui parvient à saisir le sens de cet argument, c'est selon moi ce que dit Emerson dans « La confiance en soi », même si c'est peut-être exprimé en un langage si familier qu'il en devient inaudible. Ma première tâche consistera donc à établir en quoi l'essai d'Emerson y parvient ; la deuxième consistera à dire pourquoi Emerson a raison, que ce soit dans son interprétation de Descartes ou de ce qu'il en a hérité, autant que tout autre descendant philosophique de Descartes que je connaisse. À la suite de quoi, en troisième tâche principale, j'aborderai deux nouvelles d'Edgar Allan Poe, en premier lieu « Le démon de la perversité » [*The Imp of the Perverse*], et dans une moindre mesure « Le chat noir ». Ces récits, à mon sens, mettent en jeu le même impératif de l'existence humaine : qu'elle doit faire ses preuves ou se déclarer. Et puisque dans « Le démon de la perversité », Poe fait plus d'une fois allusion à *Hamlet*, cela nous ramènera au titre de mon texte, à l'idée de réfléchir à l'individualité (ou à sa perte) sous le signe de la revanche, de rendre la pareille pour être à part.

La manière dont Emerson intègre Descartes dans « La Confiance en soi » est tout sauf masquée. Au centre de cet essai se trouve un paragraphe qui débute ainsi : « L'homme est frileux et timoré ; il ne se tient plus droit ; il n'ose pas dire "je pense", "je suis", mais il cite tel ou tel, saint ou sage » [1]. J'ai l'impression que les lecteurs n'ont pas relevé cette allusion, ou répétition, peut-être en raison de la vieille habitude qui consiste à faire preuve de condescendance envers Emerson (comme pour compenser leur goût de ses textes en concédant qu'il n'était pas réellement capable d'une pensée suivie, et encore moins capable de se mesurer à Descartes), peut-être en raison du rappel ou du présupposé que le *cogito* doit toujours être exprimé en des termes que l'on peut traduire par « je pense, *donc* je suis ». Mais dans la Deuxième Méditation de Descartes, où il me semble qu'on le rencontre le plus souvent, cette intuition est exprimée de la façon suivante : « [la] proposition *je suis, j'existe* est nécessairement vraie toutes les fois que je la prononce ou que je la conçois dans mon esprit » [2]. L'accent mis par Emerson sur *le fait de dire* « je » est précisément fidèle à cette expression même de l'intuition de Descartes.

C'est ce trait caractéristique du *cogito* qui est souligné dans les meilleurs commentaires sur Descartes que l'on trouve dans la philosophie analytique récente, où ce problème, associé aux noms de Jaakko Hintikka et de Bernard Williams, est formulé comme la question de savoir si la certitude de l'existence exigée et proclamée par le *cogito* résulte bien du fait de prendre l'affirmation « je pense » comme le point de départ d'une inférence (c'est-à-dire une prémisse), ou comme l'expression d'une performance. Williams a du mal à se contenter de dire, à l'instar d'Hintikka, que le *cogito*

1. R. W. Emerson, *Confiance en soi*, p. 124.

2. R. Descartes, *Méditations métaphysiques*, Paris, GF-Flammarion, 1992, p. 73.

n'est tout simplement pas une inférence, et qu'il s'agit juste d'une sorte de performance ; mais il insiste sur le fait que ce n'est pas une inférence ordinaire, ou syllogistique, de même qu'il insiste, à la fin d'une discussion serrée, sur le fait que la performance dont il est question n'en est pas moins d'une nature particulière, et qui nécessite un approfondissement. Selon Williams, on peut résumer cette particularité du *cogito* de la manière suivante. D'un côté, la force du pronom de la première personne réside en ce qu'il ne peut manquer de faire référence à la personne qui s'en sert : et par conséquent, celui qui dit « j'existe » doit exister ; ou bien, pour le formuler par la négation, l'expression « j'existe » est indéniable, ce qui veut dire que « je n'existe pas » ne peut pas être dit de façon cohérente. D'un autre côté, pour que cela ait un sens, « je » doit distinguer la personne qui le dit, et qu'il ne peut manquer de désigner, des autres personnes auxquelles il ne fait pas référence dans cet énoncé. Or l'emploi qu'en fait Descartes apparaît justement dans un contexte où il n'y a pas d'« autres » qui lui permettent (pour ainsi dire) de se distinguer. La force de ce pronom est donc apparemment en conflit avec son sens.

Comparée à de telles considérations, la remarque d'Emerson sur le fait que l'on n'ose plus dire « je pense » ou « je suis » semble assez littéraire. Mais pourquoi ? Emerson soulève une question, ou un aspect de la question, qui se pose après les aspects référentiel et performatif du *cogito* – en l'occurrence la question de ce qui arrive si je *ne* dis *pas* (et bien sûr, si je ne dis pas non plus le contraire de) « je suis, j'existe », ni ne le « conçois dans mon esprit ». Un philosophe analytique aura du mal à témoigner d'un quelconque intérêt pour cet aspect de la question, dans la mesure où cela ne vaut pas vraiment la peine, semble-t-il, d'argumenter pour ou contre l'inférence selon laquelle si je ne dis pas ou ne performe pas les mots « je suis » ou leur équivalent (à voix haute ou en silence), alors je n'existe peut-être pas. Assurément, on peut penser que le fait que certains mots soient prononcés ou pensés importe à la question de savoir si celui ou celle qui les dit ou les pense existe, au mieux dans la mesure où cela détermine s'il ou elle *a conscience* de sa propre existence, mais certainement pas dans la mesure où en parler ou y penser pourrait créer cette existence.

Pourtant cette certitude semble contraire aux découvertes de Descartes. Quelques paragraphes après avoir énoncé le *cogito*, il se met à spéculer : « Je suis, j'existe – cela est certain ; mais pour combien de temps ? Pour aussi longtemps que je pense : car il pourrait peut-être se faire, si je cessais totalement de penser, que je cessasse aussi complètement d'exister ». Ce dernier point ne dit pas tout à fait que cesser de penser serait la cause de cesser d'être, voire y serait identique. Cela pourrait revenir au même si je devais me penser comme ayant un créateur (et donc, selon Descartes, un protecteur) et si tout autre candidat à ce rôle autre que moi faisait défaut. Ces dernières hypothèses semblent fidèles au texte de Descartes, de telle sorte que je suis prêt à accepter l'idée que le *cogito* ne représente que la première manche dans tout ce que l'on peut dire de la relation entre ma pensée et mon existence, ou peut-être que « je pense, donc je suis » n'exprime qu'une première manche du *cogito* : Descartes établit à sa propre satisfaction que je n'existe que lorsque je pense, ou si *et seulement si* je pense. C'est ce dernier point, semble-t-il, qui l'amène à prétendre que l'esprit pense toujours – une idée dont Nietzsche et Freud tireront parti ensuite.

Emerson suit jusqu'au bout l'intuition de Descartes – que j'existe seulement si je pense – mais il nie alors que (la plupart du temps) je pense effectivement, que le « je » pénètre constamment ma pensée, en quelque sorte. Il en résulte que l'hypothèse du scepticisme se réalise – que je n'existe pas, qu'en quelque sorte je hante ce monde, une prise de conscience que l'on exprimera peut-être en disant que l'existence que je mène est une vie de scepticisme. Peu avant la fin de la Deuxième Méditation, Descartes fait observer que « si je juge que [quoi que ce soit, disons le monde extérieur] existe, de ce que je [le] vois, il suit bien plus évidemment que je suis ou que j'existe moi-même, de ce que je [le] vois » [1]. Et puisque l'existence du monde est plus douteuse que ma propre existence, si je ne sais pas que j'existe, c'est de manière encore plus évidente, pour ainsi dire, que j'ignore que les choses du monde existent. Si, par conséquent, on doit comprendre qu'Emerson est en train de décrire la vie qu'il me reste

1. R. Descartes, *Méditations métaphysiques*, *op. cit.*, p. 89-91.

sous l'emprise du scepticisme – ce qui signifie que je n'existe pas parmi les choses du monde, que je ne fais que hanter le monde – et si pour cette raison on doit considérer Emerson comme un littéraire et non comme un philosophe, nous pourrions en conclure : tant pis pour la philosophie. La philosophie se dérobe devant la description de la possibilité même de ce qu'elle entreprend de réfuter (le scepticisme), de sorte qu'elle ne peut jamais savoir si elle est parvenue à écarter sa *némésis*.

Il me semble cependant qu'on peut constater à quel point Emerson parvient à sa conclusion en toute fidélité avec la propre démarche de Descartes, avec le fait, pour le formuler ainsi, que les procédés auxquels Descartes recourt sont eux-mêmes essentiellement littéraires autant que philosophiques, et qu'il est peut-être devenu essentiel à la philosophie de le montrer. Après être parvenu au *cogito*, Descartes pose aussitôt la question de son identité métaphysique : « Mais je ne connais pas encore assez clairement ce que je suis, moi qui suis certain que je suis » [1]. Il pose cette question six ou sept fois au cours des sept ou huit paragraphes suivants, en rejetant au passage plusieurs réponses possibles – qu'il est un animal raisonnable, qu'il est un corps, ou que son âme est « quelque chose extrêmement rare et subtile, comme un vent, une flamme, ou un air très délié, qui était insinué et répandu dans [ses] plus grossières parties » [2] – avant de s'arrêter à la réponse selon laquelle il est essentiellement une chose qui pense. Il n'y a rien dans toutes ces considérations que l'on puisse appeler un argument ou une inférence ; et de fait, la façon la plus évidente de décrire ces derniers passages est d'affirmer qu'ils constituent une sorte de récit autobiographique. Si Descartes est en train de philosopher ici, et si ce genre de passage est essentiel à sa démarche philosophique, il s'ensuit que la philosophie ne se réduit pas à l'argumentation. Et si la puissance de ces passages est littéraire, alors le littéraire est essentiel à la puissance de la philosophie ; à un certain moment, ce qui est philosophique devient ou se transforme en littérature.

1. R. Descartes, *Méditations métaphysiques*, *op. cit.*, p. 73.
2. *Ibid.*, p. 75.

Je pense qu'il est possible de décrire l'approche d'Emerson de la façon suivante : il s'est posé à lui-même la question cartésienne et il a fourni un nouveau registre de réponse, une réponse qu'on pourrait qualifier de grammaticale : je suis un être qui pour exister doit pouvoir dire « j'existe ». Ou encore : un être qui doit reconnaître son existence – la revendiquer, la mettre en jeu, en acte.

La beauté de cette réponse repose entièrement sur sa faiblesse (on pourrait même dire : sa vacuité) – en fait, sur deux faiblesses. Premièrement, elle ne préjuge en rien de ce que le *je*, le soi, l'esprit ou l'âme pourra s'avérer être, mais elle ne fait que préciser une condition qu'il doit remplir, quel qu'il soit. Deuxièmement, la preuve ne marche qu'au moment où elle est donnée, car ce que je prouve n'est que l'existence d'une créature *capable* de proclamer son existence – une capacité qui est exemplifiée par l'acte d'en donner la preuve – et non pas celle d'un être qui la décrète à tout moment. Le caractère passager de l'existence qu'elle prouve et le caractère éphémère de la manière dont elle est prouvée semblent bien être dans l'esprit des *Méditations*, y compris celui des preuves cartésiennes de l'existence de Dieu; ce caractère passager serait la leçon à tirer de l'insistance cartésienne sur la présence d'idées claires et distinctes qui sont essentielles, dirais-je, à la connaissance philosophique. C'est seulement en la présence fugitive de telles idées que la preuve produit un effet – comme s'il n'y avait rien sur quoi s'appuyer sinon la confiance [*reliance*] elle-même. Voilà peut-être pourquoi Emerson dira : « parler de confiance est une piètre façon de s'exprimer » [1].

Que ce que je suis soit quelqu'un qui pour exister décrète sa propre existence, voilà une réponse que Descartes aurait presque pu lui-même donner, dans la mesure où ce n'est guère plus qu'une transcription littérale de ce que j'ai présenté comme la seconde manche du *cogito*. C'est une façon de voir dans les grandes lignes la conception de l'existence humaine qu'adopte Heidegger dans *Être et Temps* : l'être du *Dasein* est tel que son être constitue un problème pour lui (§ 9). Mais pour Descartes, donner une telle réponse aurait

1. R. W. Emerson, *Confiance en soi*, p. 127.

mis en danger le tout premier dessein de ses *Méditations*, qui était d'offrir la preuve de l'existence de Dieu. S'il est vrai que je suis quelqu'un qui peut décréter sa propre existence, le rôle de Dieu dans cet acte de décret se trouve compromis. Le terme cartésien pour ce que j'appelle « décréter » – ou « affirmer », « risquer », ou encore « reconnaître » – est « être l'auteur de ». Ainsi, dans la Troisième Méditation :

> [J'aimerais] considérer si moi-même, qui ai cette idée de Dieu, je pourrais être, en cas qu'il n'y eût point de Dieu. Et je demande, de qui aurais-je mon existence ? Peut-être de moi-même, ou de mes parents [...] Or, si j'étais indépendant de tout autre, et que je fusse moi-même l'auteur de mon être, certes je ne douterais d'aucune chose, je ne concevrais plus de désirs, et enfin il ne me manquerait aucune perfection [...] et ainsi je serais Dieu. [...] Et encore que je puisse supposer que peut-être j'ai toujours été comme je suis maintenant, je ne saurais pas pour cela éviter la force de ce raisonnement, et ne laisse pas de connaître qu'il est nécessaire que Dieu soit l'auteur de mon existence [1].

Visiblement c'est le sens même de mon besoin d'avoir une preuve humaine de mon existence humaine – une sorte d'authentification – qui est la source de l'idée que j'ai besoin d'un auteur. (« Le besoin de preuve » sera ce que devient mon impression d'être de passage, ou dépendant, incomplet, inachevé, sans caution aucune – bref, l'intuition que j'ai de ne pas être autorisé.)

Sans aucun doute l'idée de s'autoriser soi-même est-elle purement métaphorique, et ne fait que profiter de la coïncidence que le mot latin pour auteur soit aussi le mot qui exprime la création – rien d'autre ici que l'image romantique, à présent totalement discréditée, de l'auteur ou de l'artiste original au point d'en être incompris, génie créateur du monde et de lui-même. Certes, la problématique de décréter sa propre existence frôle parfois le non-sens métaphysique : elle nous demande en effet de passer de la considération que nous puissions avoir raison de répudier certaines de nos actions (celles que nous avons

1. R. Descartes, *Méditations métaphysiques*, *op. cit.*, p. 121-123.

faites, pour ainsi dire, contre notre volonté), voire de la considération que nous puissions répudier certaines de nos pensées (celles peut-être d'après lesquelles nous ne songerions pas à agir, bien qu'ici le terrain se révèle philosophiquement et psychologiquement plus dangereux), à la possibilité que pas une seule de mes actions ou de mes pensées ne soit mienne – comme si, sans être un fantôme, j'étais en quelque sorte *actionné*, de l'intérieur ou de l'extérieur. Ce saut vers le métaphysique revient à déclarer que puisque cela a un sens de supposer que je puisse perdre l'un des membres de mon corps, voire tous, alors il se pourrait que je n'aie pas de corps du tout ; ou bien que dès lors que je ne vois jamais aucun objet dans sa totalité, et donc que je risque de ne pas savoir qu'un objet donné existe, alors je ne peux pas savoir que le monde extérieur existe en tant que tel. La philosophie du langage ordinaire, et en particulier les enseignements d'Austin et de Wittgenstein, a discrédité de tels sauts métaphysiques, comme un moyen de discréditer les conclusions du scepticisme. Mais selon mon interprétation de Wittgenstein, ce qui est discrédité, ce ne sont pas l'attrait ou la menace du scepticisme en tant que tels, mais seulement les idées que le scepticisme se fait de ce qu'il accomplit. De la même façon, ce qui est discrédité dans le savoir romantique sur la création de soi n'est qu'une description partielle de la qualité d'auteur et de la création, une image de la création humaine comme une forme d'anthropomorphisme littéral de la création divine – comme si pour me créer moi-même j'étais obligé de partir de la poussière et d'un souffle magique, plutôt que, disons, d'un être humain incréé et du pouvoir de penser.

Que l'argile humaine et les facultés humaines de penser suffisent à inspirer la création de soi, c'est bien, en tout cas, ce que revendique « La confiance en soi » d'Emerson dans sa relecture de l'argument cartésien du *cogito*, telle que je l'interprète. Le retournement de Descartes qui sous-tend cette idée me semble être quelque chose comme ceci : il y a un sens où être créateur de soi n'implique pas nécessairement de s'imaginer être Dieu (qui n'est peut-être que le nom de la conception particulière du soi comme substance présente à soi) ; un sens en lequel l'absence de doute et de désir – dont parle

Descartes dans sa preuve que Dieu, et non lui-même, est l'auteur de son être – se trouve être une tâche continuelle et pas une propriété, une tâche dont le but ou le résultat recherché n'est pas un état mais un moment de changement, de devenir – une transitivité de l'être, un être de transitivité. (Emerson note : « Le monde n'a que haine pour ce fait-là : le fait que l'âme *devient* » [1]). Pour donner un sens à cette formule, Emerson a besoin d'une vision du monde, d'un aperçu de son état de chute, où la condition de *non-création* de l'individu puisse se manifester, où la vie humaine apparaisse comme l'échec de l'individu à se créer lui-même, comme une perte continuelle de toute possibilité individuelle face à un compétiteur surpuissant. Ce qui revient à dire que, si mon commentaire de la façon dont Emerson lit Descartes est juste, le besoin d'un *cogito* se fait alors sentir à certains moments historiques dans la vie d'un individu et dans la vie d'une culture.

Emerson appelle « conformisme » le mode d'une vie sans création. Mais chaque prophète de la modernité semble être tenu de trouver un moyen de caractériser la menace que le mode de vie de la société qui l'entoure fait peser sur l'existence individuelle, sur l'individuation. John Stuart Mill (dans *De la liberté*, III) l'appelait le despotisme de l'opinion, et il décrivait ce qu'est être humain à son époque en termes de difformité ; il parle de nous comme d'êtres atrophiés et affamés, et il nous compare à des nains. Nietzsche appelait cette menace le monde du dernier homme (« Prologue de Zarathoustra », § 5) ou le monde des meurtriers de Dieu (*Le gai savoir*, § 125). Marx la conçoit plutôt comme la préexistence de l'humain. La découverte par Freud du caractère signifiant de l'expression humaine, resté jusqu'alors incompris, appartient à cette lignée de prophéties. L'originalité philosophique d'Emerson réside ici dans le diagnostic qu'il pose de ce moment et dans la thérapie qu'il recommande.

C'est en tant que diagnostic de cet état du monde qu'Emerson annonce que l'on ne peut pas, ou ne peut plus, donner la preuve de l'existence de soi que Descartes avait fournie (qui était le fondement, Descartes l'appelle ainsi, de l'édifice formé par ses anciennes opinions,

1. R. W. Emerson, *Confiance en soi*, p. 127.

le pivot fixe et inamovible permettant de repositionner le globe terrestre) ; Emerson nous demande par là-même d'en déduire (car telle est la nature de cette preuve unique en son genre) que l'homme, l'humain, n'existe pas, ou n'existe plus. Voici à nouveau la phrase d'Emerson, jointe à l'une de celles qui la suivent :

> L'homme est frileux et timoré ; il ne se tient plus droit ; il n'ose pas dire « je pense », « je suis », mais il cite tel ou tel, saint ou sage. Il a honte devant le brin d'herbe ou la rose qui s'ouvre. Ces roses [...] sont pour ce qu'elles sont ; elles existent avec Dieu aujourd'hui [1].

Nous pouvons identifier la thérapie qu'Emerson propose en fonction de la vision qu'il donne de cette prétendue perte d'existence de l'homme, si nous prenons les notations successives de cette vision en apposition, pour des interprétations les unes des autres : être timoré ; ne plus se tenir droit ; ne pas oser dire, mais seulement citer ; avoir honte, comme de ne pas exister aujourd'hui. Comme Wittgenstein aurait pu le dire, de nombreux chemins familiers partent de ces mots et vont dans toutes les directions (*Recherches philosophiques*, § 525). Suivons donc deux ou trois de ces chemins, ou donnons-en au moins quelques indications.

Pour commencer, l'idée que quelque chose dans notre mode d'existence nous éloigne de la nature, et que cela a à voir avec le fait d'avoir honte, fait bien évidemment allusion à la problématique romantique de la conscience de soi (ou bien à l'interprétation postkantienne de cette problématique), qui est une interprétation particulière de la Chute de l'Homme. Mais si l'on met côte à côte la honte qu'évoque Emerson et son idée que nous ne nous tenons plus droit, alors on peut dire qu'Emerson semble bien plutôt mettre en question, et non transmettre, cette interprétation romantique de la Chute comme conscience de soi, en refusant de considérer notre honte comme une perte d'innocence métaphysiquement irrévocable, et en voyant au contraire en elle l'adoption non nécessaire (ou nécessaire uniquement au sens où l'Histoire a sa nécessité) d'une piètre posture, une posture qu'il nomme frilosité et timidité. Je me contenterai

1. *Ibid.*, p. 124.

d'avancer, sans en donner aucune preuve textuelle (en particulier les contextes où le mot « honte » et ses variantes se déploient tout au long de l'essai d'Emerson), que le remède proposé consiste à devenir honteux de notre propre honte, et à juger notre posture de contrition plus honteuse que tout ce à quoi elle pourrait réagir. On pourrait dire qu'Emerson incite à éprouver plus de conscience de soi, et pas moins ; mais mieux vaudrait dire qu'il montre que la conscience de soi ne pose pas les difficultés que l'on s'imagine. Elle est, ou la conception que nous en avons est elle-même, l'effet d'une mauvaise posture.

Vraiment tout ce qui vient d'être dit jusqu'ici à propos de l'existence, de la préexistence, etc., pourrait cependant être l'effet d'une mauvaise posture – y compris bien sûr, notre idée de ce que peut être une mauvaise posture. Mal se tenir, c'est ce qu'Emerson appelle tour à tour, en un même passage, épier ou voler, rôder « en ayant l'air d'un pauvre, d'un bâtard ou d'un intrus dans le monde qui existe pour lui »[1] ; dans un autre passage, il trouve que certains hommes agissent comme si leurs actes étaient des amendes qu'ils paieraient « pour se faire pardonner de ne pas s'être montrés à la promenade », acquittées « comme une excuse ou des circonstances atténuantes à ce qu'est leur vie dans le monde – de même que malades et fous paient un prix de pension élevé. Leurs vertus sont des façons de faire pénitence »[2]. Cette vision d'êtres humains adoptant une attitude de pénitence perpétuelle ou d'auto-flagellation rappellera aux lecteurs de *Walden* les premières pages de ce livre (sans parler de la *Généalogie de la Morale* de Nietzsche).

La bonne posture a deux noms, ou deux modes d'être principaux dans « La confiance en soi » : se tenir debout et être assis. L'idée sous-jacente à ces modes est celle de trouver une place, de la prendre et d'y rester. Ce qui est bon dans ces postures est tout ce qui les rend nécessaires à la reconnaissance, ou à l'assomption, de l'existence de l'individu, de la capacité à dire « je ». Que cela demande d'oser, c'est ce que se tenir debout (se lever) représente ; que cela nécessite

1. R. W. Emerson, *Confiance en soi*, p. 118.
2. *Ibid.*, p. 108.

de réclamer ce qui vous appartient et de ne pas réclamer ce qui ne vous appartient pas, c'est ce qu'être assis représente. Être assis est donc l'attitude qui consiste à être chez soi dans le monde (ce n'est pas scruter, dérober, rôder, ni, comme il le dit aussi, se pencher), c'est posséder ou prendre possession. Cette description de la position assise est là aussi prolongée dans *Walden*, au début du deuxième chapitre (« Où j'ai vécu, et pour quoi j'ai vécu ») où ce que Thoreau appelle acquérir une propriété est ce que la plupart des gens considèreraient comme y passer à côté. Résistant à la tentation de suivre les méandres de ces chemins, j'ajouterai aussitôt que ne pas oser dire quelque chose revient à se contenter d'une citation.

Il y a là une sorte de gag qui plaît particulièrement à notre sensibilité contemporaine. Emerson écrit : « L'homme n'ose pas dire [...] mais il cite ». Or puisqu'en l'occurrence il cite Descartes, n'est-il pas en train de confesser que lui aussi ne peut rien dire mais seulement citer ? Devrions-nous alors en conclure qu'il retire entièrement ou démantèle (comme vous voudrez) toute l'idée directrice de « La confiance en soi » ? Ou alors est-il plutôt en train de suggérer qu'il nous faut surmonter l'opposition binaire entre dire et citer, de reconnaître qu'en faisant l'un, nous faisons toujours les deux, ou que la différence est indécidable ? Cette différence me semble être, à peu de chose près, la différence entre ce que Thoreau appelle la langue maternelle et la langue paternelle, marquant peut-être ainsi la différence entre langage et littérarité. Et puisque je traite la différence entre dire et citer comme une différence de tenue, la suggestion d'une indécidabilité me frappe ici comme l'adoption d'une posture, assez mauvaise d'ailleurs. J'imagine qu'on me dira que la différence de posture participe de la même indécidabilité. Ma réplique sera que vous pouvez décider de le dire. Ma décision est autre. (Et elle est étayée par l'idée qu'on peut lire ainsi l'un des conseils prodigués par Freud : là où la pensée a lieu en moi, c'est là que je dois me trouver moi-même.)

La plaisanterie d'Emerson, qui nous suggère que dire, c'est citer, condense un certain nombre d'idées. Premièrement, le langage est un héritage. Les mots existent avant moi ; ils sont communs. Deuxièmement, la question de savoir si je les dis ou si je les cite – si je les prononce neufs ou d'occasion, en quelque sorte – ce qui signifie selon que je pense ou que j'imite, c'est la même question que celle de savoir si j'existe ou non en tant qu'être humain, et c'est une affaire de preuves. Troisièmement, l'écrit dont cette plaisanterie fait partie est une expression de la preuve que je dis « je », donc de l'affirmation que l'écriture est une question, disons une décision, de vie ou de mort, et que ce à quoi cela revient est au fait que nous héritons du langage, que nous nous approprions les mots, ce qui ne les retire pas de la circulation mais les ramène plutôt à la vie.

Le fait que revendiquer son existence requiert de rendre les mots au langage, comme pour les rendre communs à tous, c'est ce que suggère la quatrième phrase de « La confiance en soi » : « Croire en votre propre pensée, croire que ce qui est vrai pour vous au plus secret de votre cœur est vrai pour tous les hommes – là est le génie »[1]. (L'une des pistes qu'ouvrent ces propos conduit à la transformation de l'idée romantique du génie : le génie n'est pas un don particulier, comme le serait la virtuosité, mais une certaine attitude par rapport à un don, quel qu'il soit, que vous découvrez en vous, comme si la vie était elle-même un don, et un don remarquable.) Le génie est ainsi le nom donné à la promesse que le privé et le social seront accomplis ensemble, et donc à la prise de conscience que notre vie aujourd'hui se passe en l'absence de l'un comme de l'autre.

C'est à cette promesse qu'Emerson consacre son écriture lorsqu'il dit : « Je fuis père et mère, femme et frère lorsque mon génie m'appelle. J'écrirais volontiers sur les linteaux de la porte d'entrée : *Caprice* »[2]. (Je ne répéterai pas ce que j'ai dit ailleurs sur le fait qu'Emerson inscrive « Caprice » à la place de Dieu, pariant ainsi que l'ensemble de ses écrits a le pouvoir de conjurer l'ange de la mort.) Ce que je veux souligner ici est seulement que le pouvoir revitalisant des mots, celui de dire « je », n'est que notre disposition à soumettre notre désir aux mots (appelons ça « caprice »), à nous rendre intelligible, sans la moindre assurance que nous serons compris. (« J'espère du moins que c'est quelque chose de mieux que le caprice, mais nous ne pouvons

1. R. W. Emerson, *Confiance en soi*, p. 100.
2. *Ibid.*, p. 107.

pas passer la journée en explications. ») Emerson se consacre ainsi au désir acharné de trouver sa voix propre, avec le risque que cela rende les autres furieux, y compris père et mère. Cette ferveur met en jeu une attitude ou une réaction envers le langage en tant que tel, comme si les paroles de la plupart des hommes réclamaient désespérément la rédemption : « Ce conformisme fait qu'ils se trompent non pas sur certains points, devenant auteurs de quelques mensonges, mais sur tous les points [...] si bien que chaque mot qu'ils prononcent nous chagrine et nous ne savons par où commencer pour les corriger » [1].

Citer la qualité d'auteur comme la charge qui incombe à tous les usagers du langage, considérer quelque chose d'aussi communément partagé comme du génie, c'est la plus simple justification du fait de voir la déclaration ou la reconnaissance de mon existence comme l'acte par lequel je deviens l'auteur de ma propre existence, et en particulier la justification de ce qu'Emerson nous semble revendiquer pour son écriture : tout d'abord, qu'elle est une preuve de son existence humaine (c'est-à-dire qu'elle établit son droit à dire « je » pour se distinguer des autres et aux yeux des autres) ; ensuite, que les autres sont capables de prouver pour eux-mêmes ce qu'il a prouvé pour lui-même.

Ces revendications se rencontrent dans une affirmation telle que « Je tiendrai lieu de l'humanité », que nous reconnaîtrons comme le marqueur d'un certain nombre de pistes : que l'écriture d'Emerson se tient droite et debout ; que ce qu'elle dit représente l'humain, ce qui signifie à la fois que le portrait qu'il dresse de lui-même est véridique uniquement dans la mesure où il s'applique aussi à ses semblables et qu'il écrit en leur nom (à la fois tels qu'ils sont et tels qu'ils se tiennent face à ce qui pourrait advenir, ce que l'humanité pourrait devenir) ; que pour le moment, il portera l'humanité, la supportera telle qu'elle est ; et qu'il la défendra, la protégera, veillera sur elle, probablement contre elle-même. Mais protéger et veiller sur quelqu'un en écrivant à et pour ce quelqu'un, cela veut dire lui procurer une instruction, ou un enseignement [*tuition*].

1. *Ibid.*, p. 110-111.

La piste que je ne vais pas suivre ici partirait des propos d'Emerson sur « cette sagesse première [qu'est] l'intuition », ce à quoi il ajoute : « tous les enseignements ensuite ne sont que des cours » [*tuitions*] [1]. J'indique cette piste pour rappeler l'exaspération qui est la mienne face à la manière récurrente, conformiste, dont on décrit Emerson comme un philosophe de l'*intuition*, une analyse qui néglige constamment d'ajouter qu'il est en même temps un enseignant des instructions : comme si son évocation de tous les enseignements suivants traduisait une dévaluation de ces enseignements plutôt que la direction à leur donner pour leur conférer une valeur nécessaire. Prenons l'appel de son génie pour le nom à donner à l'intuition. Inscrire le mot « caprice » sur sa porte d'entrée était l'instruction de l'intuition [*intuition's tuition*] ; une promulgation de l'obligation de signaler la vocation ou la disponibilité du génie ; de courir le risque (ou, comme le dirait Thoreau, d'asseoir le risque) de noter ce qui vous arrive, de rendre ce qui vous arrive intéressant, remarquable, pensable – de vous soumettre à l'épreuve, comme nous l'avons dit, de l'intelligible.

Comment pourrions-nous évaluer cette revendication qu'a l'écriture d'Emerson d'être une telle mise en acte, sa revendication de pouvoir se promulguer ou se reconnaître elle-même, d'assumer son existence, ou selon les mots de Nietzsche, ou plutôt ceux de Zarathoustra (que j'imagine plus ou moins en train de citer Emerson), de montrer qu'Emerson « n'est pas *je* en parole mais *je* en action » [a] ? (Les simples complications qu'engendre l'auto-référence, les formules toutes faites de certains modernisateurs, pourraient ne rien faire d'autre que répandre la rumeur de ma propre existence.) Comment faire autrement que de laisser le texte nous dicter comment l'évaluer, mot à mot ?

« La confiance en soi » dans son ensemble propose une théorie – j'aimerais que nous trouvions le moyen de l'appeler une esthétique – de la lecture. Ses premiers mots sont « je lisais dernièrement », et quatre paragraphes avant qu'Emerson ne cite le *cogito*, il fait

a. F. Nietzsche, *Ainsi parlait Zarathoustra*, « Des contempteurs du corps » (dans l'édition citée : p. 45).

1. R. W. Emerson, *Confiance en soi*, p. 121, traduction modifiée.

la remarque suivante : « Notre lecture n'est qu'humble quête et flagornerie », c'est-à-dire qu'il trouve que nous lisons de la façon dont nous faisons tout le reste. Comment pouvons-nous interpréter sa théorie de la lecture afin d'apprendre à le lire, lui ? Nous serions déjà censés la comprendre afin de pouvoir la comprendre. C'est ce que j'ai appelé ailleurs le paradoxe (apparent) de la lecture ; mais on pourrait tout aussi bien l'appeler le paradoxe de l'écriture, puisque d'une écriture porteuse de telles ambitions, on peut dire que c'est seulement une fois qu'elle est parvenue à créer un écrivain (ce qui peut revenir à se débarrasser de certaines voix) que l'on sait ce qu'est écrire. Or on ne le sait jamais. Je veux dire : on ne peut jamais savoir quand quelqu'un apprendra l'attitude à adopter pour lui-même, car cela voudrait dire donner un sens à un domaine en mouvement, qu'il s'agisse d'écrire, de danser, de passer une balle, d'être assis devant un clavier ou de pratiquer une association libre. Aussi le sentiment de paradoxe traduit notre incompréhension de la façon dont un tel apprentissage se fait. Ce que nous aimerions apprendre ici n'est rien de moins que savoir si Emerson existe, et donc pourrait exister pour nous ; et si, pour commencer, son écriture accomplit le *cogito* qu'il prêche.

Il affirme clairement que c'est le cas, comme il se doit. Mais avant d'y venir, laissez-moi m'arrêter un peu plus longuement sur cette nouvelle piste majeure ou ce nouvel embranchement : la théorie de la lecture que propose cet essai, et qui est aussi une théorie de l'écriture et de la parole, donc de la vue et de l'ouïe. Cette théorie est sans surprise une théorie de la communication, donc de l'expression, et donc du caractère – et le caractère ainsi conçu, ainsi qu'Emerson le conçoit toujours, désigne à la fois l'individu humain et le langage humain, comme les deux faces d'une même pièce. Le côté de l'écriture dans cette théorie est résumé par la remarque suivante : « Le caractère nous en apprend davantage que la volonté. Les hommes s'imaginent qu'ils font paraître leurs vertus ou leurs vices uniquement par des actions claires et ils ne voient pas qu'à chaque instant, vertu et vice exhalent leur propre souffle » [1]. Le côté de la lecture dans cette théorie

1. *Ibid.*, p. 115, traduction modifiée.

est résumé par celle-ci : « Parler de confiance est une piètre façon de s'exprimer. […] Quiconque a plus de docilité que moi me maîtrise [*masters*], ne lèverait-il pas même le petit doigt » [1].

Côté lecture, l'idée de maîtriser Emerson n'est pas exactement celle de le contrôler (bien que ce soit en rapport avec l'idée de le suivre de près), mais plutôt celle d'en acquérir la maîtrise, comme on le dit d'un texte difficile, d'un instrument ou d'une technique. L'idée qu'on parvienne à cette maîtrise par l'obéissance, c'est-à-dire par un mode d'écoute, rattache ce processus au fait que l'écriture d'Emerson soit tout entière consacrée à répondre à l'appel de son génie, qu'il commence par désigner sous le nom de *caprice*. Il s'ensuit que maîtriser son texte est affaire de distinguer le caprice qu'il suit à chacun de ses mots. Côté écriture, l'idée de la communication comme l'exhalaison d'un souffle à chaque instant (comme si l'un des risques naturels de l'écriture était de transmettre une maladie) signifie qu'à chaque mot que l'on émet, on en dit plus que ce que l'on croit dire (ici l'idée d'Emerson le raffiné est que l'on ne saurait sentir sa propre haleine), ce qui signifie en partie qu'on ne sait pas sur-le-champ dans quelle mesure ce que l'on dit est une citation.

(Puis-je attirer votre attention ici sur une autre piste laissée de côté, et qui nous rendrait éminemment sensibles aux raisons pour lesquelles Nietzsche apprécie tant le style d'Emerson ? Je pense ici au Nietzsche d'*Ecce Homo*, un livre sur l'écriture qui a pour sous-titre *Comment on devient ce que l'on est*. Sa préface s'ouvre sur la déclaration selon laquelle l'auteur juge indispensable de dire qui il est, parce que ses conversations avec les gens cultivés l'ont convaincu qu'il n'existait pas ; la préface se poursuit avec l'affirmation, ou l'avertissement, que le lire, c'est respirer un air mordant. La première section de ce livre, « Pourquoi je suis si sage », finit par affirmer que l'un des traits de son auteur qui ne facilite pas ses relations avec autrui est la sensibilité déconcertante de son instinct de propreté : il *flaire* l'intimité secrète, les entrailles de toute âme [2].)

1. R. W. Emerson, *Confiance en soi*, p. 127, traduction modifiée.
2. F. Nietzsche, *Ecce Homo*, § 8, p. 109 dans l'édition citée.

Ainsi, le problème que la théorie emersionienne de la lecture et de l'écriture est censée résoudre n'est pas « Que signifie un texte ? » (on pourrait par conséquent refuser d'y voir une théorie de l'interprétation) mais plutôt « Comment se fait-il qu'un texte qui nous intéresse d'une certaine façon (ce qu'exprime peut-être notre propension à le lire avec toute l'obéissance requise pour le maîtriser) en dise toujours plus que son auteur ne le sait lui-même, de telle sorte que les écrivains comme les lecteurs écrivent et lisent au-delà d'eux-mêmes ? » Ce qu'on pourrait résumer ainsi : « Que sait un texte ? » ou encore, dans les termes d'Emerson, « Quel est le génie du texte ? »

Je ferai remarquer ici la ressemblance frappante, comme une parenté intime et fructueuse, avec les approches de Derrida et de Lacan, telles que je pense les avoir comprises jusqu'à présent. Certains pourront trouver que la parenté que je décèle entre ces approches est mal choisie, par exemple s'ils considèrent qu'elle implique que ce que j'ai appelé le génie du texte, peut-être devrais-je dire sa genèse, est dommageable à l'idée qu'on se fait d'un auteur et de ses intentions, ou qu'il est incompatible avec elle. Une telle incompatibilité devrait sembler peu vraisemblable dans la mesure où aussi bien le génie que l'intention ont quelque chose à voir avec l'inclination, donc avec une attention portée à certaines choses et avec une posture donnée. Dans la discussion qui eût lieu lors d'un de ses séminaires à Harvard en 1955, Austin a comparé la fonction de l'intention avec celle d'une lampe (sur un casque de mineur ? des phares de voiture ?) (Voir le texte publié sous le titre « Trois manières de renverser de l'encre », éd. cit. p. 243). Ce qu'il pouvait avoir derrière la tête est l'idée que se rendre quelque part en voiture (obtenir intentionnellement un résultat) ne consiste pas dans l'ensemble à suspendre une paire de phares à nos épaules, puis à nous installer dans un fauteuil, en prenant au hasard un volant libre et en s'imaginant une destination. (Quoique cette histoire ne soit pas sans rappeler des situations où a pu se trouver W. C. Fields.) Bien d'autres éléments doivent trouver leur place – d'autres mécanismes et d'autres systèmes (de transmission, de carburant, d'électricité), des routes, des industries qui produisent tout cela en amont et qui en sont issues en aval, etc. – pour que des phares et un mécanisme de conduite puissent fonctionner, voire être ce qu'ils sont. Même si certains théoriciens s'expriment comme si le sens se réduisait à la seule intention, est-ce là une bonne raison pour leurs contradicteurs d'affirmer que l'intention n'est rien, ne compte pour rien dans la signification ? W. C. Fields est-il notre unique alternative à Humpty Dumpty ?[a]

Mais j'étais sur le point d'identifier l'énoncé explicite ou performatif que donne Emerson de son *cogito*. Au huitième alinéa il écrit : « Si peu nombreux et si humbles que soient mes talents, j'existe réellement, et pour mon assurance ou celle de mes concitoyens, je n'ai besoin d'aucun autre témoignage. ». Plus tôt dans ce même paragraphe il avait dit : « Ma vie existe pour elle-même et non pour la parade. [...] Je demande la preuve première de votre qualité d'homme et refuse ce transfert de l'individu à ses actes. » Et deux alinéas plus bas il promet : « Mais faites votre travail, et je saurai qui vous êtes »[1].

En refusant tout élément de preuve induit par les actions, ou disons le comportement, Emerson refuse, en quelque sorte avant l'heure, la dérouillée que subira la philosophie empiriste avec sa preuve de l'existence d'autrui par analogie avec notre propre cas, qui fait essentiellement appel au comportement d'autrui (et à sa similitude au nôtre) comme à tout ce que nous pouvons connaître d'eux avec certitude. Mais comment Emerson parvient-il à échapper et à répliquer à l'image qu'une telle dérive philosophique ne cesse de déplorer, à savoir l'image selon laquelle nous ne pouvons littéralement ni directement avoir les expériences que vivent les autres, ne pouvons

a. En rapprochant ce qu'impose la convention chez W. C. Fields et la prétention qu'a Humpty Dumpty d'être le maître, comme ça lui chante, de ce que les mots signifient (et en pensant à son propre destin), je suis loin d'oublier un passage au cours des discussions de « Must We Mean What We Say? » [« Dire et vouloir dire »] le jour où je l'ai prononcée en 1957 (à Stanford, en l'occurrence). Contre une de mes affirmations, un philosophe a cité la conception de la signification (d'un nom) selon Humpty Dumpty comme celle qui était, évidemment, en toute solennité, la plus correcte. C'était, je pense, la première fois que je prenais conscience de la possibilité que la parodie ne soit plus une tonalité intellectuelle décelable, dans la mesure où l'on ne pouvait désormais plus s'assurer que rien ne nous frappe tous comme quelque chose d'extravagant.

1. R. W. Emerson, *Confiance en soi*, p. 108-110.

obtenir ce qu'il semble appeler « l'évidence première » de leur existence ? La réplique que donne Emerson se trouve dans l'idée de ce que j'ai appelé sa promesse : « Mais faites votre travail, et je saurai qui vous êtes ». Votre travail, ce que vous avez à faire, est exemplifié, lorsque vous êtes confronté aux propos d'Emerson, par la lecture de ces propos – ce qui veut dire les maîtriser, leur obéir et donc les suivre, vous y soumettre comme l'a fait l'écrivain en entreprenant de promulguer sa propre existence par ses dires. En faisant le test qui consiste à les suivre, selon la promesse d'Emerson, vous serez connu d'eux, vous vous trouverez en eux. C'est ce que Thoreau appelle la conviction, être désigné et convaincu [*convicted*] par le verdict de ses paroles, être dicté par elles, être sous leur sentence. Le fait de prendre acte que je suis connu par ce que sait le texte n'équivaut pas à être d'accord avec lui, au sens de croire ce qu'il dit, comme s'il s'agissait d'un ensemble d'assertions ou comme s'il contenait une doctrine. Être connu par lui équivaut à trouver en lui une pensée à laquelle se confronter. Cela prouverait qu'une existence humaine est instaurée en lui. Mais par quel moyen allez-vous prouver qu'il s'agit d'une pensée ? Comment allez-vous montrer votre conviction ?

Une réponse possible est présentée par Emerson de la manière suivante : « La vertu la plus prisée est le conformisme. Elle n'a qu'aversion pour la confiance en soi. » [1]. Cela revient presque à dire, et signifie à peu de chose près, que vous trouvez votre existence dans la conversion, en vous convertissant en elle : que la pensée est une espèce de volte-face. Mais ce que cela dit au fond est que l'univers du conformisme doit se détourner de ce que dit Emerson comme lui-même s'en détourne, et que puisque ce processus n'en finira jamais tant que nous vivrons – c'est-à-dire puisque nous ne sommes jamais libérés une fois pour toutes les uns des autres – la vie de son lecteur avec lui sera elle-même un détournement et un retournement depuis et vers ses mots, un déplacement depuis eux, avec eux. Dans « Destin », Emerson appellera cette aversion un « antagonisme » : « L'homme est un antagonisme prodigieux », dit-il alors [2]. Je puis

1. *Ibid.*, p. 105.
2. R. W. Emerson, « Destin », p. 123.

témoigner que dès qu'on cesse de lutter avec les mots qu'emploie Emerson, ils deviennent insupportables.

Mais pourquoi la confiance en soi insiste-t-elle pour connaître son autre, pour le créer même, ce qui veut dire être l'auteur de l'auto-création de l'autre, ou du mouvement par lequel il devient à lui-même son propre auteur ? Parce qu'il apparaît (comme Descartes l'avait exprimé) que pour gagner l'assurance que je ne suis pas seul au monde il faut que je puisse être connu. (J'ai appelé cela me soumettre à l'intelligibilité, ou à la lisibilité.) Mais n'est-ce pas là considérer d'avance qu'*il y a* bien des autres, susceptibles de faire cette connaissance ?

Je dirais plutôt que cela s'impose. On peut comprendre le fantasme d'être seul au monde comme l'idée selon laquelle le pas hors de cet isolement, ou de l'enfermement en soi, doit être fait sans l'assurance des autres. (Mais peut-être pas sans leur aide.) Pour un enfant, « personne ne va venir » est une tragédie. Pour un adulte, cela veut dire que le temps est venu d'être celui qui fera le premier pas (de s'offrir ou de se permettre de *faire connaissance*). À cette manière de penser, la politique aurait dû fournir les conditions du compagnonnage, de la fraternité si vous voulez ; mais le prix à payer pour ce compagnonnage aura été la suppression, et non l'affirmation, de l'altérité, autrement dit, de la différence et de l'identité, de la liberté et de l'égalité si vous voulez. Une des missions de la réflexion d'Emerson est de ne jamais laisser la politique oublier cela.

En déclarant que son existence n'est pas faite pour le spectacle mais vaut pour elle-même, Emerson ne nie pas qu'elle soit un spectacle, mais il nuance et retraverse ses thèmes de prédilection que sont la visibilité, la pudeur, la conscience. Une dernière citation à ce sujet nous permettra de lier « La confiance en soi » au « Démon de la perversité » d'Edgar Poe.

Au cinquième paragraphe, Emerson déclare : « L'homme mûr est comme enfermé en prison par sa conscience. Dès qu'il a agi ou parlé une seule fois avec "éclat", c'est un être engagé, observé par la compassion ou la haine de centaines d'autres, dont il doit maintenant prendre en compte les sentiments. Pour cela, il n'est point de

Léthé. »[1]. L'idée est que nous sommes devenus durablement et indéniablement visibles l'un pour l'autre, dans un jeu de théâtre perpétuel. En détourner notre conscience, à supposer que cela fût possible, ne servirait alors qu'à nous distraire de cet état de confinement mutuel sous la garde les uns des autres. La solution ne peut consister qu'à modifier ce que nous laissons voir, ce qui requiert de nous tourner encore plus attentivement vers ce dont nous avons conscience et de modifier notre posture en conséquence.

Par exemple : « L'homme devrait apprendre à détecter et à observer cette lueur qui, de l'intérieur, traverse son esprit comme un éclair, plus qu'il ne prête attention à l'éclat qui brille au firmament des bardes et des sages. Et pourtant, sans lui prêter attention, il écarte cette pensée, car elle est sienne. En toute œuvre de génie nous reconnaissons les pensées que nous avons écartées ; elles nous reviennent avec une certaine majesté née de leur caractère étranger »[2]. Voilà une description de ce qu'est me trouver reconnu dans ce texte ; en lui, certaines pensées que j'avais rejetées semblent me revenir avec ce que je serais prêt à appeler une majesté née de leur caractère étranger (y compris la pensée même de mes pensées rejetées). Ainsi vraisemblablement cet auteur s'est arrangé pour ne pas renier ses propres pensées mais pour les convoquer toutes ensemble, les faire défiler, aux yeux de tous. (« L'instruction » [*tuition*] évoque différemment le fait d'être surveillé ; et de ne pas l'être.)

Pourtant il parle selon la condition d'un adulte dans les circonstances d'obéissance civile (ou incivile) qu'il décrit, et il dit donc tout ce qu'il dit depuis la prison de sa conscience – dix ans avant que Thoreau ne soit jeté en prison pour la même raison, celle d'avoir obéi à des interdits. Comment en est-il libéré ? Si, pour reprendre l'expression d'Emerson, il avait existé un Léthé pour nous faire oublier notre attachement à l'attention que nous portent les autres gens, à leur sympathie ou à leur haine, nous émettrions des opinions qui « étant considérées non comme personnelles mais comme nécessaires, s'enfonceraient comme des fléchettes dans l'oreille des autres hommes

1. R. W. Emerson, *Confiance en soi*, p. 104.
2. *Ibid.*, p. 100.

et les empliraient de frayeur »[1] – autrement dit, c'est ma visibilité qui terroriserait alors ceux qui m'observent, et non l'inverse, et mon intimité ne présenterait plus vraiment un confinement mais bien plutôt les conditions nécessaires à la liberté. Mais tant qu'il ne sait pas si ces conditions sont réalisées, l'auteur ne peut savoir que je me reconnais dans ce qu'il dit, ni par conséquent que lui et moi avons chacun assumé notre existence bien distincte. Ainsi il ne peut ignorer qu'en s'assurant de la promesse de connaître mon existence, il ne fait que supposer mon existence et le rôle qu'il joue dans l'affirmation de celle-ci, se dédouanant peut-être ainsi de la charge de la preuve et attendant toujours de moi que je le libère de l'emprisonnement de sa conscience, la conscience de la conscience d'autrui. Quand en *finit-on* avec l'écriture ?

Si l'on interprète ainsi « La confiance en soi » selon l'idée que l'écriture est un message envoyé de prison, on percevra quelle est sa relation intime avec « Le démon de la perversité » de Poe. (L'idée d'un tel message, bien entendu, suggère d'autres liens aussi – par exemple avec le *Contrat social* de Rousseau, dont les phrases du début, « l'homme est né libre, et partout il est dans les fers », met le doigt sur une condition dont l'écrivain ne peut exempter son écriture, surtout si sa manière d'interpréter l'enchaînement à son écriture doit lui permettre d'avancer un pas vers la liberté qu'elle est contrainte, par son appréhension des chaînes, d'imaginer.) Je peux difficilement faire plus ici que donner quelques indications sur la manière dont je pense que ce récit de Poe doit ou, en tout cas, peut être interprété. C'est aussi bien, dans la mesure où la validation d'une telle lecture requiert d'un bout à l'autre que tout un chacun prenne le temps d'essayer pour lui-même ce qu'elle avance. Ces affirmations ont en général quelque chose à voir avec la façon dont résonne la prose de Poe, avec ce qu'Emerson et Nietzsche appelleraient l'air, voire l'odeur, qu'elle dégage. Le conte de Poe tient essentiellement au souffle qu'il exhale.

La façon dont sonne la prose de Poe, son éclat permanent et pervers, évoque étrangement la tonalité de la philosophie telle qu'elle

1. R. W. Emerson, *Confiance en soi*, p. 105.

s'impose chez Descartes, comme si la prose de Poe était une parodie de celle de la philosophie. Il est frappant que dans les histoires de Poe s'élabore l'idée que, de nos jours en tout cas, la philosophie n'existe plus que comme parodie de la philosophie, ou plutôt comme quelque chose d'impossible à distinguer de la perversion de la philosophie, tout comme si renverser le règne de la raison, cette raison que la philosophie était destinée à instaurer, n'était plus seulement, disons, la tâche de la poésie, mais était désormais ouvertement l'esprit ou la mission de la philosophie elle-même. Comme si le travail consistant à détrôner la raison était aussi celui de la reconcevoir, d'opérer une transformation ou un renversement de tout ce que nous concevons comme pensée, donc de ce que nous concevons comme instaurant le règne de la pensée. La lecture de ce genre d'écrits a naturellement pour effet de nous faire douter du sérieux de son auteur. J'oserais dire que l'écrivain pourrait lui-même ou elle-même en douter, et que ce pourrait être un bon signe de ce que l'écriture fait son travail, suit sa route. Mais le génie propre à Poe est d'avoir découvert une sonorité, ou la condition, de l'intelligence telle que ni le lecteur ni l'écrivain ne sait s'il ou elle philosophe ou pense, jusqu'à un certain point. C'est là une intuition profonde, philosophique, au sujet de la philosophie : à savoir, qu'il est aussi difficile de s'arrêter de philosopher que de commencer. (Aussi difficile, comme le dit Wittgenstein, que d'apporter la paix à la philosophie [1]. La plupart des gens que je connais et qui se soucient un tant soit peu de philosophie soit n'y voient aucun problème philosophique, soit ne pensent pas qu'on puisse le résoudre.)

Une façon commode de donner une idée de la sonorité des contes de Poe sera de juxtaposer les premières phrases du « Chat noir » avec certaines phrases au début des *Méditations* de Descartes. Voici Descartes :

> Il y a déjà quelque temps que je me suis aperçu que, dès mes premières années, j'avais reçu quantité de fausses opinions pour véritables, et que ce que j'ai depuis fondé sur des principes si mal assurés, ne pouvait être que fort douteux et incertain. [...] Maintenant [...] que

1. L. Wittgenstein, *Recherches philosophiques*, § 133.

> je me suis procuré un repos assuré dans une paisible solitude, je m'appliquerai sérieusement et avec liberté à détruire généralement toutes mes anciennes opinions. […] Tout ce que j'ai reçu jusqu'à présent pour le plus vrai et assuré, je l'ai appris des sens, ou par les sens : or j'ai quelquefois éprouvé que ces sens étaient trompeurs, et il est de la prudence de ne se fier jamais entièrement à ceux qui nous ont une fois trompés.
>
> Mais, encore que les sens nous trompent quelquefois, touchant les choses peu sensibles et fort éloignées, il s'en rencontre peut-être beaucoup d'autres, desquelles on ne peut pas raisonnablement douter […] par exemple, que je sois ici, assis auprès du feu, vêtu d'une robe de chambre, ayant ce papier entre les mains, et autres choses de cette nature. Et comment est-ce que je pourrais nier que ces mains et ce corps-ci soient à moi ? si ce n'est peut-être que je me compare à ces insensés […] qui s'imaginent être des cruches, ou avoir un corps de verre […] ?
>
> Toutefois j'ai ici à considérer que je suis homme, et par conséquent que j'ai coutume de dormir et de me représenter en mes songes les mêmes choses, ou quelquefois de moins vraisemblables, que ces insensés, lorsqu'ils veillent. […] Et m'arrêtant sur cette pensée, je vois si manifestement qu'il n'y a point d'indices concluants, ni de marques assez certaines par où l'on puisse distinguer nettement la veille d'avec le sommeil, que j'en suis tout étonné ; et mon étonnement est tel, qu'il est presque capable de me persuader que je dors [a].

Écoutons Poe à présent :

> Relativement à la très étrange et pourtant très familière histoire que je vais coucher par écrit, je n'attends ni ne sollicite la créance. Vraiment je serais fou de m'y attendre, dans un cas où mes sens eux-mêmes rejettent leur propre témoignage. Cependant, je ne suis pas fou, et très certainement je ne rêve pas. Mais demain je meurs, et aujourd'hui je voudrais décharger mon âme. Mon dessein immédiat est de placer devant le monde, clairement, succinctement et sans commentaires, une série de simples événements domestiques. Dans leurs conséquences, ces événements m'ont terrifié, m'ont torturé, m'ont anéanti. Cependant, je n'essaierai pas de les élucider [b].

a. R. Descartes, *Méditations métaphysiques*, *op. cit.*, p. 57-61.

b. E. A. Poe, « Le chat noir », dans *Nouvelles histoires extraordinaires*, trad. fr. Ch. Baudelaire, Paris, Michel Lévy, 1875, p. 10.

La juxtaposition agit dans les deux sens, que ce soit pour mettre en relief la vive intelligence de Poe (et, qui plus est, la justesse de son raisonnement) ou le calme pervers et inquiétant de Descartes (étant donnée l'ampleur des sujets traités par les lumières de sa raison), son air de mémorialiste fou.

Par ailleurs, les *Méditations* transparaissent à travers le contenu du « Démon de la perversité » d'une façon aussi indélébile, à mon avis, que dans « La confiance en soi ». Avant de dire de quelle façon, permettez que je décrive brièvement ce conte moins connu que d'autres. Il est divisé en deux parties, chacune d'une longueur d'à peu près huit paragraphes. La première moitié n'est, comme le dit Poe de certaines histoires de Hawthorne, pas du tout une histoire, mais plutôt un essai. Cet essai défend l'idée que la perversité existe en tant que faculté de l'âme, penchant ou sentiment radical, primitif et irréductible, la propension à faire le mal pour le mal, une pulsion à agir pour la seule raison que nous ne le devrions pas – quelque chose que, selon lui, les phrénologistes, les moralistes et « une bonne partie des sciences métaphysiques » ont négligé, « dans la pure arrogance de la raison » [1]. Cette expression « la pure arrogance de la raison » est le signe, à mon sens, que Poe est en train d'écrire une *Critique* de l'arrogance de la raison pure – comme si ce travail, même après Kant, était par essence incomplet, voire pas commencé du tout. (Cette description n'est pas incompatible avec le fait d'apprécier en Poe le psychologue, mais ce serait uniquement selon une certaine idée de ce que peut être la psychologie.) La seconde partie du « Démon de la perversité », qui raconte l'histoire proprement dite, commence ainsi :

> Si je vous en ai dit aussi long, c'était pour répondre en quelque sorte à votre question, pour vous expliquer pourquoi je suis ici, pour avoir à vous montrer un semblant de cause quelconque qui motive ces fers que je porte et cette cellule de condamné que j'habite. Si je n'avais pas été si prolixe, ou vous ne m'auriez pas du tout compris, ou, comme la foule, vous m'auriez cru fou. Maintenant, vous percevrez

1. « The pure arrogance of the reason ». Baudelaire a traduit « dans la parfaite infatuation de notre raison » (dans l'édition citée, p. 1).

> facilement que je suis une des victimes innombrables du Démon de la Perversité [1].

Dans la mesure où rien dans cette histoire n'indiquait auparavant que nous avions posé une question ou que nous nous en posions une, ce que vient de dire le narrateur laisse penser que nous devons nous en poser une sur sa présence à lui ; ce qui soulève plus de questions que ce qui est dit.

L'histoire se révèle être typique de Poe, une affaire de meurtre prémédité manifestement dans le but d'hériter des biens de quelqu'un, un acte qui ne sera pas décelé jusqu'à ce que quelques années plus tard l'auteur lui-même finisse par se dénoncer de façon assez perverse. En ce qui concerne les moyens du meurtre : « Je savais que ma victime avait l'habitude de lire dans son lit [...] je substituai, dans le bougeoir de sa chambre à coucher, une bougie [empoisonnée] de ma composition à celle que j'y trouvai ». L'aveu de l'intéressé survient à peu près quand, selon ses dires, « je me surpris moi-même à murmurer », c'est-à-dire à murmurer, presque à voix haute : « je suis sauvé », puis d'ajouter « pourvu que je ne sois pas assez sot pour confesser moi-même mon cas ». Mais « j'éprouvais un désir enivrant de [le] crier de toutes mes forces [...] hélas je comprenais bien, trop bien, que *penser*, dans ma situation, c'était me perdre. [...] Je bondissais comme un fou à travers les rues encombrées de monde. À la longue, la populace prit l'alarme et courut après moi. » [2].

Pour ce qui est de la première direction à donner à mon interprétation du « Démon », je m'attends aujourd'hui à rencontrer peu de résistance : la fiction de l'écrivain arrêté sur ses propres aveux, se retrouvant menotté et dans la cellule des condamnés à mort, tout comme la fiction de fournir une bougie empoisonnée pour pouvoir lire, ce sont des descriptions ou des imaginations de l'acte d'écrire, sur le modèle de l'écrit que nous avons sous les yeux. Il n'y a pas, ou du moins nous n'avons pas besoin d'imaginer, de véritable

1. « Le démon de la perversité », dans *Nouvelles histoires extraordinaires*, trad. fr. Charles Baudelaire, Paris, Michel Lévy, 1875, p. 6-7.

2. *Ibid.*, p. 7-9.

emprisonnement, ni de véritable crime sinon l'acte d'écrire en soi. Quel sens y a-t-il à imaginer que certains mots sont des fers ou une cellule, et que les lire, être bien conscient de ce qu'ils veulent dire ou produisent, équivaut à un empoisonnement ? Est-on en train d'insinuer qu'un auteur et son lecteur sont les victimes l'un de l'autre ? Ou bien s'agit-il de nous suggérer que pour accéder à la vérité, quelque chose doit périr chez le lecteur aussi bien que chez l'auteur ? Le fait d'écrire repousse-t-il l'ange de la mort, ou l'invite-t-il à entrer ?

Là où je m'attends à plus de résistance ou de perplexité, c'est face à l'idée selon laquelle la fiction de mots qui n'ont en soi rien de très remarquable (« Je suis sauvé »), mais dont le simple énoncé anéantit celui qui les dit, permet de préciser l'affirmation « je comprenais bien, trop bien, que *penser*, dans ma situation, c'était me perdre » – ce qui est une sorte de négation ou de perversion du *cogito*. Loin de me prouver et de me préserver, comme chez Descartes, penser précipite ma propre destruction. Quelques lignes plus haut, le narrateur de Poe était encore plus clair : « Il n'est pas dans la nature de passion plus diaboliquement impatiente que celle d'un homme qui, frissonnant sur l'arête d'un précipice, médite de s'y jeter. Se permettre, essayer de *penser* un instant seulement, c'est être inévitablement perdu car la réflexion nous commande de nous en abstenir, et c'est *à cause de cela même*, dis-je, *que nous ne le pouvons pas* [...] nous nous élançons, nous sommes anéantis »[1]. Si le caprice qui inspire « La confiance en soi » d'Emerson consiste à dire « je ne pense pas, donc je n'existe pas », celui du Démon de Poe dit plutôt « Je pense, donc je suis détruit ». Le lien est renforcé, dans ce bref passage, par les mots « médite » et « diaboliquement ». La bougie empoisonnée et qui n'a pas été décelée chez Poe peut même se substituer ou faire allusion à l'exemple (matériel) cartésien le plus célèbre dans les *Méditations*, le morceau de cire fondue dont l'identité ne peut être déterminée par la simple expérience, mais seulement par une conception innée de l'entendement. (Le fait que dans l'histoire de Poe l'acte de penser soit destructeur, en alarmant la foule et en la retournant contre le

1. *Ibid.*, p. 6, traduction modifiée.

penseur, et le fait que la perversité soit la marque de l'aveu du crime, et non celle de sa perpétration – comme si l'aveu et la perpétration se figuraient l'un l'autre – tout cela indique des pistes de parodie et de perversité que je ne puis suivre ici. Que la pensée dénonce, qu'elle trahit de façon inhérente le penseur-noircisseur de pages [1], c'est aussi l'un des thèmes fondamentaux de *Walden.* Son auteur déclare au premier chapitre, « Économie », que ce qu'il imprime au travers de chacun des caractères, doit « crier [sa] culpabilité sans rougir ». Il dit cela après avoir listé le coût de tout ce qu'il a mangé pendant l'année. C'est comme si sa culpabilité consistait très exactement à se maintenir en vie [« gagner sa vie », dit-il], à exister tel qu'il existe, et à entretenir son existence, par exemple en écrivant.)

Ma troisième suggestion pour interpréter cette histoire de Poe est que l'image dominante qui réunit les idées que je viens de citer et qui les met en jeu se trouve dans son titre même, *The Imp of the Perverse.* Ce titre nomme et illustre un fait commun à propos du langage, et il va jusqu'à évoquer ce que l'on pourrait considérer comme une théorie emersonienne du langage : la possession du langage en tant que sujétion de soi à l'intelligible. Le fait de langage qu'il illustre est reflété dans la série de mots en *imp-* qui jaillissent sans cesse au fil des seize paragraphes que contient cette histoire : *impulsion* et *impulser* (plusieurs fois), *impatient* (deux fois), *important*, *impertinent*, *imperceptible*, *impossible*, etc. et bien sûr, en anglais, *Imp* lui-même (« démon »). Par ailleurs, *imp.* est une abréviation en anglais pour *imperative*, *imperfect*, *imperial*, *import*, *imprimatur*, *impersonal*, *implement*, *improper* et *improvement* [litt. : impératif, imparfait, impérial, import, imprimatur, impersonnel, instrument, impropre et amélioration]. Enfin, *Imp.* est une abréviation pour Empereur et Impératrice [*imperator, imperatrix*]. Or, si parler de l'« imp » de la perversité est une façon de distinguer « imp » en anglais, c'est-à-dire la syllabe initiale de nombreux termes typiquement poe-esques, alors parler de quelque chose appelé perversité qui contiendrait cet « imp », c'est parler du langage en tant que tel, et en particulier de l'anglais, comme de quelque chose de pervers. Mais qu'est-ce qui, dans cet

1. « *(th)inker* ».

« imp » de la langue anglaise, peut bien être pervers et nous conduire ainsi, comme utilisateurs de cette langue, à produire des démons ?

Ce pourrait bien être le préfixe *im-* que l'on ressent d'abord comme pervers, puisque, comme le préfixe *in-*, il a deux sens contraires. Avec les adjectifs, c'est une négation, un privatif, comme dans *immédiat, immaculé, imparfait, imprécis, impropre, implacable, impie, impécunieux* ; avec des verbes, c'est un affirmatif ou un intensif, comme dans *implanter*, *impulser*, *impliquer, imiter* [*impersonate*], *emprisonner* [*imprison*], *empiéter* [*impinge*], *imbiber* [*imbue*]. (Il n'est pas impossible que *per-vers*, appliqué au langage, soit à considérer comme signifiant poétique de part en part.) Dans la vie courante nous distinguons assez bien le privatif de l'intensif, mais dans certaines circonstances (par exemple en rêve, où selon Freud les opérations logiques comme la négation ne peuvent pas être intégrées ni dépeintes, mais doivent être fournies ensuite par l'interprétation du rêveur) nous pouvons éprouver quelque confusion pour savoir si, par exemple, *emmurer* [*immuring*] veut dire mettre quelque chose à l'intérieur d'un mur, ou bien l'en faire sortir, si *impuissance* [*impotence*] signifie l'absence de tout pouvoir ou un pouvoir particulier appliqué à quelque chose de particulier, si *implanter* signifie la création ou bien la suppression d'une existence, ou si *imiter* [*impersonate*] signifie se faire passer pour une personne autre, ou bien être sans personnalité.

Mais l'existence ou l'idée d'expressions en « imp- » n'est nullement fonction de l'existence de cette simple séquence de trois lettres. On pourrait appeler « les démons d'un mot » toutes les combinaisons récurrentes de lettres dont les mots du langage sont composés. Ils participent à l'allure et à la sonorité familière des mots, et cette familiarité dépend du fait que la plupart du temps nous ne remarquons pas les particules (ou les cellules) ni leurs lois propres, qui constituent les mots et leurs démons – nous ne remarquons pas leurs récurrences nécessaires, ce qui revient peut-être seulement à dire que c'est la récurrence qui établit la familiarité. Cette nécessité, la propriété la plus familière du langage – selon laquelle s'il doit y avoir un langage, les mots et leurs cellules doivent revenir, comme enchaînés à leurs orbites ; selon laquelle le langage est grammatical (c'est le moins qu'on puisse dire) – cette nécessité, donc, assure l'auto-référentialité du langage. Lorsque nous remarquons les noyaux ou molécules du langage, ces petits grains de beauté du langage (dans la pensée, ou parfois dans l'aliénation mentale), ce que nous découvrons ce sont les démons des mots – le début, mais cela peut être aussi le milieu ou la fin des mots, les origines ou les constituants qui y apparaissent, vivant leur propre vie et nous fixant, effrayants – car les remarquer c'est voir qu'ils vivent sous nos yeux, à portée de nos oreilles, à tout moment.

Mais la perversité du langage, qui agit en dehors de notre pensée et de son autonomie, voire contre elles, est une fonction non seulement de ces démons de mots qui reviennent nécessairement, mais de la nécessité pour nous, les locuteurs de cette langue (nous, ses auteurs ou ses démons, empereurs ou impératrices), de signifier quelque chose par et avec nos mots, de désirer dire quelque chose, certaines choses plutôt que d'autres, de certaines façons plutôt que d'autres, ou autrement de s'efforcer d'éviter de les signifier. Appelons ces nécessités les impulsions et les implications de notre parole. Reste la question de savoir si en parlant – comme lorsque dire « Je suis sauvé » finit par détruire toute sécurité et par réfuter ce qui vient d'être dit – on est en train d'affirmer quelque chose ou de le nier. En particulier, dans une écriture comme celle de Poe, la pulsion autodestructrice, de se dénoncer ou de se trahir, est-elle devenue le seul moyen de préserver l'individu ? Et y parvient-on ? Être auteur est-il l'oblitération ou l'apothéose de l'écrivain ?

Dans le passage du « Chat noir » que j'ai cité plus haut, l'écrivain-narrateur ne parle pas d'être dans les fers ou en cellule, mais il qualifie bien sa propre activité de mettre par écrit, de circon-scrire [*penning*] ; puisque l'activité dont il s'agit est l'autobiographie, c'est lui-même qu'il circonscrit : est-ce une libération ou une incarcération ? Il provoque cette question en disant ensuite qu'il n'essaiera pas d'élucider [*expound*] – autrement dit, d'amener à la lumière quoi que ce soit (probablement lui-même) en l'extrayant de l'obscurité, ou au moyen de l'écrit. Mais cela pourrait signifier qu'il attend que cette élucidation provienne du lecteur. Serait-ce faire porter le fardeau de son existence à quelqu'un d'autre ? Et qui serions-nous pour porter un tel fardeau ? Ne devons-nous pas aussi chercher à l'écarter ? Si nous avons réellement besoin de reconnaissance mutuelle, n'y a-t-il pas dans cette même nécessité une victimisation mutuelle, et dont nos capacités de rédemption mutuelle ne sont pas en mesure de triompher ? Est-ce indécidable ? Ou bien décider de cette question est-il précisément aussi urgent que de décider d'exister ?

Je vais conclure en posant trois questions auxquelles nous invitent les textes que j'ai réunis.

Premièrement, que ceci laisse-t-il présager des rapports entre philosophie et littérature, que l'on puisse voir un texte qui est de toute évidence un essai philosophique introduire, voire se transformer, en un récit fictionnel – en l'occurrence, une confession fictive depuis une cellule de prison ? Une réponse à cette question exigerait une méditation sur le paragraphe, mentionné plus haut, au cours duquel Poe bascule de l'essai au conte, en insinuant que nous avons failli poser une question sur l'origine de cet écrit, et en affirmant que sans cette préface philosophique – c'est-à-dire sans l'articulation de l'essai et du récit, de la philosophie et de la fiction – le lecteur, « comme la foule, [l'aurait] cru fou » sans se rendre compte qu'il était « une des victimes innombrables du Démon de la Perversité ». Cette méditation aborderait ainsi, voire s'axerait sur l'idée de compter, et c'en est une que j'ai de fait menée, en des circonstances un peu différentes, dans la première partie des *Voix de la raison.*

J'y interprète les *Recherches philosophiques* de Wittgenstein, ou du moins son idée phare de critère et donc de grammaire, comme ce qui fournit, en réaction au scepticisme, les moyens grâce auxquels les concepts de notre langage sont *de quelque chose*, comme ce qui montre ce que cela signifie d'avoir des concepts, et explique comment nous sommes ensemble capables de mettre le monde en mots. L'idée de critère sur laquelle j'insiste est celle d'une manière de compter quelque chose comme quelque chose, et je la rapproche de comptabiliser et de raconter, en projetant ainsi une connexion entre rendre compte comme dénombrer ou calculer, et rendre compte comme relater ou narrer. Ce que dit Poe (ou, si vous préférez, le narrateur de Poe) dans ce passage charnière, sur le fait d'être une des innombrables victimes, me fait ainsi penser que la philosophie et la littérature se sont associées (pour lui, mais qui est-il ?) à cause du besoin de raconter, de compter de nouveau, et tout d'abord de compter les êtres humains qu'il y a, pour les reconcevoir – à commencer par retracer les circonstances que c'est moi, un moi ou un autre, qui compte, qui est capable de faire ce compte, de concevoir un monde, que c'est moi qui, tenant compte d'autrui, établis les critères de ce qu'il vaut la peine de dire, et donc de ce qui est intelligible. Mais c'est seulement à condition que je compte, que j'importe, qu'il importe que je compte par mon accord et mon ajustement à la tonalité de ceux avec qui je maintiens mon langage, et de qui provient cet héritage – le langage comme condition de compter –, si bien qu'importe non seulement ce qu'un moi ou un autre dit, mais que ce soit un moi particulier qui désire le dire à tel endroit et à tel moment précis. Si le fait que je compte perd son importance, je suis fou. C'est le fait de ne pas être pris en compte – d'être laissé de côté, comme si mon histoire n'était pas racontable – qui rend (ou fait sembler) ce que je dis pervers, et me met à part. Le soupçon selon lequel nous serions désormais incapables de nous compter l'un l'autre, de compter l'un pour l'autre, est du point de vue philosophique le soupçon que nous avons perdu la capacité de penser, que nous sommes hébétés [a]. Cette condition est ce que j'appelle vivre notre scepticisme.

Deuxièmement, que ceci laisse-t-il présager des rapports entre fiction et réalité, que le texte de Poe sur le Démon relate en un même geste deux histoires d'emprisonnement – l'une dont il est absent, l'autre où il est présent – comme si elles étaient l'une sur l'autre ? Et

a. Il m'est difficile de ne pas imaginer que ce soupçon ait quelque chose à voir avec l'histoire de la prolifération démentielle de statistiques mentionnée dans les articles de Ian Hacking, « Façonner les gens » et « Prussian Statistics ». L'essai d'Emerson « Destin » évoque en toute conscience [p. 119] la nouvelle science des statistiques en tant que nouvelle image de la destinée humaine – une nouvelle manière dont certains trouvent que nous sommes dépeints par le savoir, et en laquelle Emerson ne voit qu'une occasion de plus pour l'ignorance.

est-il possible de savoir si l'une des deux est plus fondamentale que l'autre ? C'est ici que l'allusion à la situation de Hamlet, que je perçois dans le récit de Poe, prend tout son sens : le personnage de notre culture qui incarne le plus brillamment la question de l'indécidabilité, et en particulier l'indécidabilité liée à la question de savoir s'il faut croire à une histoire d'empoisonnement. (D'ailleurs, comme le spectre de son père au début, Hamlet prétend à la fin détenir un récit qui n'est pas racontable – et c'est précisément ce qui fait de tous deux des spectres.) Dans l'histoire de Poe, on peut percevoir une allusion à *Hamlet* dans, par exemple, les deux apparitions d'un fantôme, qui la première fois disparaît au chant du coq. Et cette allusion est fortement appuyée dans le deuxième des trois exemples philosophiques de perversité que le narrateur de Poe propose afin de convaincre tout lecteur qui « consultera loyalement et interrogera soigneusement son âme », de « l'absolue radicalité du penchant en question » [1] :

> La plus importante crise de notre vie réclame avec la voix impérative d'une trompette l'action et l'énergie immédiate. Nous brûlons, nous sommes consumés de l'impatience de nous mettre à l'ouvrage [...] Il faut, il faut que cette besogne soit attaquée aujourd'hui, et cependant nous la renvoyons à demain et pourquoi ? Il n'y a pas d'explication, si ce n'est que nous sentons que cela est pervers – servons-nous du mot sans comprendre le principe. Demain arrive, et en même temps une plus impatiente anxiété de faire notre devoir ; mais avec ce surcroît d'anxiété arrive aussi un désir ardent, anonyme, de différer encore, désir positivement terrible, parce que sa nature est impénétrable [2].

De façon assez suspecte, ces propos évoquent Hamlet en des termes assez proches de ceux avec lesquels j'ai récemment réfléchi à ce que j'appelle la charge de la preuve incombant à Hamlet – mais assurément, il n'y a là rien de plus suspect que le fait que j'aie commencé à étudier Poe de manière plus approfondie au cours de mes réflexions sur Hamlet.

1. E. Poe, « Le démon de la perversité », p. 4.
2. *Ibid.*, p. 4-5.

Hamlet étudie le besoin compulsif de prendre sa revanche, qui usurpe la pensée comme réaction à la demande d'assumer la charge de l'existence d'un autre, comme si cela était la charge, ou le prix, d'assumer la sienne propre, un fardeau qui nie celui que l'on porte. On demande à Hamlet de faire en sorte que la vie d'un père soit honorée, rétablie à l'équilibre, en se chargeant personnellement de le venger. L'accent qui est mis sur la question « être ou ne pas être » ne semble pas porter sur celle de mourir, mais bien sur celle de naître, d'affirmer ou de nier la natalité même, comme une manière de promulguer ou non sa propre existence. Accepter sa naissance, c'est participer à un univers de vengeance, de victimisation mutuelle, de retournement et de substitution. Mais refuser d'y prendre part, c'est empoisonner quiconque vous touche comme s'il prenait votre propre revanche. Cela explique que si un tel choix est inacceptable, la raison n'en est pas métaphysique, mais historique – il s'agit, disons, d'une posture face à la découverte qu'il n'y a pas de compensation possible à la singularité d'être né, et donc d'être et de devenir la pauvre créature unique qu'il nous a été accordé d'être. La seule option autre que celle d'accepter cette condition est, comme le montrent les *Méditations* de Descartes, un doute destructeur du monde, qui est donc une menace permanente, mais aussi une condition inévitable de l'existence humaine. (J'imagine que l'apparition du *cogito* en son moment historique est le signe que certaines conditions devenaient telles que prendre sa revanche, ou en tout cas persévérer, commençait à paraître acceptable : qu'il s'agisse, par exemple, de la croyance en Dieu ou du gouvernement des rois.) Qu'il y ait quelque chose qui ressemble à un choix ou une décision à prendre sur notre natalité, c'est ce que montre selon moi l'idée avancée par Freud (dans les *Trois essais sur la théorie sexuelle*) d'une structure à deux phases du développement sexuel humain – ce qui fournit, pour ainsi dire, la condition de possibilité d'une telle décision. Cette condition est celle de l'adolescence, considérée comme la période où, se préparant à l'âge adulte, l'on récapitule, comme dans les affres d'une nouvelle naissance, la connaissance de ce qui nous donne satisfaction. C'est pourquoi, me semble-t-il, si plusieurs hypothèses sont émises sur l'âge d'Hamlet, on l'imagine plutôt adolescent. Ces questions se retrouvent dans la réflexion politique sous la catégorie du consentement, à propos duquel, de façon compréhensible, s'est posée d'emblée la question de la preuve.

Enfin, que nous laisse présager de la philosophie américaine le fait que l'on puisse considérer que Poe et Emerson endossent la problématique du *cogito* (Emerson en la niant ou en la réduisant à rien, Poe en la dénaturant ou en la pervertissant) et partagent l'idée selon laquelle être auteur – d'une écriture philosophique en tout cas, de l'écriture comme pensée – est tel que pour exister il faut présupposer, ou reconnaître, la preuve de sa propre existence ? J'ai effectivement dit qu'à mon sens cela est un signe de leur mérite d'avoir découvert ou redécouvert l'origine de la philosophie moderne, esquissée dans les *Méditations* de Descartes, comme si en Amérique la littérature pardonnait à la philosophie, non sans la punir, d'avoir jugé qu'elle ne pouvait vivre qu'en bannissant la littérature. Que signifie le fait que des esprits apparemment aussi opposés qu'Emerson et Poe soutiennent de tels propos à seulement quelques années d'intervalle ?

Demandons-nous quel est le rapport entre les extases d'Emerson (jointes à celles de Thoreau) et les histoires d'épouvante de Poe (jointes à celles de Hawthorne). Ce rapport doit être lié au fait que les univers de Poe et Hawthorne, leurs maisons et leurs appartements, abritent d'autres gens, typiquement des gens mariés, et qu'ils mettent particulièrement en évidence la violence de l'évitement ; alors que les univers d'Emerson ou de Thoreau commencent avec ou après l'évitement d'autrui (« Je fuis père et mère, femme et frère lorsque mon génie m'appelle ») et s'attachent typiquement à dépeindre le « je » en sa seule compagnie. L'intérêt de ces rapprochements est que tous ces auteurs s'efforcent d'imaginer la domestication ou la manière d'habiter – comme ils le peuvent, en tant qu'Américains. Pour Emerson et Thoreau, vous devez apprendre à vous asseoir chez vous, ou à vous installer tranquillement en un lieu agréable dans les bois, comme pour épouser ce monde, avant, si jamais vous le faites, de vous charger d'autrui. Pour Poe et Hawthorne, l'Amérique est arrivée trop tard, ou peut-être trop près, pour établir cette priorité.

L'intérêt plus particulier que je trouve au rapprochement entre ces écrivains américains est lié à leur façon de prendre leurs concepts ou leurs tableaux de la domestication et de l'habitat (abstraction faite de leurs accès d'extase ou d'épouvante) pour des développements suscités par les concepts de l'ordinaire et du quotidien, tels qu'ils interviennent aussi dans ce que font les philosophes du langage ordinaire pour contrer le scepticisme, dans tout le mal que se donnent Austin et Wittgenstein pour détailler ce que le scepticisme menace exactement. Avec l'œuvre de ces philosophes, dans leur superficialité obstinée et minutieuse, c'est peut-être la première fois en philosophie que l'on interprète cette menace d'un doute dévastateur dans toute sa troublante familiarité, non seulement en des exemples épars, mais selon l'expression de Poe, « en une série de simples événements domestiques ».

Je terminerai en proposant la perspective suivante : si une certaine image du mariage, en tant qu'interprétation de la vie domestique, est chez ces auteurs l'équivalent dans la fiction de ce que ces philosophes appellent l'ordinaire ou le quotidien, alors la menace faite à l'ordinaire qu'on appelle scepticisme devrait se manifester dans la menace à l'encontre des formes de mariage, que l'on tend à privilégier dans les œuvres de fiction, c'est-à-dire sous les diverses formes du mélodrame. Ainsi, on peut voir dans le mélodrame une interprétation du *cogito* cartésien, et inversement dans le *cogito* une interprétation de l'avènement du mélodrame – de ce moment (privé comme public) où la théâtralisation du soi devient l'unique preuve de sa liberté et de son existence. Voilà qui est dit sur la pointe des pieds.

POST-SCRIPTUM A

LE SCEPTICISME ET QUELQUES MOTS SUR LA DÉCONSTRUCTION

Pendant le temps de discussion à Stanford, le Professeur David Wellbery m'interrogea sur la façon dont je concevais le lien entre ce que j'avais fait ces dernières années et ce que les déconstructionnistes ont proposé. Ce n'était pas la première fois que l'on me posait ce genre de question. De fait, le sujet apparut pour la première fois en 1969, dans les mois qui suivirent la parution de mon livre *Must We Mean What We Say ?* [*Dire et vouloir dire*] lorsqu'un de mes amis qui, à force de congés sabbatiques et de vacances d'été en Allemagne et en France, avait passé plus d'une décennie à y étudier la philosophie, attira mon attention sur le fait que ce que j'écrivais présentait des ressemblances surprenantes mais bien réelles avec les travaux de Jacques Derrida : un nom que j'entendis alors pour la première fois. De façon générale, je pense que repérer et creuser ce genre de ressemblances, ainsi que les différences qui leur correspondent, n'est pas de mon ressort : si un tel travail de comparaison est d'une quelconque utilité, d'autres sont mieux placés que moi pour le mener à bien. Mais la question complète et précise du Professeur Wellbery avait été posée de façon si courtoise, si claire et si détaillée, qu'elle m'est revenue à plusieurs reprises durant les mois qui ont suivi cette conférence, et à chaque fois avec le regret de ne pas avoir eu grand-chose à y répondre. Je saisis donc l'occasion de cette transcription pour reconnaître ces faits, et pour donner ne serait-ce qu'un meilleur compte rendu de ma pauvre réponse.

Tout en veillant à ne pas gommer la distance immense, peut-être même incommensurable, quant à la provenance et au style, entre une œuvre comme celle de Derrida et mon présent essai, Wellbery relevait certaines affinités entre eux : par exemple, autant que je me souvienne, des ressemblances dans le fait de faire rebondir la philosophie sur elle-même, en particulier en refusant de privilégier le philosophique sur le littéraire ou inversement, tant dans le contenu que dans la forme ; dans le fait de prêter attention à l'infinité des manières dont le langage peut réagir au langage (et même y trouver son origine), une réactivité qui imprègne les moindres éléments de mots employés ; sans compter le fait de me frayer un chemin jusqu'à Poe, un auteur dont Wellbery m'informait que Derrida l'avait approché avec un grand respect philosophique. En raison de ces affinités-là et de quelques autres, Wellbery s'interrogeait sur l'agacement envers l'idée d'« indécidable » dont j'avais fait preuve en divers endroits de mon article.

Si c'était bien d'agacement qu'il s'agissait, il ne visait pas Derrida, mais un ensemble de textes, d'articles et de chapitres écrits par ceux qui adoptent son jargon, et dont j'avoue être incapable de venir à bout. Je ne suis pas fier de cette situation, pas plus que de la difficulté que j'éprouve à étudier Derrida. Ce qui met le comble à ma perplexité est à quel point ceux qui le suivent semblent trouver ce qu'il écrit *facile* à suivre, à synthétiser et à évaluer. Je me sens happé par une discussion de famille qui n'est pas la mienne et pourtant un peu la mienne, impertinente et pertinente (à la façon dont Thoreau caractérise presque ses voisins à l'ouverture de *Walden*), et dont les principaux sujets de discussion, les trop nombreuses voix, ne font pas écho à mon passé, ne m'incitent pas à y répondre ; certains refusent, et certains obtiennent, des accords qui ne me parlent pas vraiment. Cette seule certitude est de nature à agacer, à nous pousser à chercher une issue de secours. Au cours de la conférence, j'ai répliqué en disant que l'usage déconstructionniste du terme « indécidable », tel que je l'avais rencontré, avait tendance à sonner comme une prétention littéraire un peu molle d'être de la philosophie pure et dure, en recourant à Gödel et à sa preuve historique et universelle d'indécidabilité dans le seul but de décrire (assez mal) certains problèmes de discontinuité ou de manque de continuité entre grammaire et rhétorique, ou bien certaines continuités marquées entre récits de faits et fictions, ou encore entre les rêves et la réalité. (« Le café est chaud » peut être un constat, une suggestion, une demande, une explication, une excuse, un avertissement – ou une hallucination. Dans chacun de ces cas : et alors ?)

Ce type d'objection – à la mollesse qui revêt un habillage dur – pourrait se poser autrement en termes de différences entre ce que je dis d'Emerson et de son accusation contre la citation, et ce que je sais, ou ne peux que deviner, de ce que les déconstructionnistes rapportent à ce sujet. Ce sera pour une autre occasion, peut-être. Mais l'enjeu, si je comprends bien, promet de valoir le coup. Il repose sur le sentiment partagé du caractère fatidique du fait que le langage soit hérité, appris et, pour tout être humain, toujours déjà là. Ce sentiment peut susciter des réponses ou des approches divergentes. L'une d'elles (disons, l'approche déconstructionniste) considérera le fait d'hériter comme ce qui efface la distinction entre les mots cités et leurs originaux : puisque tous les mots sont appris, on peut dire que tous sont, en un sens, imités ou cités ; mais alors, aucun n'est jamais vraiment cité, puisqu'il n'existe plus aucun original auquel on pût le comparer. L'autre approche (représentée par Wittgenstein, mais aussi, selon moi, par Emerson et Thoreau) ne souhaitera pas nier la part de vérité contenue dans la première, mais elle verra dans ce qu'elle souligne une façon de détourner l'attention, de se précipiter loin de l'acte ou de la rencontre qu'implique le processus à la fois historique et individuel de l'héritage. Dans cette seconde approche, pratique, l'accent ne porte pas sur l'acquisition de la grammaire ou de la structure d'un langage donné, mais sur la scène d'apprentissage des mots. Les *Recherches philosophiques* s'ouvrent sur une scène d'apprentissage (dans une citation), tirée des *Confessions* d'Augustin, et on peut comprendre les 693 sections suivantes, qui constituent la partie I des *Recherches*, comme le développement des implications de cette première scène. Celle-ci est rappelée explicitement et à plusieurs reprises dans les *Recherches*, à chaque fois que la figure de l'enfant réapparaît. Je trouve parfois que cette figure représente l'innovation la plus caractéristique de Wittgenstein en philosophie. Ce que cette figure récurrente signifie entre autres selon moi est le fait que par essence, hériter du langage n'est jamais quelque chose d'achevé une fois pour toutes – même si un certain nombre d'accidents ou de fixations, internes comme externes, sont susceptibles d'y mettre fin. Le jeu littéraire est un des champs où la compétition pour cet héritage semble se poursuivre ou se renouveler, en chaque cœur, en chaque texte ; le jeu de la philosophie, tel qu'il se manifeste dans l'humour et la légèreté d'Austin et de Wittgenstein, en est un autre – comme si l'héritabilité du langage était elle-même issue de la propension à jouer, et se poursuivait aussi longtemps que dure cette propension. (C'est là un aspect essentiel de l'héritage que je recherche chez Wittgenstein et Austin.) Par opposition, l'esprit du jeu dans les envolées déconstructionnistes a plus souvent l'air, à mes yeux ou à mon goût, d'être quelque peu forcé, volontariste, comme en réaction à la représentation d'un héritage accompli, comme pour conjurer un trauma. (Un texte par comparaison moins forcé, sur lequel on pourrait travailler serait celui, extrêmement intéressant, de Derrida, « Coming into one's own », qui contient une étude de la scène du « Fort/Da » dans la seconde partie d'*Au-delà du Principe du Plaisir* de Freud, une autre scène d'apprentissage, d'héritage du langage, et de jeu [1].)

Lorsqu'Emerson remarque, dans « La confiance en soi » que « chaque mot qu'ils prononcent nous chagrine », il réagit à ce qu'évoquent la citation, l'imitation, la répétition (le conformisme, la restriction, etc.), et cela définit pour lui une mise à l'épreuve pratique, et pas (seulement) un emploi du temps pour la métaphysique – disons plutôt qu'il critique la métaphysique non pas comme une défaite inévitable de la pensée mais comme une défaite historique de la pratique. (Ce n'est pas nouveau. Mais il arrive qu'Emerson

1. Cet article de Jacques Derrida est une contribution au volume collectif édité par Geoffrey Hartman, *Psychoanalysis and the Question of the Text*, Baltimore, John Hopkins University Press, 1978, p. 114-148. Il s'agit d'une version courte du chapitre « Legs de Freud » que l'on trouve dans *La carte postale. De Socrate à Freud et au-delà*, Paris, Flammarion, 1980.

appelle une pratique invaincue, de même qu'il appelle une pensée invaincue, un « abandon » [*abandonment*], ce qui est plus inhabituel – une combinaison de perte et d'extase.) Et lorsque Wittgenstein trouve que la tâche de la philosophie consiste à ramener nos mots à la vie (quotidienne), de fait il distingue deux degrés de citation, d'imitation, de répétition. Dans l'un nous déclarons par imitation notre unicité (c'est le thème du scepticisme) ; dans l'autre, nous déclarons originellement notre communauté (c'est le thème de la reconnaissance). (L'individualité, toujours à découvrir, est toujours exposée au risque de sa perte.) Tout ce qu'on voudra bien appeler philosophie peut être au service de l'une ou de l'autre possibilité ; c'est pourquoi la philosophie n'est jamais en paix avec elle-même. Bien trop souvent il me semble qu'on utilise volontiers les procédures de déconstruction (comme les procédures analytiques) pour apporter à la philosophie une fausse paix, qui peut fort bien se présenter sous les traits d'une activité frénétique.

Cette impression de possibilités contraires en philosophie est, quoi qu'il en soit, ce pourquoi j'aurais tendance (et considère que les gens comme Emerson ou Wittgenstein ont tendance) non pas à abolir, mais plutôt à souligner des distinctions telles que celle entre citer et dire. J'imagine qu'on pourrait en dire autant de la déconstruction. Cela devient alors une question de style et d'obligations stylistiques – ce que je pourrais appeler la destination du langage, ou ce que nous en présumons, peut-être son enjeu. C'est dans *Sens de Walden* que j'ai suivi de la façon la plus systématique les conséquences de (quelque chose comme) la distinction entre dire et citer, et dans l'ensemble, on peut considérer cet ouvrage comme une méditation sur la distinction faite par Thoreau entre ce qu'il appelle la langue maternelle et la langue paternelle (voir *Sens de Walden*, *op. cit.*, p. 22-25). (Cela s'apparente – sans s'y identifier – à la distinction entre la parole et l'écriture. Dans *Les Voix de la raison*, c'est ce qui est à un moment répertorié comme la différence entre ce que j'appelle le premier et le second legs du langage [1]. Vers la quatrième et dernière partie du livre,

1. S. Cavell, *Les Voix de la raison*, *op. cit.*, p. 287.

ce problème finit par prendre le dessus sur le thème prédominant des parties antérieures, qui est, au sein du premier legs, quand et comment parle-t-on dans et hors des jeux de langage.) Dans la mesure où maternelle et paternelle ne désignent pas deux langues différentes, mais qualifient seulement deux destinations, deux présupposés ou deux enjeux à l'intérieur de quelque langue que ce soit, et où la langue paternelle est selon Thoreau « une expression mesurée et choisie » qui est « la maturité et l'expérience » de la langue maternelle, il s'ensuit que la langue paternelle est à la fois plus tardive et en même temps plus originale que la langue maternelle. Ainsi y a-t-il bien un endroit où la citation se révèle être plus originale que son original. Cela déconstruit-il la distinction entre les mots que l'on cite et ceux que l'on commence par dire ? Cela me semble (plutôt ?) inviter à se demander si des mots tels que « citation » et « original » sont ici utilisés dans la langue maternelle ou paternelle ; et donc bien sûr à se demander aussi si les différences entre le maternel et le paternel (en nous) doivent être gommées ou mises en avant.

Revenons une fois encore à mon impression de mollesse littéraire qui se donne des airs de solidité philosophique. Nous pouvons remettre à plus tard la question de savoir si une telle distinction est elle-même dure ou molle en examinant des cas particuliers. Quel mal y aurait-il à vouloir affirmer qu'il est indécidable que l'insaisissable canard-lapin soit un canard ou un lapin ? Il est possible que ce soit inoffensif, voire charmant, tant que cela n'empêche pas de vouloir distinguer (en toute netteté) dans le même dessin *décidément* un canard ou sinon un lapin. Mais si un concept ne permet pas de discriminer, quel intérêt peut-il bien y avoir à l'appliquer ? Quel mal y a-t-il, pour prendre un cliché encore plus figé, à vouloir considérer qu'il est indécidable que l'urinoir exposé par Duchamp sous le titre « Fontaine » soit une œuvre d'art ou pas une œuvre d'art du tout ? Bien que cela risque de faire moins de dégâts que tous les arguments qui ont pu s'inspirer du génie malsain de Duchamp, cela pourrait encore en aggraver le mal en instillant l'idée que l'urinoir idolâtré est bien, de façon tranchée, de l'art, ou bien son contraire. (Je ne prétends pas que ce soit quelque chose d'impossible à concevoir pour certains esprits, mais je m'attends simplement à ce qu'ils soient du genre à vouloir décider si d'autres gens sont bien des humains ou non.) Mais le qualificatif d'« indécidable » n'est-il pas au minimum un remède efficace contre le besoin philosophique d'essence ? Or je souhaite adopter la suggestion faite par Wittgenstein selon laquelle « l'essence est exprimée dans la grammaire » (*Recherches philosophiques*, § 371), qu'en d'autres termes le besoin maladif d'essence n'a pas tant été dirigé vers la mauvaise cible (veiller à ce qu'une explication finisse quelque part) que mal dirigé (trouver le quelque part où toutes les explications prennent fin). Ai-je alors décidé de quelque chose ?

Parmi cette constellation d'objets ambigus et d'intentions complexes, comment donc situer « Le démon de la perversité » de Poe ? Dans mon chapitre, j'ai dit que les deux lectures, l'une centrée sur le narrateur, l'autre sur l'écrivain, ne sont pas à mettre sur le même pied : le prisonnier fictif est parfaitement reconnaissable, le véritable écrivain l'est moins ; le narrateur de cette histoire peut ne pas exister en dehors de celle-ci, mais l'écrivain, si, sans aucun doute. Quel sens cela a-t-il donc de dire qu'il y a ici une certaine duplicité ? En quel sens y a-t-il deux prisonniers, deux empoisonnements, deux aveux, deux disparitions ? Si nous disons que l'une est l'allégorie de l'autre, cela apportera-t-il une réponse ? Cela annulera-t-il la question ? J'imagine que certains aimeraient pouvoir dire que la différence entre un et deux est indécidable. Vous pourriez aussi bien me dire que l'existence du mariage est indécidable (à peu près pour la même raison, s'il est indécidable que deux soient devenus un). Je ne souhaiterais pas nier cette conclusion, mais je penserais plutôt que vous faites de la théorie là où il n'y a pas lieu d'en faire. Et comment moi, lecteur de *Walden* se rappelant que l'auteur dit s'être « mis en cage » au milieu des bois [1] – c'est-à-dire, en Amérique comme dans un enclos – puis-je considérer comme indécidable qu'il s'agisse là d'une fiction ou d'un fait réel, d'une allégorie ou d'un véritable événement ? Une telle affirmation me semble être le lieu de ce qu'il faut décider. Si c'est une allégorie, alors il (mais qui ?) *est* enfermé ; c'est-à-dire, il est

1. *Walden*, 2.9, p. 98.

bien ce que sa mise en cage exprime de façon allégorique (quoi que ce soit d'autre). Ici, je dois parvenir à décider de ce que cela fait de moi, son lecteur : suis-je un visiteur ou un spectateur ? Son gardien ? Me sert-il d'ornement ? Qui l'a apprivoisé ? Puis-je menacer de le relâcher, et auprès de qui ? En quoi est-il différent de moi ?

J'utilise le redoublement au sein des intrigues chez Poe comme une interprétation de la structure du scepticisme, pour interroger, pour initier certaines recherches : dans quelle mesure l'écriture comme récit transforme en allégorie notre apparente destinée à nous représenter nous-mêmes comme des fictions, à en appeler à autrui en nous théâtralisant, de telle sorte que je ne puisse jamais me satisfaire que sa réponse s'adresse *à moi* (l'univers de Poe s'avance au-delà de celui de Descartes en ce qu'il doit considérer que l'auteur et le narrateur de moi-même peuvent ne plus être des personnes différentes, même s'il s'agit encore de *moi* différents) ; et donc à quel point l'insatisfaction qui en résulte peut être une fonction ou le prix de la satisfaction que l'on éprouve à projeter certains personnages imaginaires comme réels ; et enfin, ce qu'est l'écriture en tant qu'enclosure, ce qui en elle peut être représenté comme un emprisonnement, comme quelque chose qui mérite un confinement, et même l'accepte (trop facilement peut-être).

Je conclurai ce post-scriptum en ramenant plus généralement sa problématique à l'ouvrage que mon article visait à prolonger.

Savoir si, lorsque vous dites « on se retrouve chez moi », vous considérez vos paroles comme une prédiction, un accord, une promesse, un souhait ou une décision n'est pas une affaire de décision, mais bien de responsabilité que vous portez – que vous prenez ou que vous découvrez, ou encore que vous rejetez – vis-à-vis de vos mots. Dire que cette affaire est indécidable n'est peut-être rien d'autre qu'une façon d'affirmer que ces paroles « peuvent » être prises en ces différents sens (ce qui est important, mais n'apporte rien de neuf) ou une façon de nier que vous ayez cette responsabilité (qui n'a rien de factuel ; ce peut être un aveuglement, une posture, ou peut-être une décision). Dans une veine plus radicale, on peut dire « ici, c'est chez moi » en désignant son domicile, ou en rêvant que l'on est en train de désigner son domicile (qui peut ou non ressembler à ce que vous appelez actuellement votre chez-vous). Rien dans les mots que vous employez ne pourra distinguer le cas réel (référentiel ?) du cas rêvé (non-référentiel ?), et cette différence, à nouveau, ne relève pas d'une décision. (Si elle l'était, il s'ensuivrait que la vie est en réalité un rêve, car c'est seulement dans un rêve que l'on peut *décider* si l'on est éveillé ou en train de rêver.)

Que cela ne relève pas d'une décision, c'est l'axe central autour duquel tourne le scepticisme. Dans *Les Voix de la raison*, j'ai décrit cet axe comme la limite des critères, comme l'arrivée à son terme (trop tôt, peut-il sembler) de tout critère, comme le fait qu'il n'y a pas de critères (pas de signes ou de caractères) qui permettent de distinguer les rêves de la réalité (ou l'animé de l'inanimé, le naturel de l'artificiel). Savoir distinguer l'un de l'autre n'est pas une question d'énumérer leurs différences. Conclure que de telles questions sont indécidables reviendrait à décider que la conclusion tirée par le scepticisme est vraie, à savoir que nous ne connaissons jamais rien de façon si certaine que nous ne puissions en douter. À mon avis, cela rend ce qu'avance le sceptique trivial, dont la force réside non dans une quelconque décision, mais dans la découverte patente du fait inéluctable que nous sommes incapables de savoir ; en même temps, cela a tendance à dramatiser la menace, ou la vérité, du scepticisme : il donne un nom à notre souhait (et à la possibilité que nous ayons le souhait) de nous dépouiller de la responsabilité que nous avons lorsque nous voulons dire (ou ne parvenons pas à dire) telle chose plutôt que telle autre, de telle façon plutôt que telle autre. Peut-être la conduite la plus pratique à adopter face à ce que nous impose la philosophie consistera-t-elle en effet soit à le banaliser soit à le dramatiser. Mais selon moi de telles lignes de conduite reviennent plutôt à renoncer : elles ne concrétisent pas quelque liberté, quelque idée de moi-même qui puisse avoir une utilité pour moi, mais elles semblent tout aussi auto-infligées que la philosophie la plus grandiose – ou comme Heidegger aurait presque pu le dire, tout aussi hétéro-infligées.

Pour indiquer jusqu'où un bon investissement de ces thèmes a des chances de nous mener, j'aimerais citer le dernier paragraphe de la deuxième partie des *Voix de la raison* (« Le scepticisme et l'existence du monde »). Ce paragraphe soulève le problème de l'usage abusif, voire préjudiciable, que fait le positivisme logique de l'idée de décision, un thème que j'avais développé dans une section de mon article « La seconde philosophie de Wittgenstein est-elle à notre portée ? » [dans *Dire et vouloir dire*], écrit à peu près au même moment. Il suggère en conséquence que l'usage littéraire poussé de l'idée d'indécidable qui est fait de nos jours résulte de la même distorsion ou du même préjugé que jadis l'usage philosophique poussé de celle de décidable. Si bien que j'ai l'impression d'être en train de livrer la même bataille, mais cette fois à fronts renversés.

> Si l'existence du monde et notre connaissance de son existence constituent un problème véritable, raisonnable, suffit-il alors d'énoncer avec Carnap : « Accepter le monde des choses ne veut rien dire de plus qu'accepter une certaine forme de langage, en d'autres termes, accepter des règles pour former des affirmations, et pour les tester, les accepter ou les rejeter » [a] ? Nous pourrions éprouver qu'accepter le « monde-des-choses », c'est seulement accepter le monde ; or de quelle sorte de choix disposons-nous en la matière ? (Je ne dis pas que nous ne disposions d'aucun.) Et de quelle sorte de choix disposons-nous pour ce qui est d'accepter une forme de langage ? Nous pouvons accepter ou rejeter tout ce que *nous* pouvons construire dans le langage […] Si nous ne pouvons *décider* que (nous dirons que) les choses de notre monde existent, affirmerons-nous encore que nous *croyons* qu'elles existent ? C'est quelque chose qu'un philosophe dira au cours du passage en revue de nos croyances par lequel il commence son investigation de leur validité d'ensemble. Mais ce passage en revue *n'exprime* pas la moindre croyance en quoi que ce soit ; il est dépourvu de prétentions. Nous-mêmes affirmerons-nous que nous croyons – avons *la foi* – que les choses de notre monde existent ? Mais, en ce cas, comment cette foi est-elle acquise, comment est-elle exprimée, conservée, approfondie, menacée, et perdue ? [b]

a. R. Carnap, « Empirisme, sémantique et ontologie », § 2, dans *Signification et nécessité*, trad. fr. F. Rivenc, P. de Rouilhan, Paris, Gallimard, 1997, p. 317.

b. S. Cavell, *Dire et vouloir dire*, *op. cit.*, p. 360.

On m'a fait remarquer que même si *Les Voix de la raison* est long, il n'en est pas moins très dense. Permettez-moi, dans ce cas, de développer rapidement la dernière phrase que j'en ai citée. Cette phrase est tout sauf vaguement rhétorique ou vaguement psychologique. Elle demande que l'on se mette à des élucidations de la grammaire (au sens wittgensteinien) de « foi ». (Il fait partie de la grammaire de « foi » que *ceci* soit ce que nous voulons dire par « perdre la foi », etc.) Ce que cela implique est la chose suivante : si ces éléments de grammaire n'ont pas d'application claire au problème de l'existence des choses de ce monde, alors le concept de foi ne s'applique pas de façon claire à ce cas précis. Que devient alors notre relation au problème de l'existence du monde ? Ou bien devrions-nous voir à présent qu'il n'y a rien qui constitue cette relation ? Ou encore, voir qu'il n'existe pas un seul quelque chose ? Que serait-ce de voir ce genre de choses ?

Post-scriptum B

La perversité de Poe et le démon du scepticisme

En relisant l'essai de Robert Penn Warren sur *La Ballade du Vieux Marin*, je m'aperçois que j'avais oublié qu'il se référait au passage suivant, tiré du « Chat noir » de Poe :

> Cependant le chat guérit lentement. L'orbite de l'œil perdu présentait, il est vrai, un aspect effrayant, mais il n'en parut plus souffrir désormais. Il allait et venait dans la maison selon son habitude mais, comme je devais m'y attendre, il fuyait avec une extrême terreur à mon approche. Il me restait assez de mon ancien cœur pour me sentir d'abord affligé de cette évidente antipathie de la part d'une créature qui jadis m'avait tant aimé. Mais ce sentiment fit bientôt place à l'irritation. Et alors apparut, comme pour ma chute finale et irrévocable, l'esprit de perversité. De cet esprit la philosophie ne tient aucun compte. Cependant, aussi sûr que mon âme existe, je crois que la perversité est une des primitives impulsions du cœur humain, une des indivisibles premières facultés ou sentiments qui donnent la direction au caractère de l'homme. Qui ne s'est pas surpris cent fois commettant une action sotte ou vile, par la seule raison qu'il savait devoir *ne pas* la commettre ? N'avons-nous pas une perpétuelle inclination, malgré l'excellence de notre jugement, à violer ce qui est *la Loi*, simplement parce que nous comprenons que c'est *la Loi ?* Cet esprit de perversité, dis-je, vint causer ma déroute finale. C'est ce désir ardent, insondable de l'âme de *se torturer elle-même*, de violenter sa propre nature, de faire le mal pour l'amour du mal seul, qui me poussait à continuer, et finalement à consommer le supplice que j'avais infligé à la bête inoffensive. Un matin, de sang-froid, je

> glissai un nœud coulant autour de son cou, et je le pendis à la branche d'un arbre ; je le pendis avec des larmes plein mes yeux, avec le plus amer remords dans le cœur ; je le pendis *parce que* je savais qu'il m'avait aimé, et *parce que* je sentais qu'il ne m'avait donné aucun sujet de colère ; je le pendis, *parce que* je savais qu'en faisant ainsi je commettais un péché, un péché mortel qui compromettait mon âme immortelle, au point de la placer, si une telle chose était possible, même au-delà de la miséricorde infinie du Dieu Très-Miséricordieux et Très-Terrible [1].

En grande partie, cela peut, et même doit, en effet paraître semblable à la façon dont j'ai envisagé le meurtre de l'oiseau par le marin. L'interprétation de Poe et la mienne avancent toutes deux l'existence d'un certain rapport entre le désir d'être aimé et la peur d'être aimé, ainsi qu'entre ce conflit et l'impression que notre existence se trouve sous le coup d'une sorte de soupçon métaphysique. Nos perspectives semblent aussi s'opposer, puisque la mienne considère que la morale de cette histoire requiert que l'on accepte l'affirmation d'autrui comme le prix à payer pour connaître ou mener sa propre existence, tandis que Poe – ou plutôt son narrateur – met en avant le déni ou l'annihilation d'autrui en tant que contrepartie. Je pourrais tenter de maintenir la distance entre ces perspectives en faisant remarquer que j'ai dit (dans les dernières pages des *Voix de la raison*) qu'Othello tue Desdémone non parce qu'elle est infidèle et disperse son amour, mais bien au contraire parce qu'elle lui est fidèle, parce que la réciprocité même de la chose qu'il a obtenue d'elle est ce qui le fait se sentir souillé. Les termes employés par Poe sont : « je le pendis parce que je savais qu'il *m'avait aimé* » (je souligne), ce qui signifie que cet amour ayant été depuis retiré, pour une raison assez compréhensible, nous aurions alors affaire à un cas relativement compréhensible de colère vengeresse.

Mais à nouveau, ces points de vue sont-ils si différents ? Pour (le narrateur de) Poe, la vengeance serait encore de mise parce qu'il a été aimé, et peut-être parce qu'il trouve que cet amour était trop peu, ou

1. E. A. Poe, « Le chat noir », dans l'édition citée p. 13-14.

parce que l'amour en soi est trop peu. Tandis que tuer ou abandonner comme le fait Othello parce que l'amour pour vous persiste, est loin d'être une manière acceptable de rendre un tel amour, peut-être avec le sentiment que cet amour est excessif, ou peut-être parce que l'amour en soi est excessif. Ces perspectives semblent à la fois plus proches et plus distantes que tout ceci ne le laisse transparaître.

J'ai affirmé que le scepticisme est notre accès philosophique au désir humain de nier les conditions de l'humanité, mettant cela en relation non seulement avec la conception de Kant, mais aussi avec les espérances du christianisme comme avec celles de Nietzsche visant à dépasser l'humain. Dans la même veine, nous pourrions penser que Poe affirme que le scepticisme lui-même est la meilleure assurance de l'existence, comme si c'était précisément la volonté de vide dans le scepticisme qui dût nous attirer vers lui. Cette façon, d'apparence assez perverse, de rendre compte du scepticisme (en transformant son effet en sa cause) porte à l'égard des exposés philosophiques habituels du scepticisme une relation assez semblable à celle que le paragraphe tiré du « Chat noir » de Poe porte, dans son articulation du péché et de la loi, et du Dieu Très Miséricordieux et Très Terrible, à ce que saint Paul a dit de toutes ces choses. Comme s'il interprétait les passages de Paul selon lesquels il n'existe de péché qu'aux yeux de la Loi, comme la recommandation d'enfreindre la Loi. On pourrait y voir soit une sorte d'intuition, soit une sorte de parodie, du christianisme.

Ce que j'appelle la conception perverse du scepticisme chez Poe n'en saisit pas moins, je pense, une perversité fondamentale dans le scepticisme, dont elle offre un bon aperçu et met en scène une parodie. Cette intuition est que le scepticisme, ce que j'entends par scepticisme, est ou devient nécessairement paradoxal, le déni manifeste de ce qui est aux yeux du monde entier indéniable. Je considère le scepticisme non pas comme la morale d'une science prudente qui œuvre à apporter ses lumières dans un monde superstitieux et fanatique, mais comme le recul d'une raison démoniaque, irrationnellement obsédée par l'idée de dominer la terre. Selon moi, il trouve son origine dans une volonté non pas de rejeter le monde mais bien de l'établir. La parodie consiste à nier cela, à masquer le besoin d'assurance sous le couvert d'un désir soi-disant plus fondamental d'auto-humiliation. Cette dissimulation est révélée à la fin des récits de confession, lorsque les murs (intérieurs ou extérieurs) s'abattent, et que le refoulé revient. Mais si le meurtre du monde (ou de l'âme) finit par être révélé, dans ces histoires la fin est tout aussi perverse que le début, ou plutôt la perversité est toujours là, immuable, dès l'origine ; et la tragédie ainsi que sa reconnaissance sont toujours démultipliées en autant de répercussions ironiques. (G. R. Thompson, dans son introduction aux nouvelles choisies de Poe, parle de l'écriture de Poe comme « l'œuvre d'un des plus grands ironistes de la littérature mondiale ».)

La conception de Poe telle qu'on vient de la décrire est l'incarnation, assurément ironique, de l'interprétation la plus habituelle du scepticisme philosophique que j'ai pu entendre à l'école, une interprétation qui, je pense, a encore cours de nos jours. C'est l'idée, en gros, que la dévalorisation de la connaissance par le scepticisme est simplement due au fait d'avoir placé trop haut les visées de la connaissance : *bien sûr*, si vous imposez à la connaissance d'être d'une certitude absolue, alors vous ne trouverez rien que nous puissions véritablement connaître (à l'exception peut-être des mathématiques, et de ce qui, le cas échéant, nous est donné par les sens) ; *bien sûr*, si vous cherchez à transformer une induction en déduction, l'induction sera toujours insuffisante ; *bien sûr*, si vous exigez que pour voir un objet vous devez voir *la totalité* de cet objet, alors nous ne pourrons jamais réellement, directement, ni immédiatement, *voir* un objet. (Je donne d'autres exemples de ce schéma de raisonnement – particulièrement sur la question de savoir si la paraphrase critique, d'une métaphore par exemple, est vraiment une paraphrase – dans « Les problèmes esthétiques de la philosophie moderne », *Dire et vouloir dire*, *op. cit.*, p. 168-169.) Ainsi le scepticisme est lui-même la cause des déceptions dont il se plaint. On a pu dire la même chose de la philosophie dans son ensemble. Et j'ai déjà fait allusion à une interprétation comparable du romantisme, qui dans ses déceptions (disons, dans la mélancolie ou le retrait du monde) aspire exactement à ce qui ne peut exister.

Je ne comprenais alors pas comment un philosophe pouvait se dire satisfait d'une telle interprétation du scepticisme, sans chercher à comprendre comment et pourquoi un être humain, un ou une philosophe si vous voulez, pouvait être poussé à « mettre la barre » si haut, poussé à une *telle* conduite d'échec. Désormais cependant, en y voyant une version de ce qu'est la perversité selon Poe, je trouve que cela commence à avoir un sens. Ce qu'il me reste à concevoir est que la conduite d'échec propre au scepticisme est justement ce dont il s'agit. – Mais tout cela a-t-il en fin de compte un sens pour moi ? Ou bien le fait que cela n'ait *pas* vraiment de sens est-il ce que je devrais justement considérer comme ce qui importe ?

Comme je l'ai dit, je n'ai pas d'objection à ce que l'idée de perversité permette de décrire ce qu'il advient du sceptique ; je la prends comme une sorte de traduction du caractère paradoxal qui est un des traits essentiels du scepticisme que je vise. Ici comme ailleurs, c'est l'attitude qui sonne faux ou qui me semble forcée. (Mais l'attitude importe-t-elle lorsque c'est la vérité qui est en jeu ?) De même que je ne considère pas que le propriétaire de Pluton – car c'était le nom du chat noir – ressent tout à fait la même chose à l'égard de son épouse, dont il vient d'enfoncer le crâne à coups de hache, qu'Othello ressent à l'égard de sa propre épouse qu'il vient d'étrangler, de même je ne considère pas que le narrateur qui commet puis confesse son déni soit le penseur cartésien, humien ou kantien qui parvient à s'échapper de ses velléités de doute, ou s'y abandonne, pour revenir aux abords de notre monde commun.

L'attitude à laquelle je fais référence est typiquement celle que l'on présente dans le cas de la promulgation d'un paradoxe. Lorsque Pythagore donna la démonstration de ce qu'on a appelé l'incommensurabilité de l'hypoténuse d'un triangle rectangle avec ses deux autres côtés (égaux), aussi appelée la mesure par un nombre irrationnel, certains furent terrifiés, d'autres tentèrent d'en garder le secret en le confinant à une institution composée d'intellectuels, d'autres encore, j'imagine dès le départ, la considérèrent comme une plaisanterie cosmique aux dépens du genre humain. C'est quelque chose de ce genre qui se sera produit au cours de ce siècle aussi, après la publication du théorème de Gödel sur les propositions formellement indécidables. Ainsi certains semblent trouver ce genre d'attitude approprié face à la découverte qu'il n'y a pas de marque ou de trait distinctif qui permette de différencier les rêves de la veille, la fiction de la réalité, la littérature de la vie, comme si cette sorte d'impossibilité de les distinguer les rendaient identiques – comme si l'on prenait la littérature et la vie pour des objets familiers et que le problème restait celui de décider si l'on doit les compter comme une ou deux choses. – Eh bien, à défaut du sens de l'absurde, du plaisir ou de la douleur ironiques que l'on peut éprouver face aux fragiles espérances de l'humanité, quelle attitude recommanderiez-vous ? – Aucune.

Je pourrais décrire l'attitude à laquelle je suis en train de résister, la posture que je voudrais modifier face aux scènes d'horreur qui se produisent dans les récits de Poe, comme celle où le narrateur reproduit une lubie ou une compulsion par « *acting out* », par opposition (comme Freud l'oppose à l'« *acting out* », le définissant ainsi en partie) au fait de se remémorer quelque chose, un moyen contraire de ramener le passé dans le présent, un moyen qui apporte la promesse de se libérer de la violence et de l'aliénation de l'impulsion à se répéter [a].

Dans la mesure où la remémoration est l'instrument de cette manière de philosopher qui m'attire le plus, il est naturel que je me méfie de tout ce qui pourrait s'y opposer. On pourrait à l'occasion appeler cela un jeu purement littéraire ou une sorte d'espièglerie impulsive, qui peut parfois prendre la forme d'un discours technique et en apparence rigoureux. Loin de moi l'idée de considérer comme allant de soi que la psychanalyse ait suffisamment clarifié la distinction freudienne entre répétition et remémoration (dans « Remémoration, répétition et perlaboration »), ou bien de considérer l'écrivain Poe tellement proche de son narrateur qu'il en deviendrait intellectuellement indiscernable. Mais savoir si Poe l'écrivain est suffisamment distinct de son narrateur pour susciter notre intérêt philosophique (le mien, en tout cas) est fonction du degré d'intérêt et de conviction que ses propos parviennent à susciter lorsqu'il rend compte de la notion de perversité ; autrement dit, lorsqu'il explique la tentation humaine de

a. Voir la notice sous le terme « Acting out » dans le *Vocabulaire de la Psychanalyse* de J. Laplanche et J.-B. Pontalis, p. 6-7.

nier les conditions de l'humanité, ou en d'autres termes la volonté d'être monstrueux.

La question de l'existence ou de la création de soi prend chez Poe la forme de l'existence d'un écrivain, qui existe en même temps que l'écriture, et uniquement dans la mesure où elle est écrite, exprimée. Usagers du langage, les êtres humains sont des créatures de langage, n'existent qu'à partir de lui, tout comme celui-ci n'existe qu'à partir de nous. Si l'un est perverti, l'autre l'est aussi. Si nous sommes incapables de parler (si par exemple, nous avons quelque chose de si terrible à dire qu'il ne puisse ni être dit, ni être cru) alors nous sommes inhumains. Si la responsabilité de nos paroles est étouffante, vous pourriez songer à perpétrer un acte si horrible que toute parole semble impossible ; vous pourriez choisir de devenir un monstre. (Il pourrait valoir la peine ici de comparer les propos de Wittgenstein sur ce que serait un langage privé.)

Lorsque le narrateur du « Démon de la perversité » nous demande de sonder notre propre âme afin de découvrir sans contestation possible « l'absolue radicalité du penchant en question » (c'est-à-dire, la perversité), l'exemple auquel il fait alors appel est le tourment lié à « l'ardent désir de torturer son auditeur par des circonlocutions », c'est-à-dire le tourment lié au désir de raconter des histoires, fût-ce (comme cette histoire en est la manifestation) le tourment lié au désir d'écrire un certain genre de philosophie – se servant ainsi de lui-même (qui d'autre un sceptique pourrait-il convoquer ?) comme symbole ou bouc émissaire de l'espèce humaine. Je mentionnerai un autre domaine de l'indicible dans ce récit de Poe, un domaine qui n'est pas une fonction des démons du langage, mais de nous-mêmes en tant que son démon et son image : notre pouvoir d'affirmation (sans lequel il n'y a pas d'assertion) et donc de déni.

Des années après que le narrateur a commis son crime parfait, impossible à déceler, le démon du narrateur fait son apparition et en rend la découverte possible.

> [J]e me surprenais sans cesse rêvant à ma sécurité, et répétant cette phrase à voix basse : *Je suis sauvé !* Un jour, tout en flânant dans les rues, je me surpris moi-même à murmurer, presque à haute voix, ces

> syllabes accoutumées. Dans un accès de pétulance, je les exprimais sous cette forme nouvelle : *Je suis sauvé, – je suis sauvé ; – oui, pourvu que je ne sois pas assez sot pour confesser moi-même mon cas !* [1]

C'est-à-dire que « Je suis sauvé » est vrai aussi longtemps qu'il n'est pas formulé : le dire c'est le réfuter. D'autres énoncés plus connus, que leur seule formulation réfute sont : « Cet énoncé n'est pas vrai » et « Je n'existe pas ». (Il pourrait alors vous venir à l'esprit que [par conséquent] « j'existe » est nécessairement vrai, ou indéniablement vrai à chaque fois qu'on le dit.) Mais vous ne pouvez pas plus dire en toute sécurité, dans les circonstances que décrit Poe, « je ne suis pas sauvé ». (C'est pourquoi cet exemple est différent d'autres tournures impossibles à dire, telles que « je ne suis pas ici » ou « je suis en train de dormir ». Il s'agit là de plaisanteries, et leurs négations communiquent, en certaines circonstances, une information.) Notre degré de sécurité, ou son absence, n'est pas connaissable. Ce que l'on peut connaître est le fait de notre existence, et tout ce qui peut en découler. Des philosophes tels que Descartes, Kant, Heidegger et Wittgenstein peuvent être d'accord sur ce point, et différer complètement à propos de ce qu'ils estiment en découler. On pourrait de plus avancer l'idée que la connaissance dont partent des philosophes tels que Marx, Kierkegaard et Nietzsche (on pourrait y ajouter Freud) est celle selon laquelle nous n'existons *pas*, et qu'ils diffèrent alors en ce qu'ils estiment en découler.

Il semble relativement clair que pour (le narrateur de) Poe (dans les histoires confessionnelles que j'ai citées), la recherche d'une preuve de son existence est celle de la preuve qu'il respire, c'est-à-dire qu'il est vivant. « [Le fait que je respire] n'est pas une chose plus certaine pour moi que cette proposition : la certitude du mal ou de l'erreur inclus dans un acte quelconque est souvent l'unique *force* invincible qui nous pousse, et seule nous pousse à son accomplissement » [2]. Supposons qu'il trahisse ici une incertitude quant au fait qu'il respire, et retournons ensuite cette comparaison avec

1. E. A. Poe, « Le démon de la perversité, dans l'édition citée p. 8.
2. *Ibid.*, p. 3, traduction modifiée.

d'autres certitudes. Son propre démon lui fait apparemment penser qu'il n'est pas *moins* certain de respirer que d'être sous l'impulsion en question. Ainsi sa certitude de respirer devient dépendante de son impulsion à faire le mal. Chez Descartes, la capacité à commettre « le mal ou l'erreur inclus dans un acte quelconque » est la preuve que nous possédons le libre arbitre. Il en résulte pour Descartes que nous sommes responsables d'une erreur de notre part dans la mesure où nous sommes libres de ne pas l'empêcher (libres, en particulier, d'étendre notre jugement au-delà du connaissable). Selon Poe, nous sommes métaphysiquement responsables de nos erreurs précisément parce que nous n'en sommes pas responsables moralement. *Je suis* celui qui ne peut s'en empêcher. Certains moralistes sont d'avis que lorsque je fais ce que je suis poussé à faire, cette action n'est pas vraiment la mienne. L'idée de Poe semble être que dans un cas de ce genre ma responsabilité n'est jamais épargnée – elle est collée à moi pour toujours. Certes, toutes nos actions ne sont pas de ce genre, mais seulement celles qui témoignent de ce que j'ai nommé l'inhumain dans l'humain, de sa monstruosité, celles qui, je dirais, se situent avant et après la moralité : un exemple du premier type que Poe a déjà donné est le désir de tourmenter son auditeur en lui racontant une bonne histoire ; des exemples du second seraient les comportements les plus baroques que l'on trouve chez Poe, comme crever l'œil de son chat, planter une hache dans la tête de son épouse, presque sans y avoir été provoqué. Cela implique que la moralité soit piétinée à certains moments lorsque l'on juge de la nature humaine, un fait qui devrait éclairer à la fois les moments qui se situent « avant » et ceux qui se situent « après » la moralité. Si quelqu'un est ici visé par la satire, ce sont ceux qui se disent croire au déterminisme, et qui ne mesurent pas à quel point nous sommes libres (capables de choses difficiles à imaginer) et à quel point nous sommes loin d'être libres (incapables de résister à cette même imagination).

« Le démon de la perversité » s'ouvre sur une explication du fait d'avoir négligé la perversité comme *primum mobile* de l'âme humaine – nous tous, les « phrénologistes » et « tous les moralistes qui les ont précédés ». L'explication est la suivante : « Nous n'avons pas senti le *besoin* de constater cette impulsion, cette tendance. Nous ne pouvions pas en concevoir la nécessité. Nous ne pouvions pas saisir la notion de ce *primum mobile*, et, quand même elle se serait introduite de force en nous, nous n'aurions jamais pu comprendre quel rôle il jouait dans l'économie des choses humaines »[1]. Et un peu plus loin :

> On dira, je m'y attends, que, si nous persistons dans certains actes parce que nous sentons que *nous ne devrions pas* y persister, notre conduite n'est qu'une modification de celle qui dérive ordinairement de la *combativité* phrénologique. [...] Mais la combativité est notre sauvegarde contre le tort subi. Son principe regarde notre bien-être [...] Il suivrait de là que le désir du bien-être devrait être simultanément excité avec tout principe qui ne serait qu'une modification de la combativité ; mais, dans le cas de ce je ne sais quoi que je définis *perversité*, non seulement le désir du bien-être n'est pas éveillé, mais encore apparaît un sentiment singulièrement contradictoire[2].

Ce sentiment contradictoire est-il le sentiment d'aller mal, lequel en l'occurrence devrait signifier un désir de se faire du tort ? Dites si vous voulez (ainsi que G. R. Thompson le dit dans son introduction à l'édition de Poe citée plus haut) que « "Le démon de la perversité" énonce clairement la conception fondamentale de Poe selon laquelle c'est le destin de l'homme que d'agir contre ses propres intérêts ». Mais je ne vois aucun désir de se faire du mal dans ce récit, aussi important que soit le tort infligé à soi-même qui découle de ces événements. Certes, le démon risque de devoir renoncer à la perversité comme « sauvegarde contre le tort subi » ; cela n'est pas la sorte de besoin auquel l'évolution de la perversité pourrait répondre. Mais peut-être s'agit-il d'une sauvegarde contre autre chose de plus fondamental, et même de plus indispensable humainement, une sauvegarde contre l'anéantissement, contre la perte (de la preuve) de notre identité ou de notre existence même. (Peut-être par méfiance suis-je en train de masquer la question de savoir ce que vise avant tout la preuve de la

1. E. A. Poe, « Le démon de la perversité, dans l'édition citée p. 1.
2. *Ibid.*, p. 3-4, traduction modifiée.

vie humaine : est-ce notre existence ou notre identité ? Il serait facile de dire que toutes deux sont en question, même si c'est sans doute vrai. C'est une question de priorité.) On a pu dire que l'existence de Dieu résultait de l'identité de Dieu. L'existence humaine ne résulte pas plus de son identité que l'existence d'une pierre n'est certifiée par une description de cette pierre. Mais contrairement à une pierre, une identité humaine n'est pas certifiée, comme certains existentialistes se plaisaient à le dire, par le fait que cet être humain existe. Les romantiques sont courageux lorsqu'ils mettent en évidence la possibilité d'une vie-dans-la-mort et celle de ce qu'on pourrait appeler la mort-dans-la-vie. Mes romantiques préférés sont ceux (les plus courageux, je pense) qui n'essaient pas d'échapper à cela en prenant leur revanche sur l'existence. Mais cela signifie vouloir continuer d'être né, d'être natal et donc mortel.

Il faut déterminer *ce que* les preuves de mon existence sont censées prouver, ou prouvent réellement ; quelle est la question à laquelle on doit trouver une réponse. La démonstration de Descartes prouve mon existence en tant qu'esprit, elle répond à la question : « Suis-je un esprit ou un corps ? » La psychanalyse fait une distinction entre la question « Suis-je une femme ou suis-je un homme ? » et la question « Suis-je vivant ou mort ? » – la première étant la question hystérique, et la seconde la question obsessionnelle. C'est visiblement cette dernière qui est selon moi la question posée par Poe. Mais j'ai déjà complexifié le sens qu'elle pourrait prendre en attribuant aussi à Poe cette question : « Suis-je un être humain ou un monstre ? » (J'ai dit quelques mots à ce propos dans mon article « On Makavejev On Bergman », en lien avec *Les Voix de la raison*.)

Le désir de bien être est précédé par le désir d'être. Et contre l'anéantissement, contre cesser d'exister comme celui ou celle que je suis, il n'y a rien pour nous sauver, rien qui puisse être fourni par l'individu, ni même par la main de Dieu dans notre création ; ce qui nous sauve est la reconnaissance d'autrui et par autrui. (Ainsi, le fait de dire « je suis sauvé » peut en un sens vous sauver, après tout.) Et si en même temps cette reconnaissance d'autrui et par autrui vous apparaît de façon frappante comme une menace à votre vie, elle vous laissera perplexe. Je pense que nous connaissons tous plus ou moins ce genre de perplexité. Mais lutter contre elle en insistant compulsivement ou obsessivement que pour obtenir une preuve vous devez créer (être l'auteur de) ce qu'il y a à confesser, comme s'il n'y avait rien à reconnaître en dehors d'une confession de ce genre, c'est en comparaison assez trivial. C'est trivial en comparaison avec l'effort de reconnaître votre vie non-autorisée pour ce qu'elle est, en y prenant intérêt. Certains souhaiteront pouvoir dire, je pense, qu'il n'y a aucune manière dont notre vie se trouve être ; pour moi cela trahit le refus d'essayer de la mettre en mots (provisoires) (un refus de se battre pour en être l'auteur).

On peut voir la Perversité de Poe comme une parodie de la vulnérabilité, de l'abandon de toute sécurité, dans le placement de ses intérêts, ici l'investissement de l'amour, et les risques inévitables pris en raison de ce qu'il a d'improbable. La vérité de la parodie est sa mesure de la douleur que ces risques entraînent, et d'à quel point nos vies prennent forme et se maintiennent par leur besoin de prévenir l'abandon.

POST-SCRIPTUM C

LE SCEPTIQUE ET LE MÉTAPHORIQUE

J'avais déjà de nombreuses raisons d'être reconnaissant à Robert Mankin pour son étude « An Introduction to *The Claim of Reason* » après l'avoir lue pour la première fois, il y a de cela quelques années, au moment où j'écrivais « Emerson, Coleridge, Kant », le chapitre 2 du présent volume. En relisant ce chapitre à présent, je suis frappé par ce qu'il doit en retour à tout ce que Mankin a pu dire, et je suis heureux de l'occasion qui m'est offerte de le lui dire et de le remercier. Mon essai est plus particulièrement marqué par deux types d'interrogation suivis par Mankin, que je pourrais reformuler en quelque sorte par les questions suivantes : 1) Que signifie pour ce que j'entends par « littérature », le fait que mes illustrations de ce concept soient si souvent des œuvres de Shakespeare ou de ce qu'on appelle le romantisme ; et en particulier comment ces exemples ont-ils un rapport avec le thème plus ou moins implicite des liens (si ce terme est le bon) entre philosophie et littérature, un thème qui revient constamment, et même s'amplifie, dans *Les Voix de la raison* ? 2) Quelle est la raison des aveux ou des accusations répétées au cours de ce livre, peut-être pas toutes d'importance ou de précision égales, selon lesquelles on est « forcé » ou « amené » à (modifier ?) certains concepts ?

À propos de (1) : dans « Emerson, Coleridge, Kant », je considère le romantisme comme un marqueur de la lutte (moderne) entre la philosophie et la poésie, de l'une pour l'autre, et de l'une contre l'autre, pour et contre le maintien de leur propre existence. Pourquoi une telle lutte a lieu, ou en est venue à se produire, voilà certainement une question philosophique et poétique, autant qu'historique. La cause en est quelque chose auquel j'assigne, par extension, le nom de scepticisme. Ma conférence suivante « Être à part, rendre la pareille » à laquelle cette note est un post-scriptum, poursuit la discussion en élargissant encore cette façon de voir les choses. Elle trouve chez Poe (et suggère qu'on pourrait aussi le trouver chez Hawthorne), dans un esprit romantique américain distinct de celui d'Emerson et Thoreau, que la philosophie subit ce que je décris comme une façon de « se changer en » littérature. (Mais qu'advient-il alors de la littérature ?) Si les quelques incursions que j'ai pu rapporter ne risquent pas de passer pour des réponses aux questions sur les influences réciproques entre philosophie et littérature, je m'attends cependant à ce qu'on les prenne pour des esquisses préparatoires à ce genre de réponses.

À propos de (2) : « Emerson, Coleridge, Kant » contient plutôt une discussion de l'idée d'être « forcé » ou « amené », à partir de l'étude du « Destin » d'Emerson, et de ce que Kant et Coleridge racontent sur les transgressions de « lignes ». « Être à part, rendre la pareille » élargit cette discussion en alignant le problème de la transgression avec certains propos de Poe sur la « perversité », que j'interprète à l'aide d'un concept construit à partir de ce que Poe lui-même fait avec ce que je nomme les démons de mots [*word imps*]. En ce sens, ce qui m'intéresse peut-être avant tout dans la matière que nous fournit Poe, mis à part cet alignement lui-même, c'est l'idée qu'aborder Poe de façon psychologique (selon moi, la façon la plus habituelle de le faire) ne permet pas vraiment de l'aborder, pour ainsi dire, de façon philosophique. Psychologiquement parlant, il semble que Poe mette en scène certains types humains plutôt extrêmes, à commencer par lui-même à la première personne, et qui sont sujets à de soudaines crises de violence, ce qui les met à part du commun des âmes humaines ordinaires ; alors que philosophiquement parlant, Poe se distingue en personne comme le représentant d'une non-naturalité naturelle à l'âme humaine, quelque chose dont la violence est aussi fortuite qu'inévitable. Autrement, Poe ne se rattacherait pas au scepticisme tel que je l'entends.

À nouveau, je ne souhaite pas insinuer que ces prolongements de mon intérêt (ces sortes d'invitation) constituent à mes yeux des réponses suffisantes aux interrogations de Mankin. Son essai met l'accent sur bien des problèmes avec un sérieux que j'apprécie particulièrement. Il y a certaines tournures de sa part que je ne crois pas encore comprendre suffisamment pour en faire grand-chose, par exemple sa remarque selon laquelle « les expériences les plus profondément sociales pourraient ainsi transcender nos formes de vie humaines et mériter d'autres noms, tels que mythe ou littérature, ou encore psychose ». Il est d'autres remarques que j'accueille bien volontiers car elles ont été faites directement dans l'esprit des questions que je me pose, tout en en ouvrant largement les perspectives, par exemple la mention de la discussion par Laplanche du concept freudien d'« action différée » en lien avec ce que j'ai pu dire sur Wittgenstein et sa « conception (de l'apprentissage et de l'enseignement) du langage ».

J'aimerais signaler, à ce propos, afin d'y revenir plus tard, un possible sujet de désaccord qu'il pourrait valoir la peine de creuser assez sérieusement. Mankin demande à un certain moment : « la métaphore est-elle moins essentielle au langage que ne l'est son caractère de généralité ? » – comme si j'avais voulu suggérer que la métaphore était en effet moins essentielle. Sa question est provoquée par mes propos sur ce que j'appelle projeter un mot, dans le chapitre 7 des *Voix de la raison* (« Excursus : La vision wittgensteinienne du langage »). Je ne trouve pas que mes propos tendent à dévaluer le caractère essentiel de la métaphore. Cette discussion sert à commenter l'attaque sous-jacente de Wittgenstein contre les « explications » philosophiques traditionnelles de la généralité du langage qui recourent à ce qu'on appelait « les universaux ». Mankin dit à propos de cette discussion : « Selon Cavell, la métaphore n'a pas sa place dans cette explication, parce qu'elle est toujours conçue comme [...] "non-naturelle" ». Mais en finissant mon chapitre avec l'idée que l'on peut à bon droit qualifier de non-naturel le « transfert » métaphorique, à la différence de la « projection » non-métaphorique, j'imaginais plutôt que faire une « place » à la métaphore dans le langage, ou la mettre en évidence, était précisément ce que j'étais en train de faire. Il est vrai que la morale à tirer de ce passage est que le métaphorique est implicitement mis de côté en tant qu'explication du caractère de généralité du langage ; mais cela n'est pas vraiment une dévalorisation du métaphorique, dans la mesure où je prétends que rien (de philosophique) ne peut constituer une telle explication. Pas plus qu'il ne s'ensuit que le métaphorique ne soit pas « essentiel » à tout ce que nous concevons comme langage.

Peut-être mon emploi du terme « non-naturel » dans ce contexte comme dans d'autres, était-il contre-intuitif ou assurément confus par rapport à ce que je ne cesse de dire sur le caractère naturel du langage naturel, et particulièrement sur la façon dont le sceptique a recours à cette naturalité tout en la rejetant lorsqu'il met en cause notre « connaissance » de l'existence des choses. C'est cette combinaison qui a conduit Mankin à penser que « Cavell puisse être réservé sur le fait de discuter du langage figuré simplement dans la mesure où cela indique l'élément coercitif (et la généralité) de toute convention ». Je ne suis pas certain de me reconnaître dans cette description. Si je suis réservé sur le fait de discuter du langage figuré dans *Les Voix de la raison*, c'est, de façon plus immédiate selon moi, parce que je ne parviens pas à me satisfaire des identifications et des théories du langage figuré que j'ai rencontrées jusqu'à présent, et peut-être surtout à cause du sentiment que l'importance du sens figuré dans ces théories semble d'une certaine façon aller de soi, comme s'il détenait la clef du langage, de la littérarité, des ambitions (destructrices) de la philosophie, etc. Peut-être le sens figuré m'apparaît-il comme n'ayant pas plus d'importance que ce à quoi il est censé s'opposer, disons le sens littéral. Or, bien sûr, vous pouvez traiter le problème du sens littéral comme ayant quelque chose à voir avec les lettres du langage de telle sorte qu'il ne s'oppose plus au sens figuré, mais puisse se concevoir comme l'une de ses instances. Mais comment dire si cela ne revient pas simplement à changer de sujet ? De toute façon, si mon animosité dans le passage concernant la non-naturalité du transfert métaphorique était censée signaler que j'avais bien traité de la « généralité », ou disons de la conceptualité, dans le langage, de telle sorte que la métaphoricité puisse apparaître comme une question dérivée (par opposition à des affirmations ou des sous-entendus que c'est l'inverse qui doit représenter la relation correcte), la question est manifestement à la fois réelle et flottante, et elle réclame une étude plus approfondie.

À défaut de pouvoir la mener ici, je conclurai ces propos introductifs en tentant de lever l'ambiguïté, au cas où elle aurait causé du tort, dans ma référence au concept de (non-) naturel, et j'examinerai à la fois la piste du scepticisme et celle du métaphorique.

Ce qui rend le scepticisme non-naturel est l'occasion qu'il donne d'en arriver à répudier nos critères d'application des concepts de notre langage à quoi que ce soit ; à renier ce que j'appelle nos ajustements les uns aux autres ; un reniement que Wittgenstein appelle le fait de (être conduit à) parler en dehors des jeux de langage. Cela commence de façon désinvolte, mais continue sur le mode de l'emportement et de l'obsession, ne trouvant le repos (quel qu'il puisse être) que dans un échafaudage particulier (d'« évidences » absolues, de perspectives définitives, de « significations » décontextualisées ou dépersonnalisées) où le langage semble être une prison ou un terrain vague. Ce n'est pas le repos, ou plutôt la paix, que Wittgenstein déclare vouloir apporter à la philosophie. Le repos du scepticisme ressemble plus à une parodie qu'à un renoncement aux folles ambitions de la philosophie. L'intention de Wittgenstein d'apporter la paix pourrait très bien provoquer un sourire entendu – car de nos jours c'est ainsi qu'aiment parler les mouches du coche. Mais cela pourrait aussi nous frapper comme une suggestion salutaire pour lire l'œuvre des *Recherches philosophiques*, la suggestion que le vœu d'apporter la paix doit toujours être perçu comme la recherche du silence de la philosophie, une sorte de silence philosophique dont sera seulement capable une créature en difficulté et jamais véritablement apaisée, marquant pour ainsi dire la fin de guerres insensées, de guerres d'absurdités. L'idée serait de penser le thérapeutique non comme un lieu, mais comme un chemin. C'est dans cet esprit que je souligne « l'instabilité » inhérente au scepticisme – autant dans ses moments de début que de fin.

Ce qui rend la métaphore non-naturelle est l'occasion qu'elle donne de transcender nos critères ; non pour les répudier, comme s'ils étaient arbitraires, mais pour les développer, comme s'ils étaient contractés. (La grammaire ordinaire [ou wittgensteinienne] de « soleil » doit être conservée, si son application métaphorique à Juliette doit être valide ; par exemple, les critères de lever et de coucher, de disparition ou d'éclipse, d'effets sur la croissance et sur la soif, de son éclat comme ce qui, en créant le jour, et donc la nuit, illumine la lune tout autant que la terre.) Et la métaphore transcende nos critères non pas comme si elle reniait nos accords réciproques, mais comme si elle faisait pression sur ces ajustements (une pression sous l'effet de laquelle certains de nos ajustements aux autres échoueront ; alors qu'avec certains autres cet ajustement sera intensifié et affiné). Dans le domaine du sens figuré, nos paroles ne sont pas perçues comme contraignantes mais comme libératrices, elles ne nous ligotent pas mais créent des liens. (Ce domaine-là ne se situe ni à l'extérieur, ni à l'intérieur de nos jeux de langage.)

En réponse à ce genre de description, on pourrait se demander, peut-être à juste titre, si ce que j'entends par « non-naturel » concernant la métaphore n'est pas mieux rendu par le terme de « personnel ». De la même façon, il se pourrait que ce que je veux dire par « non-naturel » concernant le scepticisme est, disons, « privé ». Je ne nierais pas ces possibilités, mais en soi, elles ne me conduiraient pas à renoncer ici à l'idée de non-naturel, et ce pour deux raisons : 1) employer le même mot dans les deux cas permet d'indiquer la connexion qu'il y a entre eux, et indique même la direction pour analyser cette connexion, qui pourrait autrement nous échapper ; 2) les notions de personnel et de privé n'ont pas moins besoin d'être examinées que celle de (non-) naturel – avec en particulier un examen de leur tendance à se faire passer pour la condition d'existence qui nous est donnée, on pourrait dire la condition qui nous est *naturelle*.

En esquissant des directions opposées de non-naturalité dans les chemins qui mènent aux situations sceptiques et aux situations métaphoriques du langage, je ne nie pas la pertinence de ce que Mankin interprète comme une certaine réserve de ma part à l'égard du langage figuré, une réserve à l'égard du sens figuré en tant qu'il indique « l'élément coercitif (et la généralité) de toute convention ». Cependant, on peut considérer que du point de vue conceptuel « esquisser une direction opposée à » est un équivalent d'« indiquer » (comme pour un symptôme psychologique). Cela tendrait à suggérer que je prends l'idée de libération dans la métaphore comme quelque chose de lié au sens de confinement ou de contrainte dans le scepticisme, desquels, ou de l'opposition desquels, je chercherais à me libérer. C'est possible.

Ces deux cheminements vers le non-naturel sont – comme j'ai l'habitude de le dire – naturels à l'être humain ; ils font partie de la nature ou de la destinée d'une créature suffisamment complexe pour le langage, ou qui y est destinée. Ce sont des tentatives qui saisissent l'expérience de l'aspiration humaine à la connaissance de l'existence comme essentiellement impossible à satisfaire – une aspiration à la connaissance pour laquelle ni l'exigence de certitude ni le renoncement à la certitude n'est stable. (J'ai parfois fait référence à cette aspiration comme au désir humain d'avoir la connaissance divine ; et donc, sans doute, d'être Dieu.) Cette instabilité perpétuelle est ce que j'appelle la menace du scepticisme, et que *Les Voix de la raison* affirment comme humainement cruciale.

L'ambiguïté dans l'idée de non-naturel recoupe celle qui se trouve dans l'idée de l'ordinaire comme ce qui est révélé par le naturel (dans le langage). Cette ambiguïté concerne la question de savoir si l'ordinaire, ou disons l'habitat humain, est quelque chose à quoi la pensée est censée nous ramener (comme Wittgenstein semble l'imaginer), ou quelque chose vers quoi la pensée est censée nous faire avancer (comme Heidegger semble l'imaginer). Mon impression est qu'une étape dans la pensée d'Emerson et de Thoreau consiste à découvrir que ces deux possibilités sont des interprétations l'une de l'autre.

Le sens du caractère inévitable de ces deux cheminements vers le non-naturel (vers le haut pour la métaphore, et vers le bas pour le scepticisme) comprend l'idée que ni l'une ni l'autre ne réclame une quelconque expertise. En fait aussi partie l'idée que ces deux itinéraires sont naturels à l'être humain, presque inévitables pour des créatures ayant la capacité de converser, de se soumettre aux exigences de l'intelligibilité, de se rendre lisibles. Mais il y a cette différence manifeste entre les deux itinéraires : alors que l'on *peut* s'accommoder du monde quotidien sans avoir à exercer cette capacité pour le sens figuré, on ne peut s'accommoder de ce monde-là (ne peut « avoir » ce monde) *que* si l'on n'exerce *pas* la capacité de scepticisme. Cette dernière absence vous empêchera d'accéder à certaines peurs et à certaines ambitions philosophiques ; la première absence vous privera d'autres formes d'intimité. Si l'univers quotidien est, de façon inhérente et imprévisible, sujet à la présence de ces deux capacités, alors il est, de façon inhérente et imprévisible, sujet à se concevoir comme limité, comme impliquant l'existence d'un autre monde ailleurs, au-delà d'une ligne, et face auquel il est lui-même quelque chose de moindre en profondeur ou en intimité avec l'existence ; un ailleurs ou un autre monde que, pour le meilleur ou pour le pire, ses habitants aspirent à habiter. Ainsi l'ordinaire est toujours le sujet d'une quête et l'objet d'une enquête.

À STANFORD

CONFÉRENCE TANNER (1986)

CHAPITRE 6

L'INQUIÉTANTE ÉTRANGETÉ DE L'ORDINAIRE

La perspective de prononcer cette Conférence Tanner m'a incité et encouragé à tenter de réunir en un cercle de taille raisonnable, ou disons convivial, toute une faune qui peuple la jungle ou la région sauvage des sujets qui m'intéressent. L'une des bêtes sauvages qui peut se présenter de toute évidence en premier est celle du concept d'ordinaire, puisque le premier article que j'ai publié et que j'utilise encore (l'article qui donne son titre au recueil *Must We Mean What We Say?*, trad. fr. *Dire et vouloir dire*) était au départ une défense des travaux de mon professeur J. L. Austin, le plus pur représentant de ce qu'on appelle la philosophie du langage ordinaire. En amont de cette tentative, j'ai programmé l'an dernier à Harvard une série de cours destinée à me convoquer devant moi-même. Durant l'automne, j'ai proposé un cours intitulé « La philosophie de l'ordinaire », où je commentais pour la première fois depuis six ou sept ans certains textes d'Austin et les *Recherches philosophiques* de Wittgenstein, avec un sens accru de tout ce que je dois à ce corpus de pensée et de pratique philosophiques, et en même temps avec le sentiment qu'on les négligeait plus ou moins dans la vie intellectuelle contemporaine – qu'on négligeait en tout cas l'aspect de cette pensée et de cette pratique qui m'engage le plus, c'est-à-dire le dévouement à ce qu'on appelle le caractère ordinaire ou quotidien du langage. Au second semestre, j'ai ensuite proposé un séminaire sur la critique littéraire psychanalytique récente ainsi qu'un autre sur certains essais tardifs de Heidegger, deux corpus d'œuvres où semblent se dessiner de nouveaux antagonismes désespérés avec les idées de la philosophie du langage ordinaire. Ce que je propose de faire ici est avant tout d'esquisser une topographie de certains textes et concepts tirés de cette année d'enseignement, et dans laquelle ces nouveaux antagonismes pourront permettre de mettre à l'épreuve les ressources des idées en question.

Avant d'aborder cette topographie, je dois dire quelques mots à propos du titre que j'ai donné à tout ce matériau – « l'inquiétante étrangeté de l'ordinaire ». Lorsque je suis tombé sur cette expression, je pensais me rappeler qu'elle figurait telle quelle dans l'article de Freud « L'inquiétante étrangeté » [*Das Unheimliche*] ; mais après avoir vérifié ce texte j'ai constaté qu'il n'en était rien. J'avais en même temps oublié que cette expression apparaissait plus ou moins chez Heidegger, dans « L'origine de l'œuvre d'art » [1]. Cette expression est en l'occurrence pertinente chez Heidegger, mais la façon dont j'envisage l'ordinaire de la vie humaine, et l'évitement de l'ordinaire dans la vie humaine, n'est pas celle de Heidegger. Pour lui, le côté extraordinaire de l'ordinaire a quelque chose à voir avec le jeu de forces qui constitue notre mode commun habituel ; il s'agit d'une constitution qu'il décrit au cours de son analyse de la technique, et dont ce que nous acceptons comme ordinaire est en quelque sorte l'une des conséquences ; en ce sens on doit le considérer comme un symptôme de ce que Nietzsche avait prophétisé ou diagnostiqué en déclarant que pour nous « le désert croît », une expression que Heidegger cite à plusieurs reprises dans *Qu'appelle-t-on penser ?*. Tandis que pour moi le caractère troublant de l'ordinaire trouve sa plus parfaite expression dans la possibilité ou la menace de ce que la philosophie appelle le scepticisme, que l'on peut comprendre (ainsi que j'ai été amené à le comprendre en étudiant Austin et le second Wittgenstein) comme la capacité, voire le désir, qu'a le langage ordinaire de se répudier lui-même, plus précisément de répudier son pouvoir de dénommer le monde, de s'appliquer aux choses que

1. Le passage auquel S. Cavell fait allusion est le suivant : « Das Geheure ist im Grunde nicht geheuer; es ist un-geheuer » (M. Heidegger, *Holzwege*, Frankfurt am Main, V. Klostermann, 4e éd., 1963, p. 43), qui a été traduit en anglais ainsi : « At bottom, the ordinary is not ordinary; it is extra-ordinary, uncanny. » (M. Heidegger, *Poetry, Language, Thought*, trans. A. Hofstadter, New York, Harper and Row, 1971, p. 54). La traduction française de ce même passage donne : « L'assuré, au fond, n'est pas assuré ; il n'est pas rassurant du tout » (*Chemins qui ne mènent nulle part*, trad. fr. W. Brokmeier, Paris, Tel-Gallimard, 2009, p. 59).

nous avons en commun, ou de les ignorer. (Par « le désir du langage ordinaire de se répudier lui-même », je veux dire – cela ne va-t-il pas de soi ? – un désir éprouvé par des locuteurs d'une langue maternelle ou apprise qui désirent s'affirmer, et qui en désespèrent.) Une certaine affinité entre ces conceptions de l'ordinaire, suggérant la possibilité d'une influence réciproque, est liée au fait que les idées de Heidegger comme les miennes réagissent au côté fantastique de ce à quoi des créatures humaines finissent par s'accoutumer, ce qu'on pourrait appeler le surréalisme de l'habituel – comme si être humain consistait à toujours être tenté de dépasser la nature humaine, et peut-être l'amener tout entière à une nouvelle espèce du genre humain, pour le meilleur ou pour le pire. Je pourrais décrire la tâche philosophique que je me suis assignée comme celle de souligner la nécessité, et aussi l'absence de nécessité, dans cette impression que l'humain est intrinsèquement étrange, disons instable, et que son quotidien est fatalement fantastique. Dans ce qui va suivre, je m'efforcerai tant bien que mal de relever diverses formes que cette impression a pu prendre chez certains écrivains que l'on ne compte pas communément ni habituellement, ou en tout cas institutionnellement, parmi les philosophes. Les tenants et les aboutissants de tout cela sont largement ce dont il est question dans les cinq cents pages des *Voix de la raison*. J'espère qu'une bonne part en transparaîtra suffisamment dans cette conférence pour donner une idée de ce qui selon moi est en jeu ici.

Un avertissement d'ordre général : je ne vais pas chercher ici à dégager philosophiquement ce qu'est la menace du scepticisme. J'ai dans l'idée que ce qui est connu en philosophie sous le nom de scepticisme (comme par exemple chez Descartes, Hume et Kant) est une relation au monde, aux autres, à moi-même et au langage, qui est déjà connue de ce qu'on pourrait appeler littérature, ou en tout cas traitée par la littérature, sous des formes innombrables – chez les héros tragiques de Shakespeare, dans la « mélancolie silencieuse » et le « désespoir tranquille » d'Emerson et de Thoreau, dans l'idée que nous sommes sans « intérêt » chez Wordsworth, dans la « perversité » de Poe. Pourquoi la philosophie et la littérature ignorent-elles cela l'une de l'autre – et demeurent-elles ainsi ignorantes d'elles-mêmes –, c'est un de mes thèmes de prédilection, depuis toujours me semble-t-il.

Il pourrait être utile, afin de donner une idée de ce qui est en jeu selon moi, de détailler un peu quelle fut ma réaction en découvrant que l'expression « l'inquiétante étrangeté de l'ordinaire » ne se trouvait pas telle quelle dans le texte de Freud. Ma première réaction fut en gros, et assez bizarrement, de penser : « Ce n'est pas ma faute, mais celle de Freud ; il n'a pas saisi le sens de son propre sujet ». Une des causes de cette réaction a quelque chose à voir avec deux formes de déni, ou plutôt un déni et une erreur, dans la lecture que fait Freud d'un conte d'E. T. A. Hoffmann intitulé « L'homme au sable » auquel est consacré l'article sur l'inquiétante étrangeté. Freud introduit ce conte d'Hoffmann en citant le traitement qu'en fait la seule discussion en allemand que Freud ait trouvée dans la littérature « psycho-pathologique » au sujet de l'étrange : un article datant de 1906 écrit par un certain Jentsch. Jentsch attribue le sentiment d'étrangeté à la reconnaissance d'une incertitude dans notre capacité à distinguer l'animé de l'inanimé. Le conte d'Hoffmann met en scène la belle automate Olympia, dont le héros tombe amoureux (une passion suscitée après l'avoir vue à travers une lorgnette magique fabriquée par l'un des créateurs de cette automate). Au début, cette passion amoureuse ne fait qu'amuser d'autres gens, assurés qu'ils sont de ne pas être dupes face au caractère inanimé de la machine ; mais bientôt le souvenir de cet amour finit par nourrir leur propre crainte de pouvoir commettre la même erreur avec celles qu'ils aiment – tout à fait comme si cette angoisse éprouvée à l'égard d'autres esprits ou d'autres corps, était un événement que l'on pouvait dater dans l'histoire humaine. (Comme dans le conte d'Hoffmann, il se répand « une secrète et affreuse méfiance contre les figures humaines ».) Le héros Nathanaël devient fou en voyant la belle automate mise en pièces par ses deux pères ou fabricants. Avant la catastrophe finale, il recouvre la santé grâce aux bons soins de Clara, sa petite amie d'enfance qu'il avait oubliée pour Olympia.

Or Freud nie, à quatre reprises au moins, que l'impossibilité de distinguer l'animé de l'inanimé soit la cause de ce sentiment d'étrangeté, et il insiste au contraire sur l'idée que la cause du sentiment persistant d'étrangeté dans ce conte d'Hoffmann est la menace de la castration. Je trouve que le déni de Freud dans ce contexte est lui-même assez étrange, en ce sens qu'il porte la marque du mécanique ou du compulsif, et du retour du familier refoulé, puisqu'aussi bien il n'y a pas d'incompatibilité intellectuelle entre l'explication de Freud et celle de Jentsch. On se serait attendu à ce que Freud, qui revendique par ailleurs l'héritage des poètes et des écrivains de sa culture, mentionne justement le complexe de castration comme une explication ou une interprétation nouvelle de cette incertitude particulière, c'est-à-dire qu'il suggère que l'intuition d'Hoffmann est qu'on ne résout pas cette incertitude, ni ne parvient à une claire distinction entre l'animé et l'inanimé, jusqu'à ce que le drame œdipien soit résolu sous la menace de la castration. Autrement dit : jusqu'à cette résolution, on ne perçoit pas autrui comme autre, ni ne reconnaît son existence humaine (séparée, animée, opposée). Ainsi posée, la question de l'automaticité d'autrui se révèle être une forme de la question sceptique concernant l'existence (de ce que la philosophie anglo-américaine nomme) « d'autres esprits » [*other minds*]. Et cette incursion de la philosophie au beau milieu du conte d'Hoffmann suggère une manière de comprendre ce qu'on pourrait appeler chez Freud le déni instinctif du problème de l'animation comme ce qui pourrait résoudre cette question. Il s'agit là d'un exemple particulièrement frappant et utile de la dissociation, fréquente chez Freud, entre psychanalyse et philosophie : une dissociation, comme je l'ai montré ailleurs, où Freud me semble aller trop loin, comme s'il se rendait compte de sa propre incertitude sur la question de savoir comment, ou même s'il est possible de distinguer la psychanalyse de la philosophie sans causer de dommage irréparable à l'une et à l'autre. (C'est là un point fondamental de mon article « Psychoanalysis and Cinema » [« Psychanalyse et cinéma »]) [a].

a. D'autres dénis plus spécifiques (implicites ou ambivalents) de Freud sur le développement de la philosophie au sein de la psychanalyse sont signalés dans mon article « Psychoanalysis and Cinema : The Melodrama of the Unknown Woman » [texte repris comme chapitre 2 de *Contesting Tears*, trad. fr. P. Soulat, *La protestation des larmes. Le mélodrame de la femme inconnue*, Nantes, Capricci, 2012].

Le déni insistant avec lequel Freud s'oppose à l'idée que l'étrangeté soit insurmontable (plus précisément, son déni que ce soit une menace philosophique permanente) est peut-être la cause (ou la conséquence) de l'erreur manifeste qu'il commet en lisant (ou en se rappelant) les derniers moments du conte d'Hoffmann [a]. Freud le raconte ainsi :

> [Du haut de la tour], une apparition singulière qui s'avance dans la rue fixe l'attention de Clara. Nathanaël examine l'apparition à travers la lorgnette de Coppola qu'il trouve dans sa poche, il est alors repris de folie [...] Parmi les gens rassemblés en bas surgit soudain l'avocat Coppelius qui vient de réapparaître. Nous devons supposer que c'est son apparition qui a fait éclater la folie chez Nathanaël [1].

Il est vrai que l'on *s'attend* – et sans aucun doute Nathanaël aussi – à ce qu'en se saisissant des verres, il les dirige vers ce qui a pu attirer l'attention de Clara, et la fin de l'histoire donne à penser que ç'aurait été son père. Mais en fait (c'est-à-dire, dans le conte d'Hoffmann), c'est autre chose qui arrive : « Nathanaël [...] trouva la lorgnette de Coppola. Il la dirigea sur le côté. Clara était devant le verre ! – Un tremblement convulsif parcourut ses veines et son pouls s'emballa ». Ce sur quoi l'on nous demande donc de réfléchir en cet instant dramatique, ce n'est pas pourquoi la vue de Coppelius tout près (que Nathanaël ne voit jamais avec ses verres) cause le retour de la folie, mais bien plutôt pourquoi c'est d'apercevoir fortuitement Clara qui le produit. (On nous demande de penser plutôt à l'importance du fait que la femme s'interpose entre Nathanaël et l'objet qu'il recherche, appelons-le son père ; plutôt que, comme le voudrait Freud, le père s'interposant entre l'homme et son désir. Le dédoublement des pères signifierait alors non la force du père, mais son impuissance ou sa résignation.) Le saut du haut de la tour est alors dirigé vers ce père, en accusation et en appel. Freud est terriblement désinvolte au sujet du pouvoir du don de vision (ou de la malédiction) de ce père : ce

a. Dans son article « The Sideshow, or : Remarks on a Canny Moment », Samuel Weber signale cette erreur mais l'interprète différemment.

1. S. Freud, « L'inquiétante étrangeté », II, trad. fr. M. Bonaparte, E. Marty, dans *Essais de psychanalyse appliquée*, Paris, Gallimard, 1933.

que nous savons au sujet de la lorgnette du père jusqu'à la crise qui se produit sur la tour est que grâce à ces verres, Olympia, sans vie et artificielle, réussit à s'animer pour Nathanaël. Continuons donc jusqu'au bout à accorder le même pouvoir à ces verres. Mais de quelle manière ? Puisque Clara est bien vivante – n'est-ce pas ? –, allons-nous inverser la direction de l'action de la lorgnette et dire qu'elle fait alors de Clara un automate ? Ce n'est pas inconcevable, mais l'ironie de l'inversion me semble trop facile, trop docile, pour s'appliquer à la complexité des problèmes soulevés par le texte d'Hoffmann.

Je rappelle qu'offusqué par la réaction négative de Clara à l'égard de son poème, Nathanaël avait alors traité celle-ci de « maudit automate » et que depuis le début du conte, il témoigne de l'impatience face à son refus de croire en des dimensions plus basses de l'existence, et donc aussi en d'autres plus élevées – de l'impatience face, en quelque sorte, au caractère ordinaire de son amie. (Il a un certain sens heideggerien de l'ordinaire, qui s'incarne dans l'une des formes du romantisme.) Ainsi, lorsque Nathanaël aperçoit Clara dans sa lorgnette, nous pourrions y entrevoir qu'encore une fois, quelque chose a pris vie pour lui – Clara telle qu'elle existe, pourrait-on dire, dans toute son ordinarité, en même temps que la conscience qu'il a de ne pas pouvoir supporter cet ordinaire, son être de chair et de sang, dans la mesure où cela signifie supporter son existence séparée, son existence en tant qu'autre que lui, exactement ce à quoi cette obsession pour l'automate lui permettait d'échapper d'une façon ou d'une autre (soit en n'exigeant aucune réponse de la part de l'humain, soit en faisant de lui un automate). Le paragraphe final de ce conte rapporte l'information que bien des années plus tard, on vit Clara « dans une contrée éloignée, [...] assise à la porte d'une jolie maison de campagne auprès d'un homme agréable, sa main dans la sienne, avec deux beaux enfants jouant devant elle [...] le bonheur domestique et paisible [...] que n'aurait jamais pu lui procurer Nathanaël avec son cœur ulcéré ». Je vois en effet dans cette description, l'image de ce que Nathanaël avait aperçu dans sa lunette sur la tour.

Cette lunette est un mécanisme rhétorique funeste, produisant ou exprimant la conscience de la vie dans un cas (celui d'Olympia) par la figuration, dans l'autre (celui de Clara) par la littéralisation, ou disons la dé-figuration. On pourrait aussi la concevoir comme une machine d'animation incessante, parodiant un certain type d'écriture romantique ; voire, ce n'est sûrement pas sans lien, comme une étrange anticipation de la caméra cinématographique. La leçon de cette machine, je la tirerais au moins pour le moment de la manière suivante : il y a une répétition indispensable à ce que nous appelons la vie, ou aux êtres animés, indispensable par exemple à l'être humain ; et il y a une répétition nécessaire à ce que nous appelons la mort, ou à l'inanimé, nécessaire par exemple à ce qui est mécanique ; or il n'y a pas de marques, de traits distinctifs, de critères, ou encore de moyens rhétoriques grâce auxquels nous pourrions exprimer la différence entre les deux. Il ne s'ensuit pas, permettez-moi de le dire simplement, que cette différence soit inconnaissable ou indécidable. Au contraire, cette différence est au fondement de tout ce qu'il y a à savoir, ou disons à décider (comme décider de vivre), pour les êtres humains, et à décider en ne s'appuyant sur rien qui soit au-delà, à-côté ou en-dessous de nous. Au sein du procédé philosophique de scepticisme radical, le trait qui est principalement figuré par l'allégorie du mécanisme de la longue-vue est l'irruption du scepticisme tout d'un coup, l'évanouissement du monde au contact, peut-être, de la pensée que vous pourriez être en train de dormir et de rêver que vous êtes éveillé, ce qu'exprime Descartes en son « étonnement ».

L'article que j'ai mentionné plus haut [« Psychoanalysis and Cinema »], et dans lequel j'insiste sur l'héritage philosophique de Freud, malgré toute la ferveur qu'il met à en dissocier ses propres travaux, est guidé par une interprétation du film de Max Ophuls, *Lettre d'une inconnue*, centrée sur le geste mélodramatique que traduit l'horreur éprouvée par le personnage à qui est destinée cette lettre, lorsqu'il en achève la lecture. Mon interprétation de sa vision mortelle est très semblable à celle que je viens de donner du sentiment d'horreur qu'éprouve Nathanaël lorsqu'il regarde par la lunette (ou lorsqu'il interprète les images qu'elle donne) – une vision d'horreur de l'ordinaire, et de l'autre dans sa banalité, saisi simplement comme cet autre quelconque. Ainsi, vous pourriez avoir l'impression que je souhaite imposer le même résultat à tout mélodrame romantique. Ou vous pourriez avoir le sentiment, comme je l'espère, qu'en toute honnêteté je suis parvenu à cerner un contenu que les histoires d'épouvante romantiques et certains films qui les incorporent ont, de fait et par leur genre, choisi de traiter parmi leurs sujets principaux, par exemple la reconnaissance de l'altérité en tant que tâche spirituelle à accomplir, une tâche qui implique un consentement à l'expérience de l'horreur, et en tant qu'événement précis dans le développement du scepticisme philosophique en Occident.

Tournons-nous à présent vers les cours dont j'ai parlé et leur topographie, liée aux idées d'Austin et de Wittgenstein sur l'ordinaire, ainsi qu'au nom de Heidegger et à la critique littéraire psychanalytique.

Wittgenstein dit dans ses *Recherches* : « Si je parle du langage (du mot, de la proposition, etc.), il me faut parler le langage de tous les jours. Ce langage est-il quelque chose de trop grossier et de trop matériel pour ce que nous cherchons à dire ? *Mais comment donc en construire un autre ?* – Et comme il est étrange [*merkwürdig*] que nous puissions, malgré tout, faire quelque chose du nôtre ! » (§ 120). Étrange – Wittgenstein semble selon moi le suggérer immédiatement après – que nous puissions formuler, au sein du langage et contre lui, une accusation aussi précise et sophistiquée que de le trouver « grossier » et « matériel ». Ces termes de critique ne sont-ils pas eux-mêmes grossiers et matériels ?

Lisons alors les propos tirés de deux textes de Heidegger, de son essai « Das Ding » (« La chose ») et de son recueil de conférences *Was Heisst Denken ?* (traduit par *Qu'appelle-t-on penser ?*), publiés tous deux au cours des trois années précédant la publication des *Recherches philosophiques* en 1953. Dans « La chose » : « Aujourd'hui toute chose présente est également proche et également lointaine. Le sans-distance règne »[1]. Et encore : « Ce rapprochement [ou cette agglomération de toutes choses] dans le sans-distance n'est-il pas

1. M. Heidegger, « La chose », art. cit. p. 211.

encore plus inquiétant qu'un éclatement de toutes choses ? L'homme ne peut détacher sa pensée des suites que pourrait avoir l'explosion de la bombe atomique. L'homme ne voit pas ce qui, depuis déjà longtemps, est arrivé : ce qui s'est produit comme ce qui projette hors de soi la bombe atomique et son explosion, mais dont ce n'est encore là que la dernière éjection »[1]. Ce qui est déjà arrivé selon Heidegger est le rétrécissement ou la désintégration de ce qui est humain avec la domination croissante d'une façon de penser particulière, une violence croissante dans notre exigence de saisir ou d'expliquer le monde. (Je laisse de côté pour le moment la méfiance, presque le mépris, que j'éprouve face au ton employé par Heidegger dans cette remarque, cette façon de s'exempter elle-même de notre besoin commun d'affronter une menace dont le caractère absolu la rend [manifestement] sans précédent.) Un lien avec le langage ordinaire de ce qu'il advient de la pensée violente et de l'absence de distanciation est établi dans *Qu'appelle-t-on penser ?*, où Heidegger dit :

> Un signe caractéristique, à première vue tout à fait extérieur, de la puissance grandissante de la pensée à voie unique, c'est – on le remarque partout – l'accroissement du nombre de ces désignations qui consistent à abréger des mots ou à accoler des initiales. Sans doute aucun de ceux qui sont ici présents n'a-t-il encore jamais considéré sérieusement ce qui est déjà accompli lorsque, au lieu de dire « Faculté », vous dites simplement « Fac ». « Fac » c'est comme « Ciné ». Il est vrai que le cinématographe demeure différent des hautes écoles scientifiques. [Cela suggère-t-il qu'un jour ils cesseront d'être différents ? Et en quoi est-ce important ? Quelle importance pour Heidegger ?] Cependant, la désignation « Fac » n'est ni fortuite ni inoffensive [a].

En relisant cela, je me demande : lorsque j'emploie le mot « ciné » ou « cinéma » (au lieu de quoi ? « images en mouvement », « cinématographe » ?), suis-je vraiment en train d'illustrer, voire de favoriser, l'anéantissement du discours humain, donc de l'humain en

a. M. Heidegger, *Qu'appelle-t-on penser ?*, trad. fr. A. Becker, G. Granel, Paris, P.U.F., 2014, p. 108.

1. *Ibid.*, p. 195.

général ? Puis je me dis : Heidegger est incapable de faire la différence entre le recours utilitaire au jargon inarticulé des acronymes (Unesco, OTAN, MIRV, SIDA) et l'intimité (ou la familiarité) de tournures dites en passant et d'abréviations favorites (ciné, psy, fac, sciences po...) Mais alors je finis par me dire : non, le problème doit être simplement que la vigueur de la pensée de Heidegger n'est pas plus évidente ici dans le choix de ses illustrations que dans ses maigres efforts pour décrire l'état présent de notre société industrielle (comme si notre conscience de ce genre de choses devait de toute évidence être soit sophistiquée, soit irrémédiablement naïve). Pour ce qui est de la description de l'état actuel de la société occidentale, la passion et la précision que l'on peut trouver dans la prose d'un John Stuart Mill, par exemple, éclipsent tout à fait celle de Heidegger. Et quand il s'agit d'évoquer le langage et la culture populaires, Heidegger n'a tout simplement aucun don particulier pour cela, il n'a pas l'écoute que cela requiert. On perçoit ces choses plus profondément dans, par exemple, un film d'Alfred Hitchcock.

Pour chasser de mon esprit la condescendance de Heidegger en la matière, je jetterai un coup d'œil sur une réplique de *La mort aux trousses* (*North by Northwest*) de Hitchcock (le film où Cary Grant se fait attaquer par un avion pulvérisateur dans un champ de maïs du Middle West et où il sauve une femme sur le monument du Mont Rushmore à l'effigie de quatre Présidents des États-Unis). Cette réplique est faite par un homme en réponse à Grant qui lui demande s'il est du F. B. I. : « *F. B. I., C. I. A., we're all in the same alphabet soup* » [1] ; après quoi leur conversation est couverte par le rugissement d'un avion, vers lequel ils se dirigent. À première vue, cette phrase signifie que ce que vous êtes en train de dire a peu d'importance ; mais à la réflexion, ou à écouter le bruit du moteur invisible, cette réplique suggère qu'il importe que cela ait peu d'importance. Cette réplique fait référence (1) au nom de nouilles pour enfant, servies en

1. Littéralement : « F. B. I., C. I. A., nous sommes tous dans la même soupe de nouilles alphabet ». Le doublage du film en français ne transcrit pas ce jeu de mots (et de lettres !) et donne : « Espionnage, [police] judiciaire ou secrète... pour tout dire nous sommes dans le même panier ».

début de repas ; et (2) à une expression courante voulant dire que nous nous trouvons dans un péril commun ; et (3) il s'agit d'une phrase dont les six premières lettres (des initiales) indiquent que nous avons oublié, au péril de notre vie, l'ABC de la communication, à savoir la faculté de parler ensemble dans notre intérêt commun. Mais l'avons-nous oublié faute de mots plus longs ou plus anciens ? Il semble plus intéressant de se demander pourquoi l'expression « F. B. I. » est l'abréviation d'un nom qui contient le même mot que le titre en anglais des *Recherches philosophiques* de Wittgenstein [1], et aussi ce qu'est le concept de renseignement [*intelligence*] pour que les militaires en aient des agences et services attitrés, à la différence des universités. Mais si je veux bien pour l'instant excuser Heidegger de son manque d'attention à ce domaine, je remets à plus tard ma propre approche de ces questions, lorsque j'évoquerai les écrits de Ralph Waldo Emerson et de son disciple Henry David Thoreau, deux auteurs pour qui l'idée de voisinage ou, comme Thoreau l'exprime, de proximité (par quoi il entend explicitement ce qui est *le plus proche*) est décisive aussi, et deux auteurs dont je me sens capable de suivre les concepts.

Pour le moment, je me tournerai vers l'autre type de contenu évoqué qui semble s'opposer au langage ordinaire et à sa philosophie, celui que j'ai présenté lors de mon séminaire sur la critique littéraire d'orientation psychanalytique, et qui commençait – alors que je m'efforçais d'étudier de façon un peu plus systématique la pensée française récente – par la lecture de passages de l'étude controversée, et peut-être trop célèbre, que Jacques Lacan a consacrée à la nouvelle d'Edgar Allan Poe, « La lettre volée ». La raison professée par Lacan pour étudier cette histoire écrite par Poe est qu'elle permet d'illustrer à merveille certaines idées de Freud sur l'automatisme de répétition dans *Au-delà du principe du plaisir*, une illustration suggérée par l'arc narratif de ce récit : une lettre compromettante, volée par une personne qui laisse à sa place une lettre de substitution, est à nouveau volée et retournée à son emplacement d'origine par une autre personne qui laisse à son tour un second objet de substitution (ou de construction) à

1. Respectivement *Federal Bureau of Investigation* et *Philosophical Investigations* en anglais.

sa place. En se tenant aux glissements d'identification engendrés par cette série répétitive de vols ou de déplacements d'une lettre, Lacan prend en réalité le récit de Poe pour une allégorie de ce que selon lui l'interprétation psychanalytique requiert – le repérage et la restitution de signifiants déplacés. Cette façon de voir, jointe à l'habileté toute spéciale avec laquelle la lettre est dissimulée, fait également de ce récit une allégorie de l'écriture. Je prie ceux pour qui tout cela, et tout ce qui en a découlé, est devenu bien trop familier, de ne pas perdre patience tandis que je raconte à nouveau cette histoire, en tout cas suffisamment pour montrer (quelque chose qui m'a surpris, et même inquiété) qu'elle forme une allégorie au moins aussi exacte et développée de la philosophie du langage ordinaire. Le sens de cette application est donné par le fait que le récit de Poe se présente pratiquement comme une étude – et donc peut-être comme un acte – de lecture dans les pensées.

Je pense qu'une certaine hostilité à l'égard de la philosophie du langage ordinaire (dès ses débuts avec Austin et Wittgenstein, et jusqu'à présent) est liée à l'impression qu'elle donne de s'arroger le pouvoir de lire dans les pensées : quoi d'autre en effet pourrait-il être à l'origine de la connaissance implacable que les philosophes du langage ordinaire prétendent tirer d'expressions bêtement familières que nous maîtrisons d'un bout à l'autre aussi bien qu'eux ? Par exemple, dans son article « Autrui », Austin affirme que lorsque je dis « je sais », je ne suis pas en train de prétendre pénétrer plus avant ou plus sûrement la réalité que lorsque je dis « je crois » ; c'est plutôt que je prends une attitude différente envers ce que je communique : je donne ma parole, je donne mon avis, d'une manière différente – ce à quoi je donne le plus accès ici, c'est peut-être ma fiabilité (éd. cit. p. 48). Et il me semble qu'un apport philosophique immédiat qu'Austin voudrait tirer de cette observation (avec peut-être d'autres apports semblables à tirer d'une multitude d'observations semblables) est qu'elle met en doute, et peut-être renie, l'image ancienne qu'on trouve chez Platon d'une série de degrés ascendants de la connaissance, une image que Platon illustre dans son allégorie de la « ligne divisée » de la connaissance : une idée, si ce n'est une image, à laquelle les philosophes ont encore tendance à s'attacher sans être capables de l'interroger. À partir de la mise en question ou du rejet de cette image par Austin, une autre conséquence pourrait être ici de se demander s'il y a, ou devrait y avoir – ou encore ce que signifie d'imaginer qu'il y ait – une classe spéciale d'individus appelés philosophes, qui sont en possession d'un genre particulier ou d'un degré supérieur de connaissance, auquel ils se sont élevés. Austin semblerait penser que la différence philosophique cruciale entre les esprits ne réside pas dans le fait d'être en possession de certaines données factuelles ou de savoir les manipuler avec habileté – ces différences sont relativement évidentes – mais bien, disons, dans la probité intellectuelle, le sens de ce que chacun est ou peut être en mesure de dire, de s'autoriser à transmettre, dans notre finitude commune, à l'un de ses semblables.

Cette manière d'expliciter ce qu'Austin laisse entendre de la différence qu'il a mise en évidence entre dire « je crois » et dire « je sais » (c'est-à-dire, la différence entre croire et savoir) induit-elle la sorte de vexation qu'il semble provoquer, ou même cultiver ? Je suppose que je viens de cultiver, ou de susciter, une sorte de vexation par le seul emploi de « c'est-à-dire », entre parenthèses et comme si de rien n'était, pour passer de notre usage des mots « croyance » et « savoir » à, dirais-je, la nature de la croyance et de la connaissance. Ce geste désinvolte (ou, comme dirait Emerson, désastreux) se retrouve dans la formule de Wittgenstein : « la grammaire dit d'une chose quelle sorte d'objet elle est » (*Recherches philosophiques*, § 373). Ce n'est pas, à mon avis, une simple provocation de plus. Sans ce sens de la découverte (de la nature des choses), les exemples de la philosophie du langage ordinaire échoueraient totalement, à mon avis, en ce qu'ils imaginent. Si c'est juste, une certaine obscurité persistante est une des raisons pour lesquelles l'invention de tels exemples est si difficile, voire impossible, à enseigner. Lorsque dans les articles du début de *Dire et vouloir dire* je cherchais à décrire et à défendre ce déplacement (entre ce qu'il y a à dire et ce qu'il y a à mettre en mots) tout en rapprochant les motivations des *Recherches philosophiques* de celles de la *Critique de la raison pure* en tant qu'exploration de la logique transcendantale, non seulement on ne m'accorda aucun crédit, mais on accusa mes travaux de nuire à la crédibilité de la saine philosophie, empiriquement fondée. (Voir en particulier « La seconde philosophie de Wittgenstein est-elle à notre portée ? », *Dire et vouloir dire*, *op. cit.*, p. 153-154). C'était en effet une réaction immédiate assez compréhensible, et je ne vais pas essayer de me défendre par d'autres arguments que ceux déjà présentés dans ce livre-là, mais plutôt aborder ce que j'ai appelé au début de cet article-ci « de nouveaux antagonismes » avec l'ordinaire ; je souhaiterais pourtant tirer une conséquence pratique du déplacement que j'ai esquissé comme passer du langage à la nature (un déplacement qui réclame une description plus détaillée, en particulier de tout ce qui peut expliquer l'impression qu'un tel « déplacement » ait été effectué) – la conséquence pratique de ne pas pouvoir savoir à l'avance quand, ni si, tel exemple faisant appel au langage ordinaire pourra *frapper* l'imagination philosophique, susciter la conversation philosophique. Comme si la procédure du langage ordinaire requérait *à tout moment* l'expérience de la conversion, d'être retourné. Voilà de quoi se vexer.

Prenons un autre exemple, cette fois chez Wittgenstein : « On ne peut pas dire que c'est par mon comportement *seulement* que les autres apprennent mes sensations – car on ne peut pas dire de moi que je les ai apprises. Je les *ai.* » (*Recherches philosophiques*, § 246). Mais d'abord, tout philosophe qui aura été aux prises avec le problème sceptique de savoir si, et comment, nous pouvons connaître l'existence de ce qu'on appelle d'autres esprits, se sera déjà retrouvé à tenir des propos de ce genre, à savoir que les autres me connaissent au mieux à partir de mon comportement (comme s'ils se trouvaient face à des interrogations telles que : comment faire autrement ? Par transmission de pensée, ou par un genre de télépathie ?) Et l'on peut imaginer l'amusement qu'une sensibilité parisienne avisée serait tentée de tirer de cet appel un peu guindé à ce qui ne « se dit » pas, comme si Wittgenstein eût fait appel à notre sens de la retenue, voire de la propreté linguistique. Devrions-nous, surtout nous autres, philosophes sérieux, nous abaisser à ce genre de considérations, en soi de simples manières ? S'agit-il même d'une critique si originale ? Elle ressemble à celle que Bertrand Russell et d'autres philosophes anglophones appartenant au même univers adressèrent d'emblée aux *Recherches philosophiques* lors de leur parution[a] et aux travaux qu'Austin avait publiés les années précédentes[b], à savoir que de tels écrits se réduisent à des exhortations sur la manière dont nous devrions nous exprimer, et visent à corriger en quelque sorte nos écarts grossiers. Ce n'est sûrement pas totalement inexact, ou pas à tous les égards. C'est en partie ce que Wittgenstein a pu vouloir dire lorsqu'il compare l'espèce humaine actuelle, philosophiquement avancée, à des « primitifs ». Et pourtant, il peut à tout moment nous frapper, à la vérité, que nous ne pouvons pas, pour ainsi dire, dire que quelqu'un est en train d'apprendre ce que nous ressentons à partir seulement de notre comportement, sans *insister* sur le fait que nos paroles expriment une vérité évidente ; et sans autre raison apparente pour y insister qu'un besoin philosophique : or *faut-il* absolument satisfaire un tel besoin ? Mais pourquoi la philosophie doit-elle insister ici sur l'importance de « seulement » ? Ce « seulement » trahit ici une certaine déception de ce que mon comportement soit ce qui conduise à la connaissance de ce qui se passe en moi, une voie d'accès *faute de mieux** – non pas une déception causée par tel ou tel type de comportement, mais par le comportement extérieur en tant que tel, comme si mon corps faisait obstacle à la connaissance que vous auriez de mon esprit.

On entrevoit désormais la folie de cette idée, comme si la philosophie insistait ou débouchait sur une forme de vacuité. Et ce genre de diagnostic est en effet la conclusion philosophique que tire Wittgenstein, ou son intime conviction de ce qu'est la philosophie. Il a dans l'idée, dirais-je, que cet usage philosophique de « seulement » – ce mot qui peut passer tout à fait inaperçu dans son affirmation apparemment banale à propos de ce que l'on ne peut pas dire (une banalité parmi des milliers d'autres) – n'est pas simplement le signe que nous sous-estimons en quelque sorte le rôle du corps et des attitudes corporelles, mais que nous le falsifions, je pourrais même dire, que nous falsifions le corps : en philosophant nous faisons du corps, en quelque sorte, une enveloppe impénétrable. Tout se passe comme si,

a. *Cf.* B. Russell, *Histoire de mes idées philosophiques*, p. 271.

b. *Cf.* B. Russell, « The Cult of Common Usage ».

en philosophant, je *souhaitais* cette métamorphose, souhaitais reléguer l'esprit hors d'atteinte et rendre le corps inexpressif, tout en découvrant que je ne peux pas vraiment le souhaiter, le vouloir sans aucune réserve. Wittgenstein s'intéresse à cette tendance particulière qu'a la philosophie (ce pourrait être aussi un crime propre à la philosophie) de vouloir précisément l'impossible, la pensée qui se torture, le langage qui se renie. Dans sa propre démarche philosophique, Wittgenstein cherche la source d'une telle torture et d'un tel reniement dans le langage – ce qui dans le langage fait que l'une et l'autre semblent nécessaires, et ce qui rend tout cela possible. Il dit que nous sommes ensorcelés par le langage ; d'où ses procédés thérapeutiques qui sont censés nous désenchanter. D'une façon comparable, je crois, Lacan parle de sa thérapie comme consistant à déchiffrer l'indéchiffrable. (À moins que ce ne soit Shoshana Felman qui le dise de lui dans « On Reading Poetry », un article dont je lui suis redevable sur ce point comme en bien d'autres.)

Que cela serve à indiquer quel genre de vexation les affirmations de la philosophie du langage ordinaire peuvent, et doivent, produire. C'est en tout cas l'attitude ou le niveau auxquels il me semble que la « Lettre volée » de Poe peut leur servir d'allégorie.

Le récit commence, je vous le rappelle, lorsque le préfet de Police de Paris rend visite au détective Dupin pour lui demander son avis sur une affaire de service compliquée. Les premiers mots du dialogue sont les suivants :

> – Si c'est un cas qui demande de la réflexion, observa Dupin, s'abstenant d'allumer la mèche, – nous l'examinerons plus convenablement dans les ténèbres.
> – Voilà encore une de vos idées bizarres, dit le préfet, qui avait la manie d'appeler bizarres toutes les choses situées au-delà de sa compréhension, et qui vivait ainsi au milieu d'une immense légion de bizarreries. [...] Le fait est que l'affaire est vraiment très simple [...] mais j'ai pensé que Dupin ne serait pas fâché d'apprendre les détails de cette affaire, parce qu'elle est excessivement *bizarre*.
> – Simple et bizarre, dit Dupin [...] Peut-être est-ce la simplicité même de la chose qui vous induit en erreur.

– Quel non-sens nous dites-vous là ! répliqua le préfet, en riant de bon cœur.
– Peut-être le mystère est-il un peu *trop* clair, dit Dupin.
– Oh ! Bonté du ciel ! Qui a jamais ouï parler d'une idée pareille ?
– Un peu *trop* évident.
– Ha ! ha ! – ha ! ha ! – oh ! oh ! criait notre hôte, qui se divertissait profondément – Oh ! Dupin, vous me ferez mourir de rire, voyez-vous [1].

L'intrigue s'articule autour du fait qu'une lettre volée a été cachée en restant visible aux yeux de tous, comme un peu trop évidente, un peu trop banale pour qu'on la remarque, passant en quelque sorte sous le radar, disons sous notre nez, et elle devient alors l'occasion d'examiner des théories rivales sur la façon de trouver la vérité de choses cachées. C'est ici, bien sûr, que les lecteurs et lectrices des *Recherches philosophiques* de Wittgenstein dresseront l'oreille à la simple évocation d'une histoire où quelque chose échappe à l'attention simplement en raison de son évidence même. On se rappellera certaines remarques caractéristiques des *Recherches*, comme celles-ci :

> Les aspects des choses les plus importants pour nous sont cachés du fait de leur simplicité et de [leur caractère ordinaire, quotidien]. (On peut ne pas remarquer quelque chose – parce qu'on l'a toujours sous les yeux.) [§ 129]
> La philosophie se contente de placer toute chose devant nous, sans rien expliquer ni déduire. – Comme tout est là, offert à la vue, il n'y a rien à expliquer. Car ce qui est en quelque façon caché ne nous intéresse pas. [§ 126]

Mais un philosophe d'une autre école que celle du langage ordinaire pourrait formuler des affirmations comparables : par exemple, le Heidegger d'*Être et Temps*, dont on pourrait dire que la méthode a pour but de dévoiler ce qui est évident, ce qui est toujours présent. L'articulation allégorique qui conduit plus précisément le récit

1. E. A. Poe, « La lettre volée » dans *Histoires extraordinaires*, trad. fr. C. Baudelaire, Paris, Michel Lévy, 1856, p. 50-51.

de Poe à la philosophie du langage ordinaire se trouve dans la répétition de l'idée du *bizarre* [*the* odd], et plus précisément dans le fait d'associer cette idée du bizarre au rire qu'elle produit. Car l'évocation d'exemples dont la bizarrerie provoque le rire (certes réprimé la plupart du temps) est un trait de la méthode d'Austin et de Wittgenstein, à la fois philosophiquement indispensable et (pour autant que je sache) philosophiquement propre à eux deux. Austin est sans doute le plus drôle, mais je vous rappellerai ici cette tonalité des *Recherches philosophiques* :

> Imagine que quelqu'un dise : « Je sais bien quelle est ma taille ! » et que, pour le montrer, il pose sa main sur son crâne. [§ 279]
> Le fauteuil pense par devers-soi que… Où pense-t-il ? Dans l'une de ses parties ? Ou à l'extérieur de son corps, dans l'air qu'il y a autour ? Ou *nulle part* ? Mais quelle est la différence entre la parole intérieure de ce fauteuil et celle d'un autre fauteuil qui se trouve à côté de lui ? – Qu'en est-il donc de l'homme : Où se parle-t-*il* à lui-même ? [§ 361]
> On pourrait imaginer que quelqu'un gémisse en disant : « Il y a quelqu'un qui ressent des douleurs – mais je ne sais pas qui ! » – sur quoi l'on s'empresserait de venir au secours de celui qui gémit. [§ 407]

De tels exemples ne font qu'érafler la dimension de bizarrerie que recèlent les *Recherches*. Il y a, en outre, l'usage fréquent chez Wittgenstein de *seltsam*, que l'on traduit typiquement en anglais par *queer*, « curieux », ce dernier traduisant également *merkwürdig*, comme le fait l'anglais *strange*, « étrange », que Wittgenstein emploie fréquemment. *Bien sûr* que ces adjectifs-là sont très fréquents, puisque tous deux s'opposent à ce qui est *alltäglich*, ordinaire, quotidien, tout ce à quoi il faut recourir selon la méthode et les objectifs suivis constamment par Wittgenstein. Parfois il entreprend explicitement de nous instruire sur ce que l'on doit trouver bizarre (« Ne considère pas comme allant de soi, mais plutôt comme un fait singulier, que les tableaux et les récits imaginaires nous donnent du plaisir et nous occupent l'esprit. »[a]) ; et quelquefois il nous donne des instructions afin de surmonter une impression d'étrangeté malvenue (« […] la

a. L. Wittgenstein, *Recherches philosophiques*, § 524.

phrase ne paraît étrange que si on imagine un autre jeu de langage que celui dans lequel nous l'utilisons effectivement. » [a]). Il nous parle presque comme si nous étions devenus étrangers au monde, comme si nos mécanismes d'angoisse, censés nous alerter du danger, étaient en panne, s'activant trop ou trop peu.

Le retour de ce que nous acceptons comme monde se présentera alors comme un retour de ce qui nous est familier, c'est-à-dire très exactement sous le concept de ce que Freud appelle l'inquiétante étrangeté. Que le familier soit le produit d'une impression de non-familiarité puis d'une impression de retour signifie que ce qui revient après le scepticisme n'est jamais (vraiment) le même. (Une image assez tentante ici pourrait être exprimée par le sentiment qu'« il est impossible de faire marche arrière ». Cela signifie-t-il dire que le chemin soit droit devant nous ? Peut-être y a-t-il certains « retours en arrière », des « une fois » ou des passés qui ne réclament aucun « chemin ». Cela pourrait alors signifier que nous n'avons pas trouvé le chemin de départ, que nous ne sommes jamais partis, que nous ne sommes pas entrés dans l'histoire. Ce qui doit être développé ici est l'idée d'une différence si parfaite qu'il n'y ait aucune façon ou caractéristique en quoi consisterait cette différence [je le décris en disant qu'en pareil cas il n'y a pas de différence de critères] – comme dans la différence entre le monde éveillé et le monde des rêves, entre les choses naturelles et les choses mécaniques, entre le masculin et le féminin, ou entre le passé et le présent. Une différence en laquelle tout et rien ne diffère est source d'inquiétante étrangeté.)

Mais l'ange du bizarre plane sur les *Recherches philosophiques* de façon encore plus tenace. Il est possible de voir ce livre dans sa totalité comme contenu dans la citation de départ, tirée des *Confessions* de saint Augustin, où l'auteur décrit son apprentissage du langage. Cette possibilité est liée au fait de percevoir dans cette citation les racines de tout le foisonnement de concepts qui s'ensuit dans le reste des *Recherches.* Mais elle est également liée au fait de percevoir que ce qui est le plus remarquable au sujet de cette citation tirée d'Augustin est que quiconque puisse la trouver remarquable, étrange, bizarre,

a. L. Wittgenstein, *Recherches philosophiques*, § 195.

digne d'être citée : « Quand ils [les adultes] nommaient une certaine chose et qu'ils se tournaient vers elle, je le percevais et je comprenais qu'à cette chose correspondaient les sons qu'ils faisaient entendre quand ils voulaient la montrer. Leurs volontés m'étaient révélées par les gestes du corps [...] puis une fois ma bouche habituée à former ces signes, je me suis servi d'eux pour exprimer mes propres volontés [1]. » (Pour en saisir toute l'étrangeté, imaginez la dernière phrase comme si elle était écrite par Samuel Beckett.) Elle présente le point de départ d'innombrables moments dans ce livre, où nous perdons toute certitude quant à savoir si une expression donnée est remarquable ou banale, et où cela s'avère dépendre soit de laisser à cette expression son sens ordinaire, soit de l'élever à la philosophie, une élévation qui est liée, en quelque sorte, à notre échappée loin de tout sens du ridicule, un des sens que Wittgenstein s'efforce d'éveiller en nous. Il s'avère que la philosophie chez Wittgenstein requiert une compréhension de la manière dont le sérieux des préoccupations philosophiques (concernant le sens, la référence, l'intention, la désignation, la compréhension, la pensée, l'explication, l'existence du monde, ou encore la question de savoir si mon comportement consiste juste en des mouvements), avec son exigence de satisfaction ou son refus de satisfaction – bref, de la manière dont ce sérieux dépend du désarmement de notre sens du bizarre et du non-bizarre, et du même coup de notre perception des raisons pour lesquelles c'est avec le trivial ou le superficiel que cette philosophie se trouve dans un état d'oscillation, comme en une danse surnaturelle. (C'est cette impression d'oscillation surnaturelle qui m'a conduit, dès que j'ai commencé à m'intéresser à Wittgenstein, à comparer son style d'écriture à celui de Beckett [pour qui l'extraordinaire est ordinaire], et à celui de Tchekhov [pour qui c'est l'ordinaire qui est extraordinaire], qui côtoient ainsi inévitablement le bizarre.)

J'aurais adoré poursuivre par une analyse approfondie de l'allégorie de la philosophie du langage ordinaire dans la nouvelle d'Edgar Poe, mais le mieux que je puisse faire à présent est d'indiquer

1. Augustin, *Confessions*, I, 8. Nous citons la traduction de ce passage qui est donnée en note dans l'édition française des *Recherches philosophiques*.

sommairement quelques affirmations à ce sujet. La seconde moitié de la nouvelle est constituée par le récit de la narration et des explications que donne Dupin sur son habileté à déceler ce qui est caché. Il commence par décrire un jeu d'enfants appelé « pair et impair » [*even and odd*], où l'un des joueurs tient dans la main un certain nombre de billes et demande à un autre de deviner si ce nombre est pair ou impair. Un grand spécialiste de ce jeu, du haut de ses huit ans, a expliqué à Dupin comment y réussir en parvenant à déterminer si l'adversaire est futé ou stupide ; et la méthode employée par ce garçon est, nous assure Dupin, la même que celle qui avait réussi à Tommaso Campanella (dont le système de lecture des pensées correspond à ce que le garçon a décrit) et à Machiavel, pas moins. À mon avis Lacan sous-estime la relation entre l'anecdote de Dupin à propos de ce jeu, et les déclarations d'entrée du préfet sur la bizarrerie universelle. Cette relation dépend de notre appréhension du jeu de mots que fait Poe, ou qu'il impose, sur le mot anglais *odd* [à la fois « impair » et « bizarre »]. Dans sa traduction, Baudelaire n'essaie pas de conserver cette coïncidence, et il ne se donne pas la peine de la relever non plus : il emploie « bizarre » pour le *odd* du Préfet, et pour *even or odd* chez Dupin, il utilise « pair ou impair » – comment faire autrement ? Lacan sait tout cela bien sûr, mais il me semble un peu trop léger lorsqu'il décide (certainement avec raison) qu'une « meilleure » traduction de *odd* dans ce récit serait « singulier ». « Singulier » est bien, en d'autres endroits, un mot important pour Poe, mais dans le texte de « La lettre volée » l'emploi distinct de *odd* pour qualifier à la fois ce qui est curieusement évident et ce qui est en même temps l'une des réponses possibles dans un jeu de devinette – la coïncidence intraduisible des mots choisis par Poe – ne saurait être atténué mais devrait au contraire être gardé en tension. Atténuer ce double sens irait dans le sens de Lacan, qui semble négliger le caractère compétitif de la lecture des pensées dans ce jeu de pair ou impair (à la portée d'un enfant de huit ans !) alors qu'il s'agit d'une sorte de représentation figurée de la communication, pour écrire et lire par exemple, et en particulier pour lire ce texte de Poe qui rend compte de ce caractère compétitif. L'amusante évidence de cette représentation, sa banalité, sa profondeur dissimulée à la pleine vue de tous ne devraient pas nous empêcher de voir de quoi il s'agit.

Ce que Lacan perçoit avec profit, le fait que le récit de Poe soit bâti sur la répétition d'une structure triangulaire dans le vol de la lettre, est au fondement des controverses qui s'ensuivent au sujet de cette nouvelle, et c'est uniquement sa façon d'interpréter cette répétition, ou de ne pas l'interpréter, qui motive mes réserves ici. Voici le genre de choses que je tire du fait de s'arrêter sur la thématisation de la lecture dans les pensées. Lorsque dans le second triangle Dupin prend la place du ministre dans le premier (la position du voleur, celui qui voit ce que les autres voient, c'est-à-dire que le Roi ne voit pas la lettre et que la Reine voit bien que le Roi ne la voit pas, et donc se croit à tort à l'abri), et que le ministre dans le second triangle prend la place de la Reine dans le premier (la place de la victime du vol, sous ses propres yeux ou sous son nez), Lacan trouve que la place du Roi dans le premier triangle (celui qui ne voit rien) est alors occupée dans le second triangle par les policiers (aveugles à l'objet dissimulé dans toute son évidence). Sans vouloir dire le contraire, nous n'en devons pas moins faire observer qu'au cours de la seconde entrevue (où Dupin vole le voleur), le troisième élément du triangle (la police) n'est présent que de manière implicite (Dupin et le ministre sont seuls d'après la fiction) ; et notons par ailleurs qu'un élément de plus est aussi présent ici, plus précisément présent (seulement) par implication, en l'occurrence le lecteur, moi-même, à qui la lettre fictive est aussi invisible. Je suis donc en ce sens à la fois le Roi et la police de la (des) lettre(s) de Poe. Mais puisqu'après tout je suis (qui que je sois) celui auquel on a montré le contenu de la chose écrite intitulée « La lettre volée » (autrement dit, le texte de Poe), puisqu'il m'est en fait, ou en fiction, destiné, et même pour ainsi dire en privé, je suis la Reine à qui on l'a dérobée, ainsi que les deux voleurs qui l'emportent et me la restituent, thérapeutiquement (car qui d'autre que moi aurait pu dérober *ceci* à moi-même ?). Et si je dois lire dans les pensées de celui qui l'a en main (à savoir moi, donc dans mes propres pensées) mais aussi dans les pensées de celui qui l'a écrit de sa main (à savoir, l'auteur – mais lequel : celui du texte de la « Lettre », ou celui de la lettre fictive ?), c'est aussi à lire comme l'œuvre de quelqu'un qui s'oppose à moi, qui me défie de deviner si chacun des événements rapportés est singulier ou non – impair ou pair –, quotidien ou exceptionnel, ordinaire ou extra-ordinaire. (Je fais ici allusion non à ce que je conçois comme une théorie des réactions du lecteur, mais à quelque chose que j'aimerais concevoir comme une théorie de l'identification du lecteur.)

Ce texte du « récit » d'Edgar Poe offre donc la représentation suivante de la textualité, ou de la constitution d'un texte. C'est un artefact, dans un jeu de rivalité de lecture dans les pensées, qui est ouvertement caché dans et par une main. Je le dérobe à moi-même et le retourne à moi-même – le dérobe lorsque je suis futé ou stupide (accepte de jouer à ce jeu de dissimulation) et le retourne lorsque je suis en mesure de relater la dissimulation et la révélation, ou disons le refoulement et le pouvoir (lorsque je suis en mesure de savoir à qui ma main fermée cache quelque chose). Et pourtant je sais aussi que la rencontre de deux esprits n'est pas non plus une question de garder la main ouverte, que l'artefact du texte est une scène de crime, parce qu'il est l'expression d'une culpabilité, parce qu'il porte sur un savoir qui doit être confessé, exigé, interprété. Est-ce une représentation ? Et quel est le crime que la main révèle en tant que telle ? Sans aucun doute, en même temps qu'avec d'autres choses bien connues (et bien entendu, toujours consignées dans les armoires psychanalytiques), cela aura à voir avec le fait que seuls les êtres humains ont des mains (avec ces pouces-là), et avec la fascination pour la main qui en découle selon les philosophes. L'auteur de *Walden* avoue au début de son livre que les pages qui vont suivre sont le seul travail de ses mains ; et plus loin dans son premier chapitre, alors qu'il fait le tour des dettes qu'il a contractées en réformant sa propre vie – disant qu'il pourra « ainsi publier sans rougir [sa] culpabilité » – cette arithmétique est celle de sa nourriture, trahissant la nécessité de devoir manger pour se préserver. Comme si sa dette concernait son existence en tant que telle, sa demande de reconnaissance (payable par quel moyen ? à qui ? ou bien est-elle rémissible ? et par qui ?).

Un problème méthodologique urgent de la philosophie du langage ordinaire – et le problème sur lequel ce courant de pensée est le plus faible philosophiquement – est celui de rendre compte du fait que nous sommes les victimes de ces mots dont nous sommes en même temps les maîtres ; victimes et maîtres de l'existence factuelle des mots. J'ai fait observer qu'une des expressions critiques favorites de Wittgenstein, ou l'une des manières de décrire cet échec constant dans notre possession du langage ou par le langage (s'il s'agit bien là d'un échec), était de dire que nous sommes ensorcelés par le langage. Mais cela a bien du mal à rendre compte de ce que la vacuité du mot « seulement », dans l'expression « connaître seulement par le comportement », entraîne. Peut-être ce que je suggère par « vacuité » et par « volonté de vide » s'avérera-t-il être une avancée dans le lexique critique (si, disons, une telle allusion à la conception nietzschéenne du nihilisme peut être mise à profit). Et peut-être également l'idée d'illisible, avec ce qu'elle semble suggérer : que la philosophie du langage ordinaire n'a pas expliqué pourquoi le bizarre nous fait rire, pourquoi nous en rions philosophiquement, avec anxiété. « La lettre volée » de Poe nous fournit un ensemble concret et sophistiqué de manières de conceptualiser ces faits. Ce qu'elle peut mettre en évidence, en même temps qu'allégoriser la psychanalyse lacanienne, ainsi que les actes d'écrire et de lire, c'est avec plaisir que je le laisse ouvert.

Pour compléter la petite topographie que j'ai projetée à cette occasion, et ramener Heidegger de manière explicite à la question de l'ordinaire et du bizarre, il me faudrait, comme je l'indiquais en le mettant de côté tout à l'heure, accomplir certaines tâches relevant du transcendantalisme américain, deux d'entre elles en particulier. Premièrement, rendre compte de *Walden* de Thoreau, le texte philosophique majeur de ma vie – avec les *Recherches philosophiques* – qui traite de répétition infinie, qui s'ouvre sur une vision de la bizarrerie extrême de notre monde quotidien, et décrit le but de celle-ci comme la découverte de notre époque, son époque à lui, une parmi d'autres. La bizarrerie de notre quotidienneté (sa proximité, son alignement, avec une autre voie) est l'idée directrice de Thoreau, qui produit une réponse, c'est-à-dire une texture prosaïque, qui longe la frontière entre comédie et tragédie. Deuxièmement, il me faudrait préciser ce que j'ai voulu dire en exprimant l'idée intuitive que Thoreau, tout comme Emerson (et en insistant sur leur relation avec Heidegger), souscrit avant l'heure aux démarches de la philosophie du langage ordinaire, une idée que j'ai exprimée en parlant d'eux comme des héritiers du transcendantalisme kantien, et comme inspirés par une impression d'intimité entre les mots et le monde, voire une intimité perdue. À nouveau, nous n'avons pas le temps de creuser ici ces simples affirmations.

L'arrière-plan de mon intuition est mon œuvre citée plus haut, dont j'espère qu'elle montre bien que les *Recherches philosophiques* et *Walden* partagent une des aspirations de la *Critique de la raison pure*, à savoir celle de démontrer la nécessité que le monde satisfasse aux conditions humaines de la connaissance. On peut percevoir la manière dont *Walden* résume la première *Critique* dans sa proclamation que « l'univers répond constamment et docilement à nos conceptions » [1]. Et lorsque dans les *Recherches philosophiques* Wittgenstein qualifie sa recherche de « grammaticale » et dit qu'elle « n'est pas dirigée sur les *phénomènes* mais, pourrait-on dire, sur les "*possibilités*" des phénomènes » (§ 90), on comprend que ce qu'il entend par grammaire, ou recherche grammaticale, joue le rôle d'une déduction transcendantale de concepts humains. La différence importante selon moi est que dans la pratique de Wittgenstein, chaque mot de notre langage ordinaire requiert une déduction, ce qui implique que chacun d'eux soit identifié, dans son application au monde, dans les termes de ce que Wittgenstein appelle les critères qui le gouvernent ; et que notre grammaire soit en un sens à comprendre comme un *a priori* [a]. (C'est en ce sens que les êtres humains « s'accordent » dans leurs jugements.)

a. C'est une façon de présenter que j'ai assumée dans les chapitres 1 et 4 des *Voix de la raison*. Cette généralisation de Kant, pour ainsi dire, est quelque chose que j'applique à Emerson dans le chapitre 2 du présent volume.

1. *Walden*, 2.21, p. 110.

C'est cette relation mutuelle avec Kant que j'ai appelée l'arrière-plan de l'idée selon laquelle le transcendantalisme américain souscrit à la philosophie du langage ordinaire. Le premier plan en est la reconnaissance du fait que les *Recherches philosophiques*, tout comme les œuvres d'Emerson et Thoreau, sont écrites en réaction constante à la menace du scepticisme. Il me semble bien que l'originalité des *Recherches* est liée à l'originalité de la réponse qu'elles apportent au scepticisme, une réponse qui ne cherche pas à nier la force du scepticisme (bien au contraire), mais à diagnostiquer la source (ou la possibilité) de cette force – et à se demander, comme je l'ai formulé il y a quelque temps, ce qui dans le langage humain nous autorise, et même nous invite, en son propre nom, à rejeter son fonctionnement quotidien, à le juger insuffisant. (« En son propre nom » : nous autres, êtres finis, partageons en quelque sorte le sentiment d'insatisfaction que le langage exprime vis-à-vis de lui-même, se trouvant lui-même insuffisant.) Je pourrais résumer l'originalité de Wittgenstein à cet égard en disant qu'il considère la dérive vers le scepticisme comme la *découverte* du quotidien, une découverte de *ce que* très exactement le scepticisme voudrait nier. Il se révèle qu'il s'agit de quelque chose que le seul instinct de la philosophie, l'instinct de consacrer une pensée à notre vie, cherche fondamentalement à dénier, comme si ce que la philosophie ne peut admettre était essentiellement le quotidien.

Ainsi le quotidien n'est pas seulement un thème parmi d'autres auxquels les philosophes pourraient s'intéresser, mais un sujet auquel un philosophe est voué à se consacrer, aussi longtemps qu'il ou elle cherchera un certain genre de réplique à la menace du scepticisme. (Il s'agit d'une réplique qui n'envisagerait pas la science comme une réponse au scepticisme mais plutôt, en tant que réponse, comme un prolongement du scepticisme – comme si le savant fou en nous était le double du sceptique fou.) Le quotidien est ce à quoi nous ne pouvons manquer d'aspirer, dans la mesure où il nous apparaît comme perdu. C'est là ce que Thoreau veut dire lorsqu'il affirme, après avoir décrit plusieurs de ce qu'il appelle ses aventures (dont un grand nombre arrivent alors qu'il reconnaît être confortablement assis) : « [À présent je fais] mon expérience suivante dans le même ordre de choses, [que] j'ai l'intention de décrire plus à fond » [1]. Par « l'expérience présente » il désigne bien sûr le livre qui se trouve entre nos mains, mais il veut dire en même temps que cette expérience est le présent, c'est-à-dire que le livre entend lui-même tester les moyens de parvenir au présent, pas uniquement à ce que l'on appelle « les événements courants » qui pour lui ne sont pas actuels mais périmés, et qui ne sont pas non plus des faits, mais des élucubrations. Il revient à cette idée lorsqu'il dit : « Les phénomènes liés aux saisons ont lieu tous les jours et à petite échelle dans un lac » [2]. C'est-à-dire qu'il n'y a rien d'autre que la succession de chaque jour l'un après l'autre ; et s'emparer d'un jour, accepter la quotidienneté, l'ordinaire, n'est pas un donné mais une tâche à accomplir. Et c'est aussi la raison pour laquelle Emerson dit : « Laissez-moi percer le temps présent, et vous aurez les mondes antiques et à venir » [3]. Ces paroles ont l'allure rhétorique d'un marché conclu ou d'une prière, comme dans « Donnez-nous aujourd'hui notre pain de ce jour » ; ce n'est pas quelque chose à tenir pour acquis.

Les implications de cette conception du scepticisme comme mesure de la quotidienneté sont détaillées jusqu'au supplice dans *Les Voix de la raison*, et je ne tenterai pas de les décrire plus avant ici. Je vais plutôt m'acheminer vers une conclusion en me demandant où pourrait se trouver la réponse au scepticisme selon Emerson et Thoreau.

Je me concentrerai sur *Walden* et mentionnerai deux foyers d'élaboration de ses concepts. Le premier de ces foyers est le thème du deuil [*mourning*] (ou du chagrin), lequel, en conjonction avec le thème de la matinée [*morning*] (ou de l'aube), forme l'un des jeux de mots récurrents dans l'ensemble de *Walden* : il met en évidence l'existence humaine comme la découverte de l'exaltation dans la reconnaissance de ce qui a été perdu à jamais. *Walden* est pour moi le livre de ce que nous avons perdu, et je soutiens que sa création de la région de Walden Pond, du monde en tant qu'image du Paradis (« Walled In » : entouré de murs), est bien tout ce qu'il y a à perdre. Ce livre s'ouvre avec ce

1. *Walden*, 2.7, p. 96.
2. *Walden*, 17.2, p. 331.
3. Dans « Le savant américain ».

monde disparu, à tout jamais. Déjà Hume avait dit dans son *Traité de la Nature Humaine* que le scepticisme est une maladie dont on ne peut jamais vraiment guérir (Livre I, IV, II, fin de section). Mais la scène qu'il dépeint ensuite est celle où il sort de la solitude de son étude de philosophe pour retrouver ses amis, en compagnie desquels il peut enfin se distraire des conclusions accablantes que ses facultés de raisonnement philosophique lui ont révélées. La maladie incurable, en tant que métaphore d'une condition humaine faite de souffrance, suggère que l'on pourrait imaginer une autre possibilité, même si elle ne nous est pourtant pas offerte. Il semblerait qu'il doive exister une alternative à la gravité de la condition d'être humain. (Les philosophes suggèrent même parfois que le fait que l'homme soit doué des cinq sens est un malheur pour nous. C'est contre une telle conception de la contingence de l'existence humaine que s'insurge le personnage de Beckett appelé Hamm, lorsqu'il hurle dans *Fin de partie* : « Mais réfléchissez, réfléchissez, vous êtes sur terre, c'est sans remède ! ».)

Le divertissement (comme dans le *Traité* de Hume, I, IV, II et VII) est une des réactions possibles à ce genre de nouvelles. Mais selon la manière dont vous envisagez l'alternative à la maladie du scepticisme, une réponse plus directe, peut-être apportée à un stade plus sévère, consistera, comme dans *Walden*, à faire son deuil – la démarche d'accepter la perte du monde (on pourrait dire, d'accepter sa perte de présence), l'accepter comme quelque chose qui n'existe pour nous que dans sa perte (on pourrait dire : en son absence) ou qui se présente comme perte. Dans *Les Voix de la raison*, je suggère que la morale à tirer du scepticisme est que l'existence du monde comme celle d'autrui dans le monde, n'est pas une question de connaissance, mais de reconnaissance. Et il apparaît à présent que ce qui doit être reconnu est cette même existence en tant qu'elle est séparée de moi, qu'elle s'en est allée loin de moi en quelque sorte. Étant donné que je perds le monde dans chaque élan philosophique, dans chacune des innombrables manières par lesquelles les philosophes du langage ordinaire peuvent juger que je rends illisibles toutes mes déclarations, il nous faut chaque jour recouvrer le monde, en le répétant tel qu'il s'est enfui. C'est là une façon de voir ce que signifie que Freud aussi conçoit le deuil comme un exercice essentiellement répétitif. On peut aussi s'apercevoir que, dans son petit article intitulé « Passagèreté », Freud traite le deuil comme la condition de possibilité d'accepter la beauté du monde, c'est-à-dire la condition de lui accorder son indépendance, son objectivité. Apprendre le deuil peut être l'accomplissement de toute une existence. (« Je porte le deuil de ma vie » : la deuxième réplique de *La Mouette* de Tchekhov trouve, pour ainsi dire, son pendant plus léger dans les citations précédentes de Thoreau et de Freud.)

En plus du divertissement et du deuil, la perception qu'a Heidegger de la violence de la pensée philosophique, de son impératif de domination sur terre, est quelque chose que je vois comme une riposte au scepticisme ou comme l'une de ses conséquences. On pourrait considérer cette violence comme la réaction qui survient dès lors que ni divertissement ni deuil ne sont désormais des options humaines disponibles. Il y a vingt ans, dans un essai sur *Le Roi Lear* (« L'évitement de l'amour »), j'ai posé ce problème, ou plutôt j'ai laissé entendre que l'on pouvait poser ce problème, un peu différemment, sous une forme que je dois interpoler ici. (Mon idée précédente apparaît originellement à l'intérieur d'une interpolation dans l'essai concernant *Le Roi Lear*. Sa réapparition ici laisse penser, de façon plus ou moins invraisemblable, que le présent chapitre tout entier aurait pu ou aurait dû être cette même interpolation.)

> Dans la tradition sans rupture de l'épistémologie qui court depuis Descartes et Locke (et qui n'a été radicalement mise en question de l'intérieur qu'à notre époque), le concept de connaissance (du monde) se dégage de ses liaisons avec des questions d'information, de savoir-faire et d'apprentissage, et se trouve attaché uniquement au concept de certitude, et en particulier à une certitude fournie par les (par mes) sens. À un stade précoce de la recherche épistémologique, le monde qui nous est normalement présent (le monde à l'existence duquel nous « croyons », selon la formulation typique) se trouve mis en doute et disparaît, sur quoi on s'aperçoit que toute liaison avec un monde est suspendue à ce que l'on peut dire être « présent aux sens » ; et de façon choquante, il s'avère que ce n'est pas le monde. C'est à ce stade que le douteur se trouve jeté dans le scepticisme, faisant de l'existence du monde extérieur un problème. Kant qualifia cela de

> scandale pour la philosophie et voua son génie à y mettre un terme, mais le scepticisme demeure actif dans les conflits entre philosophes traditionnels et leurs critiques qui ont recours au langage ordinaire, et il habite l'absence de compréhension qui sépare l'ontologie continentale et l'analyse anglo-américaine dans son ensemble. Pour le moment, sa pertinence n'est pour nous que ceci : Ce n'est pas de gaîté de cœur et par étourderie que le sceptique renonce au monde que nous partageons, ou que nous croyions partager; il n'est ni l'escroc que croyait Austin, ni l'idiot que croyaient les pragmatistes, ni le niais qu'il paraît aux hommes de culture et d'expérience. Il renonce au monde pour la raison même que le monde est important, qu'il est la scène et le théâtre de la liaison avec le présent : il trouve que le monde disparaît précisément avec l'effort pour le *rendre* présent. Si cela fait l'échec du sceptique, c'est parce que la dimension présente obtenue par la certitude des sens ne saurait compenser la dimension présente qui avait été élaborée par notre ancien absorbement dans le monde. Mais le désir d'une liaison authentique est là, et il fut un temps où l'effort, quand bien même hystérique, pour assurer la présence épistémologique était la meilleure expression de sérieux dans notre rapport au monde, l'expression d'une prise de conscience que la présence était menacée, disparue. Si l'épistémologie a souhaité faire de l'activité de connaître un substitut à ce fait, il est difficile d'y voir une sottise, une canaillerie ou une simple erreur. De fait, c'est une manière de décrire la tragédie dont *Le Roi Lear* garde le témoignage [1].

Cela me prit un bon bout de temps que de parvenir à voir le moyen de déployer les implications d'une telle juxtaposition, à voir comment la tragédie est une projection ou une mise en acte d'un problème lié au scepticisme, et dans le même temps comment le scepticisme nous trace à l'avance, nous prophétise, une structure tragique, disons un scénario de vengeance. Ce que le passage que je viens de citer ainsi me laisse désormais penser est que la perte d'une présence (au monde et du monde) est une chose que la violence du scepticisme approfondit précisément, dans sa désespérance à la corriger, une violence mise en jeu dans le renoncement de la philosophie à appuyer ou refuser le

1. « L'évitement de l'amour », dans *Dire et vouloir dire*, *op. cit.*, p. 481-482.

scepticisme, à dénier au scepticisme sa découverte de l'absence ou du retrait du monde, autrement dit le retrait du fait de ma présence à lui ; ce qui pour moi signifierait le retrait de ma présence au – le déni du fait que nous héritons du – langage.

De nouveau (comme dans mon premier post-scriptum au chapitre 5, sur la déconstruction) je me sens ici obligé de prendre la mesure des affinités que mon travail présente avec celui de Derrida. J'ai le plus souvent réagi à cette demande en suggérant de fait qu'il était, selon moi, toujours trop tard ou trop tôt pour une évaluation de ce genre. Mais il y a parfois des changements de perspective spécifiques qui méritent d'être soulignés. Aussi permettez-moi de dire ici que certaines différences entre ce que je fais et ce que fait la déconstruction me semblent être marquées par le fait que je parle d'être présent [*presentness*] (ce qui me concerne, moi et mon monde) au lieu de (ce qui voudrait dire quoi au juste ?) présence [*presence*] de l'Être (ce sur quoi je ne serai jamais en mesure, pour autant que je puisse en juger, de juger) ; ainsi que par ma critique de « la philosophie » (qui selon moi signifie une manière qu'ont les êtres humains d'être amenés à réfléchir sur eux-mêmes, et non quelque chose que l'on pourrait traduire par « la métaphysique occidentale »), qui n'est pas, ou en tout cas pas à première vue, liée au fait qu'elle tire son origine de la construction dominatrice d'une (fausse) présence, mais qu'elle institue une (fausse) absence à laquelle elle offre de fausses compensations. Même si l'on pouvait démontrer, et si cela valait la peine de démontrer, que ces formes d'institution ne sont pas si différentes, ce que j'avance n'est pas le résultat d'une étude de l'histoire de la philosophie classique, mais se limite à certains courants philosophiques dans la période qui a suivi l'émergence du scepticisme moderne. Alors que j'admets bien volontiers que cette méfiance sceptique radicale à l'égard de l'ensemble du monde « extérieur » et d'autrui, n'est pas vraiment un genre de spéculation que l'on trouve chez les philosophes classiques, je considère aussi le scepticisme moderne comme l'expression ou l'interprétation philosophique de ce que fait connaître la littérature (entre autres) dans le mélodrame et la tragédie. (Par ce que font connaître le mélodrame et la tragédie, j'entends, en gros, la dépendance du moi humain à l'égard de la société qui le définit, mais en même temps sa transcendance par rapport à cette définition, l'insécurité absolue qu'il a à maintenir son existence. Ce qui paraît signifier, d'après cette description, sa propre détermination et son maintien de ce qui lui « appartient ». « Lui ».) Quelque chose d'analogue à ce que nous entendons par mélodrame et tragédie a contribué à la formation des philosophes classiques, et aurait donc toujours sous-tendu l'élan « occidental » vers l'épistémologie et la métaphysique. C'est peut-être cette relation à la tragédie qui me donne la patience de mettre de côté ce mode métaphysique, dans lequel *toute* fausse présence est à éliminer avant son propre impossible commencement, et de parler plutôt avec le sens que *tout* élan vers la présence métaphysique doit être porté à son propre terme grâce au diagnostic de son propre commencement. Dans le sillage de Derrida, il est « impossible » d'échapper véritablement à la tradition philosophique ; dans le mien, nous ne pouvons pas vraiment nous échapper *vers* la philosophie. Pour lui, la philosophie est visiblement aussi primordiale que le langage, que la prose en tout cas ; pour moi, c'est le scepticisme qui est ainsi primordial (ou sa possibilité).

L'autre foyer dans *Walden*, en lien étroit avec celui du deuil, autour duquel le scepticisme cherche sa réponse, est constitué par l'arc narratif du livre, la construction d'une maison, c'est-à-dire la découverte d'une demeure, du lieu où l'on se sent chez soi ; où l'on s'édifie, pourrait-on dire. La ligne directrice de l'essai de Heidegger « Bâtir Habiter Penser », un essai qui fait écho à « La chose », est l'idée qu'habiter précède bâtir, et non l'inverse ; et l'on peut considérer que c'est aussi la morale de *Walden*. Mais dans *Walden* la preuve que vous vous êtes approprié ce que vous avez trouvé, que vous en avez fait votre demeure, c'est que vous êtes libre de le quitter. *Walden* commence et se termine par l'annonce d'un départ de Walden. Le concept structurant et complexe que donne Emerson pour ce genre de départ est celui d'*abandon*, un abandon du langage et du monde et un abandon au langage et au monde. Le sens que Heidegger découvre dans ses propres paroles, et celui qu'Emerson et Thoreau découvrent dans les leurs, est remarquable en soi ; mais face à cela, le fait de découvrir que leurs pensées soient intimement et constamment liées est devenu pour moi un fait autrement plus marquant et intéressant. La relation historique directe (entre Emerson et Heidegger) passe par Nietzsche, mais leur coïncidence intellectuelle a été pour moi une pierre de touche ces dernières années, en explorant l'idée que l'on doit interpréter le romantisme en général comme en lutte avec le scepticisme, et dans le même temps en lutte avec les réponses que la philosophie apporte au scepticisme. (Savoir à quel degré de généralité cela pourrait s'appliquer importe peu pour le moment. Une indication en est donnée par les figures de Coleridge et de Wordsworth que l'on devine derrière Emerson et Thoreau, et par l'ombre de Hölderlin chez Heidegger.)

Après avoir arpenté un tout dernier secteur dans la topographie du quotidien que je suis en train d'esquisser, je serai prêt à reprendre ma réflexion inachevée sur « La chose » de Heidegger et à vous raconter une histoire avant de vous dire au revoir. (J'ai approché pour la première fois ce secteur dans les deux derniers paragraphes du chapitre précédent, « Être à part, rendre la pareille ». Ce qui va suivre dans ce paragraphe est la même chose dite différemment. Reformuler semble être désormais devenu l'un des aspects essentiels de mon activité intellectuelle.) Si l'on considère qu'Edgar Allan Poe, ainsi que Nathaniel Hawthorne, tous deux situés à l'opposé d'Emerson et Thoreau sur le spectre de la mentalité américaine, écrivent également en réaction au scepticisme, alors il devient significatif qu'eux aussi écrivent sans relâche à propos d'habiter, de s'établir dans une maison ; à propos, disons, de domestication. Puisque leurs récits, à la différence des scènes peintes par Emerson et Thoreau, contiennent typiquement d'autres gens qu'eux-mêmes, ils conçoivent la domestication dans les termes habituels du mariage ou des fiançailles. Et d'habitude, ce n'est pas pour en dépeindre les joies, mais plutôt les sentiments d'horreur qu'ils peuvent inspirer : des maisons qui s'effondrent ou emprisonnent, celles qu'on ne peut quitter et qui en deviennent invivables. J'ai dit que la nouvelle étape philosophique dans la critique du scepticisme qui a été développée par la philosophie du langage ordinaire était sa découverte de la découverte sceptique, par transposition, du quotidien ; et donc la découverte que la réponse au scepticisme doit prendre la forme non d'une construction philosophique mais de la reconstruction, ou de la restauration, du quotidien. Cela se voit dans le traitement qui est fait de la menace sceptique d'un doute anéantissant le monde au moyen de sa propre inquiétante familiarité, se retranchant obstinément dans une implacable superficialité ; et non pas, comme d'autres philosophies se sont crues obligées de le faire, à l'aide d'exemples isolés, spécialisés, hautement raffinés : le morceau de cire chez Descartes (fin de la Deuxième Méditation), la maison chez Kant (*Critique de la raison pure*, A190, B235, éd. cit., p. 184), la signalisation de l'automobile chez Heidegger (*Être et temps*, § 17), l'enveloppe de G. E. Moore (*Some Main Problems of Philosophy*, p. 30). C'est à ce niveau que je comprends la déclaration de Poe au tout début de l'une de ses plus fameuses histoires d'épouvante, « Le Chat noir », la déclaration qu'il « [va] placer devant le monde, clairement, succinctement et sans commentaires une série de simples événements domestiques ». Il va de soi que si une certaine image de l'intimité humaine, disons le mariage ou la domesticité, est l'équivalent fictionnel de ce que les philosophes du langage ordinaire entendent par l'ordinaire, appelons cela l'image du quotidien comme domesticité, alors la menace exercée à l'encontre de l'ordinaire par ce que la philosophie appelle le scepticisme devrait se manifester dans les menaces exercées à l'encontre de certains aspects du mariage qui sont privilégiées dans la fiction, à savoir dans les formes du mélodrame et de la tragédie.

Cela me ramène à « La chose » de Heidegger, où le fait de surmonter notre manque de distanciation, notre perte de lien, ou plutôt notre absence de rapport, avec les choses, avec la chose, *das Ding*, notre être déchoséifié, *unbedingt*, ce qui signifie en allemand « inconditionné » (et donc inhumain, monstrueux, tels des personnages d'une histoire d'horreur), est exprimé par Heidegger en termes de « noces du ciel et de la terre », d'« alliance » entre « la substance nourricière de la terre et la force solaire du ciel » [1]. On aurait pu croire cette image simplement

1. « La chose », art. cit. p. 204.

accidentelle dans l'essai de Heidegger, mais c'est essentiellement ce qui entre dans son extraordinaire description de la chosification du monde comme ce qui requiert l'union de la terre, du ciel, des dieux et des mortels dans ce qu'il nomme « la ronde de l'appropriation » (*der Reigen des Ereignens*) [trad. fr. p. 215, modifiée] ; et lorsqu'il dit ensuite que « la ronde est l'anneau » qui agrippe et joue, il peut difficilement ne pas avoir à l'esprit l'anneau de mariage (une image qu'en ce sens il aurait pu tirer du *Zarathoustra* de Nietzsche [1]), ce que confirme le fait que Heidegger parle du « tour encerclant de l'anneau » (*das Gering des Ringes*), où ce qu'il semble vouloir tirer du mot *Gering* est à la fois l'intensification de l'idée d'être pris ensemble, et l'idée de cette activité en tant que légère, triviale et humble : c'est l'idée d'un dévouement jour après jour. C'est ainsi que l'idée du quotidien, apparemment méprisée par Heidegger, réapparaît et se répète après s'être transformée, comme la réponse métaphysique à ce mépris empirique.

L'idée heideggerienne de ce qui est humble, avec tout ce qu'elle implique de rayonnement cosmique, peut sembler assez éloignée de ce que Wittgenstein veut dire en invitant à rechercher l'usage le plus humble de mots notoirement philosophiques (tels que « langage », « expérience » ou « monde »). Mais ce rapprochement vient confirmer l'idée que ni l'un ni l'autre de ces auteurs n'est aussi clair que le souhaiteraient leurs admirateurs respectifs lorsqu'il s'agit de rendre compte philosophiquement de leur propre pratique philosophique. Tous deux s'acharnent contre la volonté humaine de tout expliquer, mais lorsque Wittgenstein dit que « les explications ont bien quelque part un terme », ce qu'il veut dire est que la philosophie doit indiquer, à *chaque* tentative d'explication philosophique, le simple endroit où elle doit s'arrêter. Alors que Heidegger compte décrire le lieu resplendissant où *toutes* les explications s'arrêtent. Pourtant, on se rappellera que Wittgenstein comme Heidegger étaient tous deux lecteurs de Kierkegaard, et que le chevalier de la foi de Kierkegaard

1. F. Nietzsche, *Ainsi parlait Zarathoustra*, « Les Sept Sceaux » § 7, *op. cit.*, p. 285.

fait preuve de ce que l'on peut traduire par « l'essor sublime dans le terre-à-terre » (*Crainte et Tremblement*, p. 134).

Pour l'histoire que je souhaite vous raconter avant de nous séparer, je vais m'approcher d'un de mes domaines favoris, un domaine qui a fait une première apparition tout à l'heure à l'occasion de ma rebuffade contre Heidegger et son allusion à ce qui est symptomatique de notre pensée commune, uniforme et destructrice : le domaine du cinéma. En guise de conclusion, je me pencherai ici sur un extrait de film, lui aussi caractéristique de notre pensée de tous les jours, mais cette fois-ci symptomatique de la reconnaissance au quotidien du caractère destructif de nos modes de pensée habituels, et de nos efforts continuels pour nous en affranchir. Ce passage est extrait de la séquence de fin d'un film intitulé *La femme de l'année* (*The Woman of the Year*, réalisé par George Stevens en 1942, avec Katharine Hepburn et Spencer Tracy), et qui est un digne représentant, malgré quelques écarts, du genre cinématographique que j'ai appelé (dans *À la recherche du bonheur*) « la comédie de remariage » et que je définis à l'appui de certains films hollywoodiens des années 1930 et 1940. Dans *La femme de l'année*, la femme en question est une journaliste politique et activiste mondialement célèbre, et son mari un reporter sportif moins favorisé qui écrit pour le même journal. Après avoir coché un certain nombre de cases typiques du genre (une séparation qui risque de mener au divorce; l'entente étroite entre la femme et son père, mais l'absence de la mère; une sérieuse discussion sur ce qui fait un mariage, et une scène d'instruction [en l'occurrence, sur les règles du base-ball] qui va tourner court; le renoncement explicite à avoir des enfants et l'impression durable que bien que ces deux-là ne puissent pas parvenir à vivre ensemble, ils ne soient certainement pas prêts à partager leur vie avec qui que ce soit d'autre, ni à déménager dans un appartement plus petit et plus modeste que celui où ils ont commencé à vivre), il y a une séquence finale où la femme se glisse à l'aube dans l'appartement du mari dont elle vient de se séparer et s'efforce, pendant qu'il dort encore, de lui préparer son petit-déjeuner, avec une maladresse désespérante. Réveillé par le bruit causé par sa maladresse, il met fin à ses piètres efforts, et elle lui fait alors une humble déclaration qui, à la manière significative du genre du remariage, commence par « Je t'aime, Sam. Veux-tu m'épouser ? » Il accueille les paroles de son épouse avec incrédulité et par une tirade moqueuse, à laquelle elle réplique : « Tu ne crois donc pas que je puisse faire toutes les petites choses ordinaires que n'importe quelle idiote peut faire ? » Il répond non ; elle demande pourquoi ; ce sur quoi il lui professe une longue leçon qui commence par : « Parce que tu en es incapable, voilà tout », et finit par souligner que ce qu'elle a appris à faire est incompatible avec ce qu'exige l'apprentissage de ces tâches ordinaires. Ce sur quoi je souhaite attirer votre attention ici est que cette situation s'avère lui convenir très bien à lui, et à eux deux ; que par exemple dans ce genre de film si l'on montre quelqu'un en train de faire la cuisine, c'est le mari et jamais la femme (ou jamais sans lui) ; et que dans ce genre de comédie uniquement, pour autant que je sache, la réussite d'un mariage est dissociée de tout concept *a priori* de ce qui constitue la domesticité (on pourrait aussi définir le mariage dans ces films comme le partage d'un plaisir mutuel sans concept – que deux personnes soient mariées ne dépend pas nécessairement de leur âge, ou de leur sexe, ou d'une reconnaissance légale). Le mariage se présente ici comme un état civil qui n'est pas une simple distraction des efforts pénibles pour construire son bonheur dans un monde indifférent, absent, mais bien comme la scène dans laquelle toute chance de bonheur s'avère être l'acceptation mutuelle de la séparation, où le projet n'est pas de laisser se passer les années (jusqu'à ce que la mort nous sépare), mais bien celui de la répétition consentie des journées, du consentement au quotidien (jusqu'à ce que nos véritables esprits deviennent illisibles l'un à l'autre).

À VIENNE
CONFÉRENCE COMMÉMORATIVE (1986)

CHAPITRE 7

LE FANTASTIQUE EN PHILOSOPHIE

C'est merveilleux de se retrouver ici – ici dans cette demeure conçue par Wittgenstein, et dans la ville qui a tant marqué Wittgenstein.

Voilà presque sept ans que j'ai commencé à venir enseigner à l'Institut de philosophie de l'Université de Vienne et que j'ai rencontré pour la première fois les jeunes philosophes dont nous célébrons aujourd'hui les recherches et les publications. Notre compagnonnage intellectuel durant toutes ces années a été pour moi une source d'inspiration. Je me réjouis que nos échanges aient eu leur rôle à jouer dans ce qui nous a conduits à la commémoration d'aujourd'hui, et je considère cet événement comme la promesse de nombreux autres échanges à venir entre philosophes américains et autrichiens.

Ce compagnonnage m'a, bien sûr, permis de mieux cerner mon propre tempérament et mes propres inclinations en philosophie ; mais bien au-delà, il m'a encouragé dans l'idée que le travail de mise en perspective culturelle n'est pas seulement utile en privé, mais aussi philosophiquement créatif. L'intérêt que portent les philosophes ici à la richesse des spécificités de la pensée autrichienne a conforté mes propres préoccupations à l'égard de la richesse et de la pauvreté des spécificités de la pensée américaine, et par-dessus tout à l'égard du fait assez extraordinaire que ceux que je considère comme les fondateurs de la pensée américaine – Ralph Waldo Emerson et Henry David Thoreau – ont été philosophiquement refoulés de la culture qu'eux-mêmes ont fondée. Mes efforts pour les libérer de ce refoulement ne visent pas – peut-être faut-il que je le dise clairement – à se débarrasser de toute influence ou participation étrangère, pas plus que ne le fait, à mon sens, l'attention portée à la pensée autrichienne. Bien au contraire, mon souhait de recueillir l'héritage d'Emerson et de Thoreau en tant que philosophes, et ce que j'avance en leur nom en tant que fondateurs de la pensée américaine, reflètent à la fois l'idée que l'Amérique comporte un courant de pensée jusqu'ici ignoré, *et aussi* que ce courant de pensée s'accomplit en enseignant l'héritage de la philosophie européenne – un héritage qui ne fera certes pas de moi le maître de cette philosophie européenne, mais pas son esclave non plus.

Quelque chose qui est apparemment commun à la philosophie des cultures occidentales est, au cours des derniers siècles, l'attention que la philosophie a portée à l'idée que la science fournit l'accès le plus élevé, voire le seul accès possible, à la connaissance. Un bon moyen de se pencher sur ce qui distingue la pensée d'une culture donnée des autres sera de méditer sur la relation entre ses institutions de philosophie et de littérature. On peut concevoir qu'un ou une philosophe s'inspirant de la tradition philosophique de langue allemande ne puisse se satisfaire de résultats qui manqueraient d'englober, ou disons de diffuser, tout le savoir incorporé dans l'histoire de sa littérature ; tandis que pour un ou une philosophe s'inspirant de la tradition de langue anglaise, les références à Shakespeare, à Milton, Wordsworth ou Dickens, ont toujours plus ou moins relevé d'une question de goût personnel qui peut s'exprimer à l'occasion, voire d'un ornement de la pensée, mais qui est par essence dénué de tout intérêt professionnel. La pensée américaine, à mon sens, oscille entre ces deux inspirations. Prétendre qu'Emerson et Thoreau sont à l'origine, en Amérique, non seulement de ce qu'on appelle littérature mais de ce qu'on peut appeler philosophie, c'est proclamer que la littérature n'est ni l'ornementation arbitraire de la philosophie ni son pendant indispensable. On pourrait dire qu'au Nouveau Monde la philosophie et la littérature qui lui sont propres n'existent pas séparément, ou bien que la tâche qui incombe aux Américains est de les créer l'une à partir de l'autre, comme si le Nouveau Monde en était encore à se rappeler, sinon à réciter exactement, les luttes culturelles du Vieux Monde.

Comme un emblème de ces questions liées aux échanges au sein de différentes cultures et entre ces cultures, voire entre les générations, j'ai choisi, en cette journée de commémoration, de reprendre l'intervention que j'avais faite il y a un an, suite à l'invitation d'une association d'étudiants dont la culture littéraire et philosophique est aussi étrangère à la culture autrichienne qu'à l'américaine – à savoir, celle des étudiants en doctorat de l'Institut japonais de l'Université de Harvard : ils m'avaient invité à participer à une journée de colloque qu'ils avaient organisée sur le thème du fantastique dans la littérature japonaise, et plus précisément à commenter deux communications faites par certains membres de leur association [a]. Le fait qu'il s'agisse d'une association de jeunes chercheurs, au début de leur carrière universitaire, contribua à me rassurer en voyant que cette invitation n'était pas destinée à vérifier l'ampleur de mon ignorance de la littérature japonaise, et qu'elle avait été lancée avec l'espoir que je puisse désirer apprendre quelque chose à son sujet et y répondre, si j'avais une réponse à donner, depuis mon coin du monde américain – peut-être même en apprendre un peu plus sur la manière dont j'étais arrivé à cet endroit précis.

Notre session dans ce colloque était intitulée « Nous ne sommes pas seuls », et en lisant les contributions que j'avais à commenter, il se produisit en moi quelque chose comme une expérience hallucinante du fantastique, appelons cela une inquiétante étrangeté, dans la mesure où la production littéraire qu'elles décrivaient m'était totalement étrangère, alors que les descriptions qu'elles en donnaient me semblaient si familières que j'avais le sentiment d'avoir toujours connu ce dont elles parlaient. Ces communications faisaient référence à des notions telles que celle de voyage imaginaire, en particulier dans la quête de soi ; et à des idées comme celle de se trouver devant une limite ou un seuil, entre le possible et l'impossible ; des idées de confrontation à l'altérité ; et d'une certaine aversion pour la sensibilité scientifique moderne.

a. « Some Contours of the Fantastic in Modern Japanese Fiction » [« Quelques aspects du fantastique dans la fiction japonaise moderne »] par Joel Cohn ; « Fantastic Voyage : Refractions of the Real, Re-Visions of the Imagined » [« Le voyage fantastique : réfractions du réel, ré-visions de l'imaginaire »] par Regine Johnson.

Mon impression de familiarité ne s'explique pas ici suffisamment, je crois, en constatant que notre littérature occidentale contient sa propre veine de fantastique littéraire, une veine qui est représentée, par exemple, dans les travaux que Tzvetan Todorov présente à l'appui de sa théorie du fantastique, illustrée par les contes d'E. T. A. Hoffmann. Cette impression me semble plus particulièrement liée à l'idée que la littérature américaine en tant que telle est décentrée par rapport à la littérature européenne, ce qu'on exprime familièrement en disant (presque inévitablement de façon tendancieuse) qu'alors que les Européens écrivent des romans [*novels*], les Américains composent autre chose, disons des *romances*. Si l'on considère que même Nathaniel Hawthorne utilise cette distinction pour se permettre de recourir au « merveilleux », et si nous nous rappelons qu'Anthony Trollope, en recensant le *Faune de Marbre* d'Hawthorne, parle de « l'imagination bizarre » [*weird imagination*] de ce dernier, en le comparant à Monk Lewis ; si l'on y ajoute l'imagination de Poe, puis encore l'étrangeté d'une baleine blanche, cela suggère que par opposition à l'Europe et à son intérêt poussé mais marginal pour le fantastique, l'Amérique en a été préoccupée de façon cruciale. En acceptant ainsi un point important souligné par les deux interventions que j'étais en train de commenter, à savoir que la littérature fantastique a généralement, de fait ou par principe, trouvé difficile de se faire accepter, et de passer du domaine de l'anecdotique et de la semi-obscurité à l'éclatante lumière de la grande littérature, j'étais amené à soumettre à l'examen cette question supplémentaire : que cela peut-il bien signifier pour la littérature d'une culture donnée que ses œuvres *fondatrices* soient des œuvres fantastiques ?

Permettez-moi de commencer à préciser cette question en plaçant au centre de notre attention un texte fondateur de l'écriture américaine qui, sauf erreur, n'a jamais été proposé comme un exemple de littérature fantastique : *Walden*, de Thoreau. Cette œuvre affiche à l'évidence deux des caractères principaux du fantastique que je viens de citer, puisqu'on pourrait précisément qualifier *Walden* de voyage imaginaire, et au long de lignes qui se présentent comme des limites ou des seuils. Le fait qu'elle se situe elle-même dans les termes d'un ensemble de dualités a, je crois, frappé beaucoup de ses lecteurs – entre la civilisation et la sauvagerie, entre l'avenir et le passé, entre l'humain et l'animal, entre le ciel et la terre, entre le rêve et la vie éveillée, et, aimerais-je dire, entre la philosophie et la littérature. Qu'il s'agisse d'un récit de voyage imaginaire, cela se laisse moins remarquer, mais le fait est établi dans le troisième paragraphe du livre :

> J'ai beaucoup voyagé à Concord ; et partout, dans les boutiques, les bureaux et les champs, ses habitants m'ont semblé faire pénitence de mille manières remarquables. Ce que j'ai entendu dire des brahmanes assis entre quatre fournaises et les yeux tournés vers le soleil, ou suspendus la tête en bas au-dessus des flammes ; [...] ou demeurant enchaînés à vie au pied d'un arbre, ou mesurant de leur corps, telles des chenilles, la largeur de vastes empires, ou debout sur une jambe en haut d'une colonne – même ces formes de pénitence consciente sont à peine plus incroyables et stupéfiantes que les scènes auxquelles chaque jour j'assiste [1].

Certains pourront qualifier une telle description de littéraire pour la dénigrer, mais elle n'est ni plus ni moins littéraire que, disons, la vision rousseauiste de l'être humain, né libre et partout dans les fers, qui ouvre le *Contrat social*. Comme celle de Thoreau, c'est une vision essentielle à la théorisation qui lui fait suite, une vision qui identifie l'auditoire auquel s'adresse cet écrit (ainsi que son auteur) et qui définit le mal qu'il entend combattre. L'impression qu'a Thoreau d'assister à quelque chose d'« incroyable et [de] stupéfiant » permet d'identifier plus clairement son œuvre comme tenant du fantastique, avec l'implication que ce qui est fantastique est notre vie ordinaire, et que rien ne prouve cela d'une manière plus insistante, on pourrait dire plus inquiétante, que le fait que ses lecteurs puissent le trouver, *lui* – l'incarnation même de l'esprit pratique – fantastique. De tous les auteurs qui ont pu suggérer quelque chose comme cette idée, que c'est le lecteur du livre, et non les personnages d'exception qu'on y trouve, qui est (cet autre qui habite le domaine du) fantastique, aucun ne peut surpasser Thoreau dans la tournure systématique que prend cette idée sous sa plume, ni (ce qui est encore plus pertinent selon

1. *Walden*, 1.3, p. 12.

moi) dans le sérieux avec lequel il affirme que l'aspect inquiétant des choses est essentiel à la philosophie – à tel point que la philosophie est ce qui s'attaque aux fausses nécessités et aux fausses idées sur ce qui est nécessaire, comme chez Rousseau, mais tout autant chez Platon, Descartes, Hume, Kant, Marx, Nietzsche, Heidegger et Wittgenstein. Toutefois cette revendication d'inquiétante étrangeté par la philosophie (et *vice versa*) requiert d'infléchir légèrement ce que signifie de percevoir le lecteur comme fantastique. Nous allons y venir.

Afin de nous y préparer, demandons-nous si la vision donnée par *Walden* correspond réellement à une autre caractéristique essentielle du fantastique, la confrontation avec l'altérité (et donc avec l'ipséité) qui a été soulignée par Todorov. Assurément, le voyage dépeint par Thoreau vise essentiellement à se séparer des autres, non à s'y confronter ; depuis le départ il sait que les autres sont une malédiction pour l'existence humaine. Humainement, c'est sans doute ce qui le limite le plus. Et il semble aller de soi qu'aucune créature surnaturelle ni aucun habitat enchanté ne viendront à lui soudainement au milieu de ses bois. Mais est-ce bien vrai ?

Nous devons nous garder de prendre la rencontre avec l'altérité ou avec l'étrangeté en un sens trop étroit. Si cette rencontre est le souhait à la fois de trouver la solitude et d'y échapper, d'échapper à l'isolement inutile du moi, au narcissisme si vous voulez ; et si (comme Todorov le suggère encore) le fantastique se tient dans une sorte d'opposition à la sensibilité scientifique moderne ; alors regardez ce qui arrive à la fameuse remarque de Freud (dans « Une difficulté de la psychanalyse ») selon laquelle « le narcissisme, l'amour-propre de l'humanité en général a jusqu'à présent éprouvé, de par l'investigation scientifique, trois graves humiliations ». Freud cite la blessure cosmologique infligée par Copernic, forçant à reconnaître que le genre humain n'est pas le centre ni le maître du monde ; la blessure biologique infligée par Darwin, qui met fin à l'affirmation présomptueuse que l'homme est différent de tous les autres animaux et supérieur à eux ; et enfin le coup porté par la psychanalyse, qui fait découvrir que « le moi n'est pas le maître dans sa propre demeure », dans son propre esprit. On peut comprendre chacune de ces blessures comme une découverte de l'altérité ou de l'aliénation [*estrangement*] : aliénation cosmologique, vis-à-vis de l'univers où nous nous sentions chez nous; biologique, vis-à-vis de l'idée que nous nous étions faite de nous-mêmes comme des êtres supérieurs à nos origines; psychologique, vis-à-vis de notre propre âme. Mais justement ces tristes dispositions-là sont aux yeux de Thoreau autant d'opportunités enthousiasmantes ou fantastiques : le soleil est aussi une étoile *du matin* (il y a de l'espoir); nous sommes en effet des animaux, et en outre nous en sommes encore à l'état larvaire, dans l'attente d'une métamorphose; chacun de nous est double, et chacun doit apprendre « à sortir de soi-même mais dans un sens tout à fait sain » (à l'opposé de notre folie actuelle)[1]. (Dans un autre contexte, nous devrions citer une quatrième dimension d'altérité dans *Walden*, sur laquelle on se penche beaucoup plus de nos jours, qui a trait à la prétendue découverte de l'Amérique et de *ses* autres. Le livre de Thoreau reste hanté par l'impression d'échec fantastique, comme une malédiction, qui a frappé l'Amérique dans la reconnaissance de cette altérité amérindienne; elle se traduit pour lui par un nouvel échec à découvrir l'Amérique.)

Cependant Freud avait sans doute ses raisons de ne pas mentionner la blessure infligée au narcissisme humain par *la philosophie* à l'ère scientifique – la découverte par la philosophie des limites de la connaissance humaine, en quelque sorte *en dépit* de l'avènement de la science moderne et de son propre narcissisme; de ces limites, en particulier sous sa forme radicale de la menace du scepticisme, la menace que le monde, et les autres gens en lui, puissent, pour autant que je sache, ne pas exister. Telle est la pensée traumatisante que les *Méditations* de Descartes tentent de surmonter, et il est important pour nous qu'à un moment donné Descartes dise que son but en philosophie est bien d'examiner la possibilité qu'il soit seul au monde, anticipant ainsi l'intitulé du colloque auquel j'avais participé et dont je reprends ici ma contribution. La preuve qu'il n'est pas seul au monde n'exige pour Descartes rien de moins que la preuve ontologique de l'existence de Dieu, la démonstration que l'existence de Dieu est nécessaire.

1. *Walden*, 5.7, p. 151

Il s'ensuit que si cette preuve n'est pas, ou n'est plus, crédible à nos yeux – comme elle ne l'est plus pour toute philosophie qui se respecte, depuis que les *Dialogues sur la Religion Naturelle* de Hume et la *Critique de la raison pure* de Kant l'ont apparemment réduite à néant – alors en principe la question de l'isolement métaphysique est réouverte à vif, et la littérature fantastique apparaît comme un monde philosophique souterrain fait de tentatives de réponse au scepticisme. (Sur ce point, je dois dire que je ne pourrais imaginer être parvenu à une telle manière de voir le contenu de cette littérature, sans avoir compris que les *Recherches philosophiques* de Wittgenstein sont un projet de reconnaître que le scepticisme joue un rôle permanent dans l'esprit humain, un rôle que l'on ne doit pas contester mais resituer [sous différentes formes historiques et selon différentes économies]. Ce que cela exige, si je lis bien Wittgenstein, c'est d'apprendre à supporter et à ramener chez soi les inévitables brèches ou crises de folie qui hantent l'acte de philosopher et qui hantent la structuration du monde – de ramener la folie à notre domicile commun qu'est le langage, et la ramener non pas une fois pour toutes [car il n'existe pas d'une fois pour toutes dans la vie], mais chaque jour, en chaque site particulier, quotidien, de son apparition.)

Cela m'indique un bon endroit par où commencer, et donc un endroit propice où m'arrêter dans un instant, pour réfléchir à notre expérience du fantastique, à savoir : l'étude que Freud a consacrée à un exemple majeur de la littérature fantastique, dans son essai « L'inquiétante étrangeté ». C'est un bon endroit pour moi parce que (comme je l'ai développé plus longuement dans le chapitre qui précède, « L'inquiétante étrangeté de l'ordinaire ») en reprenant le conte romantique d'E. T. A. Hoffmann intitulé « L'homme au sable », Freud commence par nier que l'impression d'étrangeté qui se dégage de cette histoire soit liée au moment d'incertitude où un objet inanimé semble prendre vie, c'est-à-dire à un moment que l'on peut justement identifier comme l'un des enjeux du scepticisme philosophique – le scepticisme à l'égard de l'expérience que j'ai de mes semblables, ces choses curieuses que la philosophie en langue anglaise appelle « d'autres esprits » [*other minds*]. Freud soutient qu'au lieu de cela, l'impression d'étrangeté dans le conte d'Hoffmann est directement rattachée à l'idée d'être privé de ses yeux, et donc, d'après ses découvertes précédentes, au complexe de castration. Mais puisqu'il n'est pas question de le nier (ledit complexe pourrait précisément constituer une nouvelle explication, sinon une interprétation, de la difficulté particulière dont il est question), le déni par Freud de l'idée que c'est la reconnaissance de l'existence d'autrui qui est en jeu ici ressemble beaucoup, et de façon suspecte, à un aveu freudien que la philosophie, avec sa constitution de l'altérité (comme existence et comme sujet d'étude), est pour lui tout aussi effroyable que la castration. Cela devrait nous faire réfléchir.

Cette question du scepticisme et de la reconnaissance de l'existence des autres, la question de savoir si nous percevons bien leur humanité, s'avère être le fil conducteur du langage fantastique de *Walden*, et donc de sa propre raison d'être. Au treizième alinéa nous tombons sur ceci :

> Quels êtres lointains et différents dans les diverses demeures de l'univers contemplent la même étoile au même instant ! [...] Qui dira l'avenir que réserve la vie à autrui ? Quel plus grand miracle que celui qui nous permettrait, l'espace d'un instant, de regarder par les yeux d'un autre ? [1]

Regarder par les yeux d'un autre serait une façon d'apporter une solution au problème sceptique de l'existence d'autrui, une façon d'arrêter de voir les autres sous un regard impitoyable, solitaire, par lequel on ne peut prouver leur existence, que ce soit dans le monde de Descartes, dans celui d'Hoffmann, de Freud ou de Wittgenstein. Mais le miracle qui consiste à regarder avec les yeux d'un autre est aussi une description thoreauvienne de ce que l'écriture signifie pour l'écrivain de *Walden* – anticiper le regard de son lecteur, et lui offrir le sien. Si bien que le simple fait de l'écriture, de la possibilité du langage en tant que tel, constitue le miracle, le fantastique. Ainsi la charge de la preuve de l'existence d'autrui retombe sur l'écriture et la lecture (quelles qu'elles soient), ou sur la littérature, sur le fait même qu'elle existe parmi nous, nous constituant comme tels

1. *Walden*, 1.13, p. 19.

– aussi longtemps, faut-il le dire, que le littéraire par excellence, la conversation, l'échange de mots véritables, durera.

L'inflexion de la conception du lecteur en tant que fantastique, requise dans la revendication propre à Thoreau du bizarre pour la philosophie, est ainsi une esquisse du consentement par le lecteur ou la lectrice à se soumettre à l'adoption du regard de l'écrivain, donc à abandonner son propre regard à lui ou elle, un échange interprétable comme un sacrifice réciproque de l'un à l'autre, de ce que nous croyons savoir l'un de l'autre, ce qui pourra se présenter de son côté comme une castration mutuelle, au profit soit d'une victimisation mutuelle, soit au contraire d'une libération réciproque. Que le fait de s'imaginer renoncer à un narcissisme primaire exige une image de violence aussi primaire que la menace de castration – ou bien : que s'emparer des yeux d'un autre soit une image dont il faut affronter l'horreur en en saisissant la beauté (appelons cela la sublimité de l'altérité) – voilà qui nous met en garde de ne pas trop sentimentaliser nos interventions. (Une des manières de les sentimentaliser serait de dire que l'écriture, l'art en général, vise à divertir – comme si le divertissement était lui-même moins violent et moins avide que, disons, l'instruction.) S'emparer du regard d'un autre est l'occasion qui nous est donnée, en dehors de la science, d'apprendre quelque chose de neuf ; c'est-à-dire, en dehors de la science, d'apprendre quelque chose. Cela me semble être une réponse acceptable à notre question de départ sur la tâche qui incombe à la littérature (et à la philosophie) d'une culture donnée, que de considérer le fantastique comme central, rien de moins. C'est peut-être ce que l'on attendrait de la part d'une littérature qui tente de s'inventer, de se convaincre qu'elle existe ; comme c'est assurément ce que l'on attendrait d'une littérature qui s'efforce de préserver le littéraire en tant que tel, de l'empêcher de périr, ce qui est une façon de définir la tâche étrangement inquiétante du romantisme.

Il ne conviendrait guère à un philosophe ayant les mêmes centres d'intérêt que moi de clore sa contribution à ce colloque sans mentionner un domaine du fantastique où justement la distinction et le problème qu'elle soulève entre art majeur et art mineur, ou entre grand art et art marginal, tendent à disparaître : je veux parler du domaine du cinéma. Ce à quoi je pense ici en particulier, ce ne sont pas des films explicitement fantastiques ou magiques, le genre de choses auquel les effets spéciaux sont parfaitement adaptés. J'ai plutôt en tête la capacité parfaitement naturelle, sans effet à y ajouter, qu'ont les films de juxtaposer l'imaginaire et le réel, de montrer que leur entrelacement n'a précisément rien de spécial. J'ai eu une fois l'occasion de réunir un certain nombre de films construits sur le principe du fantastique selon lequel l'univers des faits implacables et celui de la satisfaction des désirs semblent les mêmes, sont juxtaposés sans aucune signalétique cinématographique pour distinguer un univers de l'autre, créant pour les spectateurs des moments que l'on peut qualifier, je crois, de désorientation inquiétante. (Tout cela se trouve dans mon texte : « Qu'advient-il des choses à l'écran ? » [1].) Les principaux films que j'avais d'abord sélectionnés étaient *Persona* de Bergman, *Belle de Jour* de Buñuel, *Deux ou trois choses que je sais d'elle* de Godard et *Sueurs froides* d'Hitchcock. J'y ai ensuite ajouté *Les contes de la lune vague après la pluie* de Mizoguchi, dont la dernière image est celle d'un homme marié qui, revenant d'un voyage merveilleux à l'ensorcellement érotique, retrouve sa pauvre vieille maison telle qu'il l'avait laissée, mais vide. Il s'allonge sur le sol, recroquevillé comme un enfant, et dans la lumière grise son épouse tourne en rond dans la pièce. Avec lui, nous mourons d'envie qu'elle soit encore de ce monde, que le magnifique familier succède, ou re-succède, au merveilleux lointain ; mais la percussion répétée, obstinée, d'un wood-block vient s'immiscer entre le temps et l'éternité, et la créature s'évanouit. C'est la plus grandiose impression d'étrangeté que je puisse imaginer au cinéma. L'expérience que nous en faisons disperse les doutes qui nous reviennent sans cesse sur nos capacités à hésiter entre l'empirique et le surnaturel, dont dépend notre expérience du fantastique (ou puisque nous avons appelé Thoreau à la rescousse, permettez que je dise, à la place du surnaturel : le transcendantal). Et cela nous rappelle que la capacité de laisser le réel et le fantastique s'éclairer l'un par l'autre est à la fois au fondement de la maladie de l'âme et à celui de sa santé.

1. *Cf.* S. Cavell, *Le cinéma nous rend-il meilleurs?*, trad. fr. E. Domenach et C. Fournier, Paris, Bayard, 2010; réédition Vrin, 2024.

BIBLIOGRAPHIE

ABRAMS M. H., « English Romanticism : The Spirit of the Age », *in* Northrop Frye (ed.), *English Romanticism*, New York, Columbia University Press, 1971.

– *The Mirror and the Lamp*, New York, Oxford University Press, 1971.

ADAMS James Trustlow, « Emerson Re-read », *Atlantic Monthly* (October 1930), *in* Milton Konvitz (ed.), *The Recognition of Ralph Waldo Emerson*, Ann Arbor, University of Michigan Press, 1972, p. 182-193.

AUSTIN John L., « Plaidoyer pour les Excuses », dans *Écrits philosophiques*, p. 136-170.

– « Autrui », dans *Écrits philosophiques*, p. 45-91.

– « Trois manières de renverser de l'encre », dans *Écrits philosophiques*, p. 229-246.

– *Écrits philosophiques*, trad. fr. Lou Aubert et Anne-Lise Hacker, Paris, Seuil, 1994.

– *Le langage de la perception*, trad. fr. Paul Gochet, 2 e éd., Paris, Vrin, 2007.

BABBITT Irving, *Rousseau and Romanticism*, Boston, Houghton Mifflin Company, 1919.

BECKETT Samuel, *Fin de partie*, Paris, Minuit, 1957.

BLOOM Harold, « The Central Man », in *The Ringers in the Towers : Studies in Romantic Tradition*, Chicago, University of Chicago Press, 1971.

– « Emerson and Influence », in *A Map of Misreading*, New York, Oxford University Press, 1975.

– « Emerson and Whitman : The American Sublime », in *Poetry and Repression*, New Haven, Yale University Press, 1976.

– « Emerson : The American Religion », in *Agon*, New York, Oxford University Press, 1982.

– « Emerson : The Glory and the Sorrows of American Romanticism », *in* David Thorburn and Geoffrey Hartman (eds.), *Romanticism : Vistas, Instances, Continuities*, Ithaca, N.Y., Cornell University Press, 1973, p. 155-76.

– « The Internalization of Quest Romance », in *Romanticism and Consciousness*, New York, W. W. Norton and Company, 1970, p. 3-23.

BURKE Kenneth, *The Philosophy of Literary Form*, Baton Rouge, Louisiana State University Press, 1941.

CARNAP Rudolf, « Empirisme, sémantique et ontologie », dans *Signification et nécessité*, trad. fr. François Rivenc et Philippe de Rouilhan, Paris, Gallimard, 1997, p. 313-335.

CAVELL Stanley, « Les problèmes esthétiques de la philosophie moderne », dans *Dire et vouloir dire*, p. 165-196.

– « La seconde philosophie de Wittgenstein est-elle à notre portée ? », dans *Dire et vouloir dire*, p. 129-164.

– « L'évitement de l'amour : une lecture du *Roi Lear* » dans *Dire et vouloir dire*, p. 413-518 ; et dans *Le déni de savoir*, p. 68-195.

– *Les Voix de la raison*, trad. fr. Nicole Balso et Sandra Laugier, Paris, Seuil, 1996.

– *Le déni de savoir, dans six pièces de Shakespeare*, trad. fr. Jean-Pierre Maquerlot, Paris, Seuil, 1993 ; nouvelle éd. augmentée *Le Déni de savoir dans sept pièces de Shakespeare*, Nice, Éditions Unes, 2021.

– « Décliner le déclin », dans *Qu'est-ce que la philosophie américaine ?*, p. 44-100.

– « Mettre fin au jeu de l'attente : lecture de *Fin de partie* », dans *Dire et vouloir dire*, p. 219-280.

– « Pas à pas. Découvertes et fondations : mesures prises dans 'Expérience' d'Emerson », dans *Qu'est-ce que la philosophie américaine ?*, p. 101-151.

– *Dire et vouloir dire*, trad. fr. Christian Fournier et Sandra Laugier, Paris, Cerf, 2009.

– « On Makavejev On Bergman », in *Themes Out of School*, p. 106-141.

– « Othello et l'enjeu de l'autre », dans *Le déni de savoir*, p. 196-221.

– « The Politics of Interpretation (Politics As Opposed to What ?) », in *Themes Out of School*, p. 27-59.

– *La protestation des larmes. Le mélodrame de la femme inconnue*, trad. P. Soulat, Nantes, Capricci, 2012.

– *À la recherche du bonheur. Hollywood et la comédie du remariage*, trad. fr. Christian Fournier et Sandra Laugier, 2e éd., Paris, Vrin, 2017.

– *Sens de Walden*, trad. fr. Bernard Rival et Omar Berrada, Paris, Théâtre typographique, 2007.

– *Themes Out of School : Effects and Causes*, San Francisco, North Point Press, 1984.

– *Une nouvelle Amérique encore inapprochable*, trad. fr. Sandra Laugier, Combas, Éditions de l'éclat, 1991 ; repris dans *Qu'est-ce que la philosophie américaine ?*

– *Qu'est-ce que la philosophie américaine ?*, trad. fr. Christian Fournier et Sandra Laugier, Paris, Folio-Gallimard, 2009.

COLERIDGE Samuel Taylor, *Biographia Literaria*, ed. J. Shawcross, New York, Oxford University Press, 1949 ; trad. fr. (extraits) dans *La Ballade du Vieux Marin et autres textes*.

– « Othello », in *Coleridge : Shakespeare Criticism*, Vol. 1, ed. Thomas Middleton Raysor, London, Everyman'S Library, 1960.

– *La Chanson du vieux marin* (*The Rime of the Ancient Mariner*), trad. fr. Alfred Barbeau, Paris, J. de Gigord, 3 e éd. 1932.

– *La Ballade du Vieux Marin et autres textes*, trad. fr. Jacques Darras, Paris, Gallimard, 2007.

DERRIDA Jacques, « Coming into One's Own », *in* Geoffrey Hartman (ed.), *Psychoanalysis and the Question of the Text*, ed., Baltimore, Johns Hopkins University Press, 1978, p. 114-48.

– *La carte postale, de Socrate à Freud et au-delà*, Paris, Flammarion, 1980.

DESCARTES René, *Méditations métaphysiques*, éd. Jean-Marie Beyssade et Michelle Beyssade, Paris, GF-Flammarion, 1992.

EMERSON Ralph Waldo, *La confiance en soi et autres essais*, trad. fr. Monique Bégot, Paris, Rivages poche, 2000.

– « Cercles », dans *Essais*, trad. fr. Anne Wicke, Paris, Michel Houdiard, 1997.

– *Essais*, trad. fr. Christian Fournier et Sandra Laugier, Paris, Michel Houdiard, 2005.

EMPSON William, *The Structure of Complex Words*, Ann Arbor, University of Michigan Press, 1967.

FELMAN Shoshana, « On Reading Poetry : Reflections on the Limits and Possibilities of Psychoanalytical Approaches », *in* Joseph Smith (ed.), *The Literary Freud : Mechanisms of Defense and the Poetic Will*, New Haven, Yale University Press, 1980, p. 119-48.

FERGUSON Frances, *Wordsworth : Language as Counter-Spirit*, New Haven, Yale University Press, 1977.

FREUD Sigmund, « Analyse d'une phobie chez un petit garçon de cinq ans (Le petit Hans) », trad. fr. Marie Bonaparte, *Revue Française de Psychanalyse*, vol. 2, n° 3, 1928, p. 412-540.

– *Au-delà du principe de plaisir*, trad. fr. Samuel Jankélévitch, Paris, Payot, 1927 ; repris dans *Essais de psychanalyse*, Paris, Payot, 1968, p. 7-82.

– « Une difficulté de la psychanalyse », trad. fr. Marie Bonaparte et Edouard Marty, dans *Essais de psychanalyse appliquée*, Paris, Gallimard, 1933, réimp. 1971, p. 137-147.
– « Remémoration, répétition et perlaboration », trad. fr. Jean Laplanche, dans *Œuvres complètes de Freud*, tome XII, Paris, P.U.F., 2004.
– « Trois essais sur la théorie sexuelle », trad. fr. Pierre Cotet, Franck Rexand-Galais dans *Œuvres complètes*, t. 6 : 1901-1905, Paris, P.U.F., 2006, p. 59-181.
– « Passagèreté », trad. fr. Janine Altounian et *alii.* dans *Œuvres complètes*, t. 13 : 1914-1915, Paris, P.U.F., 1988, p. 321-324.
– « L'inquiétante étrangeté » », trad. fr. Marie Bonaparte et Edouard Marty, dans *Essais de psychanalyse appliquée*, Paris, Gallimard, 1933 ; réimp. 1971, p. 163-210.
GÖDEL Kurt, « Sur les propositions formellement indécidables des *Principia Mathematica* et des systèmes apparentés I », dans Ernest Nagel et J. R. Newman (éd.), *Le théorème de Gödel*, trad. fr. J.-B. Scherrer, Paris, Seuil, 1989 ; rééd. Points-Seuil, 1997, p. 105-144.
GREENE Robert, *Pandosto. The Triumph of Time*, in *Narrative and Dramatic Sources of Shakespeare*, vol. 8, ed. Geoffrey Bullough, London-New York, Routledge-Columbia University Press, 1975, p. 156-98.
HACKING Ian, « Façonner les gens », dans *Anthropologie philosophique et raison scientifique*, trad. fr. Aude Bandini et Vincent Guillin, Paris, Vrin, 2023.
– « Prussian Numbers 1860-1882 », *in* Lorenz Krueger, Lorraine J. Daston, and Michael Heidelberger (eds.), *The Probabilistic Revolution*, vol. 1, *Ideas in History*, Cambridge, Mass., M.I.T. Press, 1988, p. 377-394.
HARTMAN Geoffrey, *Wordsworth's Poetry, 1787-1814*, New Haven, Yale University Press, 1965.
HAWTHORNE Nathaniel, « Wakefield », in *The Celestial Railroad and Other* Stories, New York, New American Library, 1963, p. 67-76.
HEARNE Vicki, « Talking with Dogs, Chimps, and Others », *Raritan* 2, n° 1 (Summer 1982), p. 71-91 ; repris dans *Adam's Talk* sous le titre « A Walk with Washoe : How Far Can We Go ? », New York, Alfred A. Knopf, 1986, p. 18-41.
HEIDEGGER Martin, *Être et Temps*, trad. fr. Emmanuel Martineau, Paris, Authentica, 1985.
– « Bâtir habiter penser », trad. fr. André Préau dans *Essais et Conférences*, Paris, Tel-Gallimard, 1958, p. 170-193.

– « L'origine de l'œuvre d'art », trad. fr. Wolfgang Brokmeier dans *Chemins qui ne mènent nulle part*, Paris, Tel-Gallimard, 2009, p. 13-98.

– « La chose », trad. fr. André Préau dans *Essais et Conférences*, Paris, Tel-Gallimard, 1958, p. 194-223.

– *Qu'appelle-t-on penser ?*, trad. fr. Aloys Becker et Gérard Granel, Paris, P.U.F., 2014.

HINTIKKA Jaakko, « Cogito, Ergo Sum : Inference or Performance ? », *in* Willis Doney (ed.), *Descartes : A Collection of Critical Essays*, South Bend, Ind., University of Notre Dame Press, 1967, p. 108-40.

HOFFMANN E. T. A., « L'homme au sable », dans *Contes fantastiques de E. T. A. Hoffmann*, vol. 1, trad. fr. Henry Egmont, Paris, Camuzeaux, 1836, p. 255-312.

HUME David, *Dialogues sur la religion naturelle*, trad. fr. Michel Malherbe, Paris, Vrin, 2005.

– *Traité de la nature humaine, Livre I : L'entendement*, trad. fr. Michel Malherbe, Paris, Vrin, 2022.

KANT Emmanuel, « Conjectures sur le commencement de l'histoire humaine », trad. fr. Gérard Leroy, dans *Histoire et politique*, Paris, Vrin, 1999.

– *Critique de la raison pure*, trad. fr. André Tremesaygues et Bernard Pacaud, Paris, P.U.F., 1944 ; 3e éd. Quadrige, 1990.

– *Prolégomènes à toute métaphysique future*, trad. fr. Louis Guillermit, Paris, Vrin, 1993.

KIERKEGAARD Søren, *Crainte et tremblement*, dans *Œuvres complètes* 5, trad. fr. Paul-Henri Tisseau et Else-Marie Jacquet-Tisseau, Paris, L'Orante, 1972.

– *Le livre sur Adler*, dans *Œuvres complètes* 12, trad. fr. Paul-Henri Tisseau et Else-Marie Jacquet-Tisseau, Paris, L'Orante, 1965.

KUKLICK Bruce, *The Rise of American Philosophy : Cambridge, Massachusetts, 1860-1930*, New Haven, Yale University Press, 1977.

LACAN Jacques, « Le séminaire sur "La Lettre volée" », dans *Écrits I*, Paris, Seuil, 1966 ; rééd. Points-Seuil, 1999, p. 11-61.

LACOUE-LABARTHE Philippe et NANCY Jean-Luc, *L'absolu littéraire. Théorie de la littérature du romantisme allemand*, Paris, Seuil, 1978.

LAPLANCHE Jean, *Vie et mort en psychanalyse*, Paris, Flammarion, 1970.

LAPLANCHE Jean et Pontalis Jean-Bertrand, *Vocabulaire de la psychanalyse*, Paris, P.U.F., 1967.

MCFARLAND Thomas, « A Complex Dialogue : Coleridge's Doctrine of Polarity and Its European Contexts », *in* Walter B. Crawford (ed.),

Reading Coleridge : Approaches and Applications, Ithaca, N.Y., Cornell University Press, 1979.

MANKIN Robert, « An Introduction to *The Claim of Reason* », *Salmagundi* 67 (Summer 1985), p. 66-89.

MARX Karl, « Pour une critique de la philosophie du droit de Hegel. Introduction », dans *Philosophie*, éd. Maximilien Rubel, Paris, Folio-Gallimard, 1994, p. 89-108.

MENCKEN H. L., *The Philosophy of Nietzsche*, Boston, Luce and Company, 1913.

MILL John Stuart, *De la liberté*, trad. fr. Laurence Lenglet, Paris, Folio-Gallimard, 1990.

MOORE G. E. « A Defense of Common Sense », in *Philosophical Papers*, London, George Allen Unwin, 1959, p. 32-59.

– *Some Main Problems of Philosophy*, London, George Allen Unwin, 1953.

NIETZSCHE Friedrich, *Ecce Homo*, trad. fr. Jean-Claude Hémery, Paris, Folio-Gallimard, 1990.

– *Le gai savoir*, trad. fr. Pierre Klossowski, Paris, Folio-Gallimard, 1989.

– *La généalogie de la morale*, trad. fr. Isabelle Hildenbrand et Jean Gratien, Paris, Folio-Gallimard, 1985.

– *Ainsi parlait Zarathoustra*, trad. fr. Maurice de Gandillac, Paris, Folio-Gallimard, 1985.

POE Edgar Allan, *Collected Works*, 3 vols., ed. Thomas Ollive Mabbot, Cambridge, Mass., Harvard University Press, 1978.

– « Le chat noir », dans *Nouvelles histoires extraordinaires*, trad. fr. Charles Baudelaire, Michel Lévy, 1875, p. 10-23.

– « Le démon de la perversité », dans *Nouvelles histoires extraordinaires*, trad. fr. Charles Baudelaire, Michel Lévy, 1875, p. 1-9.

– « La lettre volée », dans *Histoires extraordinaires*, trad. fr. Charles Baudelaire, M. Lévy, 1856, p. 49-74.

RANSOM John Crowe, *The World's Body*, Baton Rouge, Louisiana State University Press, 1968.

ROUSSEAU Jean-Jacques, *Le contrat social*, Paris, GF-Flammarion, 1992.

RUSKIN John, « Of the Pathetic Fallacy », *in* John D. Rosenberg (ed.), *The Genius of John Ruskin : Selections from His Writings*, London, Routledge and Kegan Paul, 1979, p. 61-71.

RUSSELL Bertrand, « The Cult of Common Usage », in *Portraits from Memory and Other Essays*, London, George Allen Unwin, 1956, p. 154-59.

– « My Mental Development », in *The Philosophy of Bertrand Russell*, ed. P. A. Schilpp, New York, Tudor Publishing Company, 1951, p. 1-20.

– *Histoire de mes idées philosophiques*, trad. fr. Georges Auclair, Paris, Gallimard, 1961.

RYLE Gilbert, *La notion d'esprit*, trad. fr. Suzanne Stern-Gillet, Paris, Payot, 1978.

SANTAYANA George, « The Absence of Religion in Shakespeare », in *Interpretations of Poetry and Religion*, p. 147-65.

– « Emerson », in *Interpretations of Poetry and Religion*, p. 217-33.

– « The Genteel Tradition in American Philosophy », in *The Genteel Tradition : Nine Essays by George Santayana*, ed. D. L. Wilson, Cambridge, Mass., Harvard University Press, 1967, p. 37-64.

– *Interpretations of Poetry and Religion*, New York, Harper Torchbooks, 1957.

– *Skepticism and Animal Faith*, New York, Dover Publications, 1955.

SHAKESPEARE William, *Le conte d'hiver*, dans *Œuvres complètes de William Shakespeare*, Tome IV / 1, trad. fr. François-Victor Hugo, Paris, Pagnerre, 1868.

THOMPSON G. R. « Introduction », *Great Short Works of Edgar Allen Poe*, New York, Harper and Row, 1970, p. 1-45.

THOREAU Henry David, *Walden*, trad. fr. Brice Matthieussent, Marseille, Le mot et le reste, 2e éd., 2017.

TODOROV Tzvetan, *Introduction à la littérature fantastique*, Paris, Seuil, 1970.

TROLLOPE Anthony, « On Hawthorne », *North American Review* (1879).

WARREN Robert Penn, « A Poem of Pure Imagination : An Experiment in Reading », in *Selected Essays*, New York, Random House, 1951, p. 198-305.

WEBER Max, « La profession et la vocation de savant », dans *Le savant et le politique*, trad. fr. Catherine Colliot-Thélène, Paris, La Découverte, 2003, p. 61-110.

WEBER Samuel, « The Sideshow, or : Remarks on a Canny Moment », *Modern Language Notes* 88 (1973).

WHICHER Stephen, « Introductory Note to "Experience" », *in* Stephen Whicher (ed.), *Selections from Ralph Waldo Emerson*, Boston, Houghton Mifflin Co., 1957, p. 253-54.

WILLIAMS Bernard, « The Certainty of the *Cogito* », *in* Willis Doney (ed.), *Descartes : A Collection of Critical Essays*, South Bend, Ind., University of Notre Dame Press, 1967, p. 88-107. Repris dans son *Descartes : The*

Project of Pure Enquiry, Atlantic Highlands, N. J., Humanities Press, 1978, p. 72-102.

WISDOM John, « Gods », in *Philosophy and Psychoanalysis*, New York, Barnes and Noble, 1969, p. 149-68.

WITTGENSTEIN Ludwig, *Recherches philosophiques*, trad. fr. Françoise Dastur, Maurice Élie, Jean-Luc Gautero, Dominique Janicaud et Elisabeth Rigal, Paris, Gallimard, 2004.

WORDSWORTH William, *Choix de poésies*, trad. fr. Émile Legouis, Paris, Les Belles Lettres, 1928.

– *The Prelude* (Text of 1805), ed. E. de Selincourt, London, Oxford University Press, 1964.

– *Selected Poems and Prefaces*, ed. Jack Stillinger, Boston, Houghton Mifflin Company, 1965.

ORIGINE DES TEXTES

Le Chapitre 2 reprend l'article de la revue *Raritan*, Fall 1983, p. 34-61, avec l'aimable autorisation de l'éditeur.

Le Chapitre 3 et le Post-scriptum B au chapitre 5 sont repris de *Romanticism and Contemporary Criticism*, édité par Morris Eaves et Michael Fischer. Copyright 1986 by Cornell University. Reproduit avec l'autorisation de Cornell University Press.

Le Chapitre 4 a d'abord été publié dans *Disowning Knowledge, In Six Plays of Shakespeare*, copyright Cambridge University Press 1987. Reproduit avec l'autorisation de Cambridge University Press [1].

Le Chapitre 5 et son Post-scriptum A sont repris de *Reconstructing Individualism : Autonomy, Individuality, and the Self in Western Thought*, édité par Thomas C. Heller, Morton Sosna et David E. Wellbery, avec l'autorisation de Stanford University Press. Copyright 1986 by the Board of Trustees of the Leland Stanford Junior University [2].

Le Post-scriptum C au Chapitre 5 a d'abord été publié sous le titre « Reply to Robert Mankin on *The Claim of Reason* », dans *Salmagundi*, Summer 1985, p. 90-96.

Le Chapitre 6 est reproduit avec l'autorisation de the University of Utah Press à partir des *Tanner Lectures on Human Values*, vol. 8, Salt Lake City-Cambridge, University of Utah Press-Cambridge University Press, copyright 1988.

Le Chapitre 7, « The Fantastic of Philosophy », a d'abord été publié dans *American Poetry Review* 15, n° 3 (May-June 1986), p. 45-47.

1. Une première traduction française de ce texte, signée Jean-Pierre Maquerlot, a été publiée dans *Le Déni de savoir*, *op. cit.*, p. 288-328, puis reprise dans une version augmentée par les Éditions Unes. La traduction du Chapitre 4 proposée ici est entièrement originale.

2. Une traduction d'une version antérieure de ce texte, « Being Odd, Getting Even : Threats to Individuality » (*Salmagundi : A Quarterly of the Humanities and Social Sciences* 67, 1985, p. 97-128), par Élise Domenach, a été publiée dans le volume collectif édité par Sandra Laugier, *Éthique, littérature, vie humaine*, Paris, P.U.F., 2006. La traduction du Chapitre 5 proposée ici est entièrement originale.

INDEX

ABRAMS M. H., 80
ADAMS James Truslow, 65
ARISTOTE, 100, 118
AUDEN W. H., 22
AUGUSTIN D'HIPPONE (saint), 207, 258, 259
AUSTIN J. L., 18, 21, 23, 26, 51, 88-90, 99, 100, 114, 115, 138, 175, 185, 204, 208, 239, 240, 247, 251-254, 257, 269
BABBITT Irving, 112
BAUDELAIRE Charles, 192-194, 256, 260
BECKETT Samuel, 26, 259, 267
BERGMAN Ingmar, 289
BLACKMUR R. P., 112
BLAKE William, 7, 91
BLOOM Harold, 64, 80, 81
BUÑUEL Luis, 289
BURKE Kenneth, 104, 112

CARNAP Rudolf, 214
CAVELL Stanley, 9, 11, 13, 25, 29, 88, 99, 209, 214, 231, 232, 240, 289
COHN Joel, 281
COLERIDGE Samuel T., 7, 11, 22, 23, 26, 53, 56, 61, 74-76, 78, 79, 82, 83, 87, 91, 93, 94, 97, 98, 101, 102, 106, 110, 118-120, 122, 229, 230, 272
COPERNIC Nicolas, 284
D'ALEMBERT Jean Le Rond, 112
DARWIN Charles, 284
DERRIDA Jacques, 38, 185, 205, 206, 208, 270, 271
DESCARTES René, 9, 18, 21, 54, 57, 69, 90, 94, 132, 133, 139-141, 167-176, 179, 188, 191-193, 195, 202, 203, 212, 224, 225, 227, 241, 246, 268, 273, 284, 285, 287
DUCHAMP Marcel, 210

EMERSON Ralph Waldo, 7, 9, 10-12, 17, 18, 21, 22, 24, 26, 29, 32-36, 43, 46-51, 53-56, 60-74, 93, 137, 149, 154, 163, 167-173, 175-190, 195, 200, 203, 207-209, 229, 230, 235, 241, 250, 252, 264-266, 271, 272, 279, 280
EMPSON William, 137

FELMAN Shoshana, 255
FERGUSON Frances, 122
FIELDS W. C., 185, 186
FREUD Sigmund, 26, 31, 67, 84, 116, 117, 122, 125, 127, 135, 154, 158, 171, 176, 179, 197, 202, 208, 222, 224, 240, 242-244, 246, 250, 258, 267, 268, 284-287

GODARD Jean-Luc, 289
GÖDEL Kurt, 206, 221
GOETHE J. W., 53
GOODMAN Paul, 8, 112
GREENE Robert, 130

HACKING Ian, 200
HARTMAN Geoffrey, 80, 208
HAWTHORNE Nathaniel, 193, 203, 230, 272, 282
HEARNE Vicki, 116
HEGEL G. F. W., 30, 33, 40, 44, 85
HEIDEGGER Martin, 22, 26, 33, 35, 45, 51, 55, 59, 60, 87, 93, 110-114, 125, 154, 167, 173, 213, 224, 235, 239-241, 247-250, 256, 263, 264, 268, 271-275, 284
HINTIKKA Jaakko, 169
HITCHCOCK Alfred, 249
HOFFMANN E. T. A., 242-245, 282, 286-287
HÖLDERLIN Friedrich, 272
HUME David, 12, 33, 54, 132, 133, 154, 241, 267, 284, 286

JAMES William, 10, 12, 65, 167
JENTSCH Ernst, 242, 243
JOHNSON Regine, 281

KANT Emmanuel, 11, 12, 30, 33, 53, 56-62, 66, 69, 70, 73, 74, 78, 81, 83, 84, 87, 88, 91, 92, 98, 100, 110, 111, 133, 193, 219, 224, 229, 230, 241, 264, 265, 268, 273, 284, 286
KIERKEGAARD Søren, 40, 107, 224, 274
KUKLICK Bruce, 32-33

LACAN Jacques, 185, 250, 251, 255, 260, 261
LAPLANCHE Jean, 222, 231
LÉVI-STRAUSS Claude, 38, 158
LEWIS Monk, 282
LOCKE John, 54, 57, 268
LUTHER Martin, 26, 29, 161

MANKIN Robert, 229, 231, 232, 234
MAN Paul (de), 80
MARX Karl, 26, 33, 67, 176, 224, 284
MCFARLAND Thomas, 83
MENCKEN H. L., 63
MESMER Franz Anton, 31
MILL John Stuart, 54, 176, 249
MILTON John, 99, 122, 280
MIZOGUCHI Kenji, 289
MONTAIGNE Michel de, 76
MOORE G. E., 89, 273

NIETZSCHE Friedrich, 33, 61, 63, 69, 145, 150, 151, 163, 171, 176, 178, 182, 184, 190, 219, 224, 240, 272, 274, 284

OPHULS Max, 246

PASCAL Blaise, 67
PAUL DE TARSE (Saint), 219
PLATON, 26, 28, 31, 35, 42, 55, 84, 99, 108, 121, 251, 284
POE Edgar Allan, 9, 101, 154, 167-169, 188, 190-196, 198-201, 203, 204, 206, 211, 212, 217-228, 230, 241, 250, 251, 255, 257, 259-263, 272, 273, 282
PONTALIS J.-B., 222
PYTHAGORE, 221

RANSOM John Crowe, 112
ROUSSEAU Jean-Jacques, 26, 54, 73, 112, 190, 284
RUSSELL Bertrand, 8, 253, 254
RYLE Gilbert, 94

SANTAYANA George, 24, 25, 63, 64, 160
SCHELLING F. W. J., 74, 78, 83
SCHILLER Friedrich von, 53
SHAKESPEARE William, 9, 17, 19, 65, 127, 128, 130-132, 134, 136, 144, 153-155, 157, 158, 160, 229, 241, 280
SHELLEY Mary, 91
SOCRATE, 35, 45, 108, 208
SOPHOCLE, 135
STEVENS George, 275

TCHEKHOV Anton, 25, 259, 268
THOMPSON G. R., 220, 226
THOREAU Henry David, 17, 18, 21, 22, 24, 26-30, 32, 34-37, 39-46, 51, 53-56, 60, 64, 74, 91, 93, 111, 154, 155, 159, 163, 167, 179, 182, 187, 189, 203, 206, 207, 209, 210, 230, 235, 241, 250, 263-266, 268, 271, 272, 279, 280, 282-285, 288, 289
TODOROV Tzvetan, 282, 284
TROLLOPE Anthony, 282

WARREN Robert Penn, 10, 97, 101, 103, 104, 217
WEBER Max, 30, 44
WEBER Samuel, 244
WELLBERY David, 205, 206
WHICHER Stephen, 64, 65
WILLIAMS Bernard, 169, 170
WISDOM John, 93, 114, 115
WITTGENSTEIN Ludwig, 11, 18, 20-23, 26, 31, 35, 45, 51, 60, 61, 67, 70, 85, 90, 93, 100, 116, 125, 137, 139, 142, 143, 167, 175, 177, 191, 199, 204, 207-209, 211, 214, 223, 224, 231, 233, 235, 239, 240, 247, 250-259, 263-265, 274, 279, 284, 286, 287
WORDSWORTH William, 7, 10, 21-23, 26, 61, 74-76, 87, 91, 93, 116, 117, 119, 120, 122, 125, 127, 241, 272, 280

Films :
Belle de Jour, 289
Deux ou trois choses que je sais d'elle, 289
Lettre d'une inconnue (Letter from an Unknown Woman), 246
La mort aux trousses (North by Northwest), 249
Persona, 289
Indiscrétions (The Philadelphia Story), 134
Les contes de la lune vague après la pluie (Ugetsu monogatari), 289
Sueurs froides (Vertigo), 289
La femme de l'année (The Woman of the Year), 275-276

TABLE DES MATIÈRES

PRÉFACE ET REMERCIEMENTS 7

À BERKELEY

CONFÉRENCES MRS WILLIAM BECKMAN (1983)

CHAPITRE PREMIER : LE PHILOSOPHE DANS LA VIE AMÉRICAINE. EN ALLANT VERS THOREAU ET EMERSON 17

CHAPITRE 2 : EMERSON, COLERIDGE, KANT. LES TERMES COMME CONDITIONS 53

CHAPITRE 3 : TEXTES DE RÉTABLISSEMENT. COLERIDGE, WORDSWORTH, HEIDEGGER 87

CHAPITRE 4 : RECOMPTER LES GAINS, MONTRER LES PERTES. UNE LECTURE DU *CONTE D'HIVER* 127

À STANFORD

CONFÉRENCE « RECONSTRUIRE L'INDIVIDUALISME » (1984)

CHAPITRE 5 : ÊTRE À PART, RENDRE LA PAREILLE. DESCARTES, EMERSON, POE 167

Post-scriptum A : Le scepticisme et quelques mots sur la déconstruction 205

Post-scriptum B : La perversité de Poe et le démon du scepticisme 217

Post-scriptum C : Le sceptique et le métaphorique 229

À STANFORD
CONFÉRENCE TANNER (1986)

CHAPITRE 6 : L'INQUIÉTANTE ÉTRANGETÉ DE L'ORDINAIRE 239

À VIENNE
CONFÉRENCE COMMÉMORATIVE (1986)

CHAPITRE 7 : LE FANTASTIQUE EN PHILOSOPHIE 279

BIBLIOGRAPHIE 291

ORIGINE DES TEXTES 299

INDEX 301

TABLE DES MATIÈRES 305

Achevé d'imprimer en juin 2024 par *La Manufacture - Imprimeur* – 52200 Langres
Imprimé en France – N° d'imprimeur :240322– Dépôt légal : juin 2024